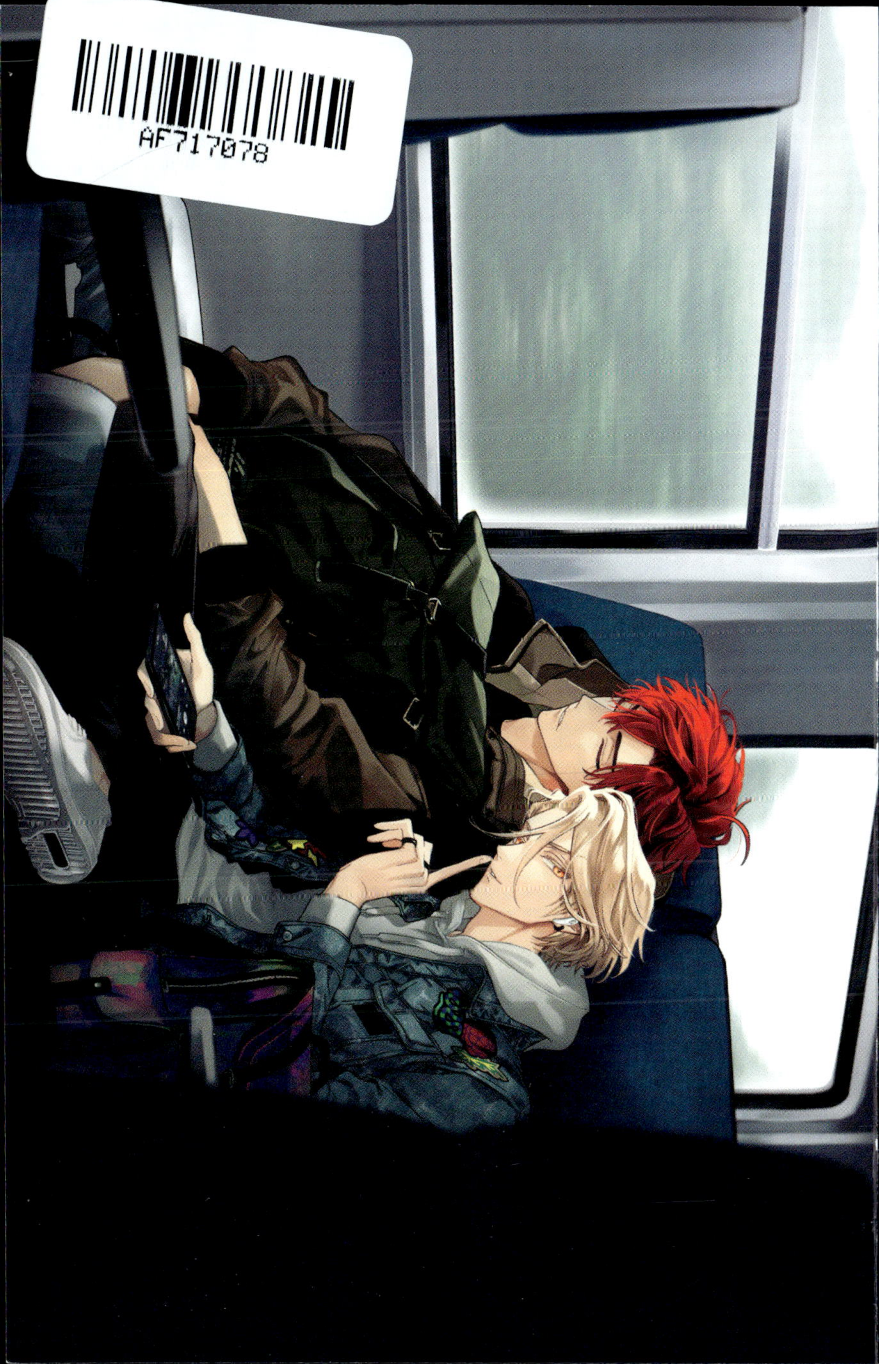

meguru hinohara

4

# therapy game re

# CHARAKTERE

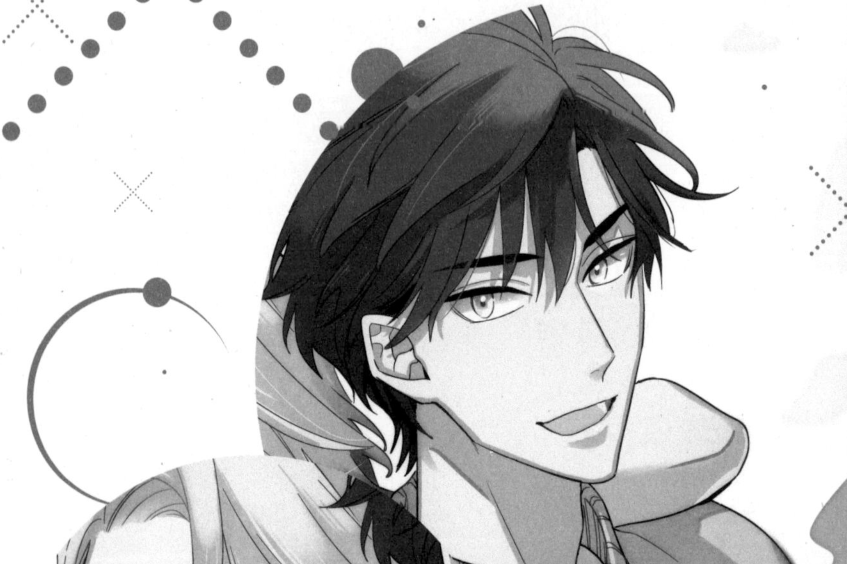

## SHIZUMA IKUSHIMA

FRISCHGEBACKENER TIERARZT. LERNTE MINATO IN EINER BAR KENNEN, WO ER SICH BETRANK, NACHDEM ER VON SEINER FREUNDIN VERLASSEN WORDEN WAR. NACH EINIGEN UPS AND DOWNS SIND DIE BEIDEN EIN PAAR GEWORDEN.

## MINATO MITO

SCHWULER FOTOGRAF. HAT EINEN SELBSTBEWUSSTEN CHARAKTER UND EINE SCHARFE ZUNGE SOWIE EINEN AUSGEPRÄGTEN BRUDERKOMPLEX. KANN SEINEN GROSSEN BRUDER IMMER NOCH NICHT LOSLASSEN.

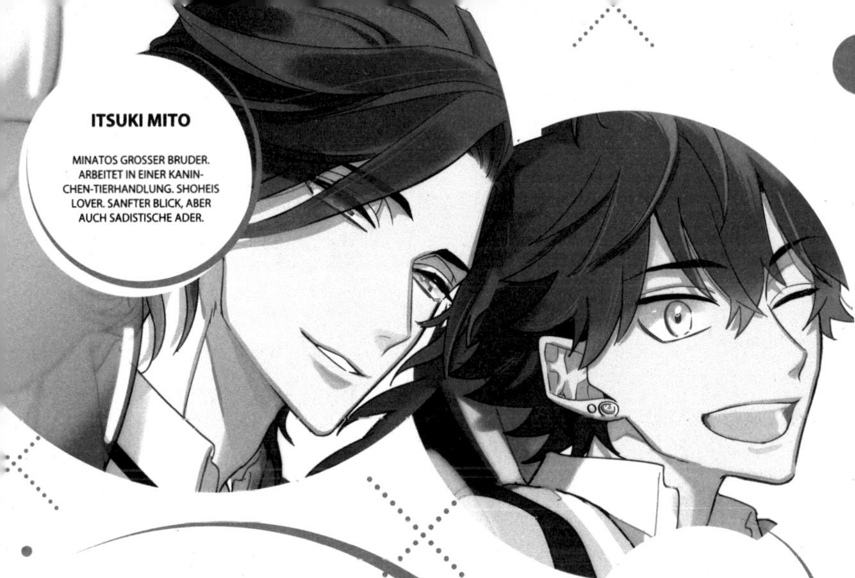

**ITSUKI MITO**

MINATOS GROSSER BRUDER. ARBEITET IN EINER KANINCHEN-TIERHANDLUNG. SHOHEIS LOVER. SANFTER BLICK, ABER AUCH SADISTISCHE ADER.

**SHOHEI IKUSHIMA**

SHIZUMAS JÜNGERER BRUDER, STUDENT. ARBEITET IN DERSELBEN TIERHANDLUNG WIE MINATOS BRUDER ITSUKI.

# STORY

MINATO UND SHIZUMA SIND JETZT EIN RICHTIGES PAAR. ALLERDINGS HAT SHIZUMA EINEN EXTREM ZEITINTENSIVEN JOB AN EINER TIERKLINIK ANGENOMMEN, SODASS DIE BEIDEN SICH NUR SELTEN SEHEN KÖNNEN. SIE MACHEN SICH DESHALB AUF DIE SUCHE NACH EINER GEMEINSAMEN WOHNUNG. ALS MINATO ABER SHIZUMA MIT DER KLINIKCHEFIN IN EINER VERTRAUT WIRKENDEN SITUATION BEOBACHTET, IST ER VERUNSICHERT. SHIZUMA WIEDERUM BEMÜHT SICH SEHR, MEHR ZEIT MIT MINATO ZU VERBRINGEN. ER VERSPÄTET SICH JEDOCH ZU EINEM DATE, WEIL IHN SEINE CHEFIN IM LETZTEN MOMENT DAZU VERDONNERT, SIE AUF HAUSBESUCHE ZU BEGLEITEN. DA SHIZUMA UM MINATOS ÄNGSTE WEISS, GIBT ER IHM AN DIESEM ABEND BESONDERS VIEL ZUNEIGUNG…

# INHALT

## therapy game: re

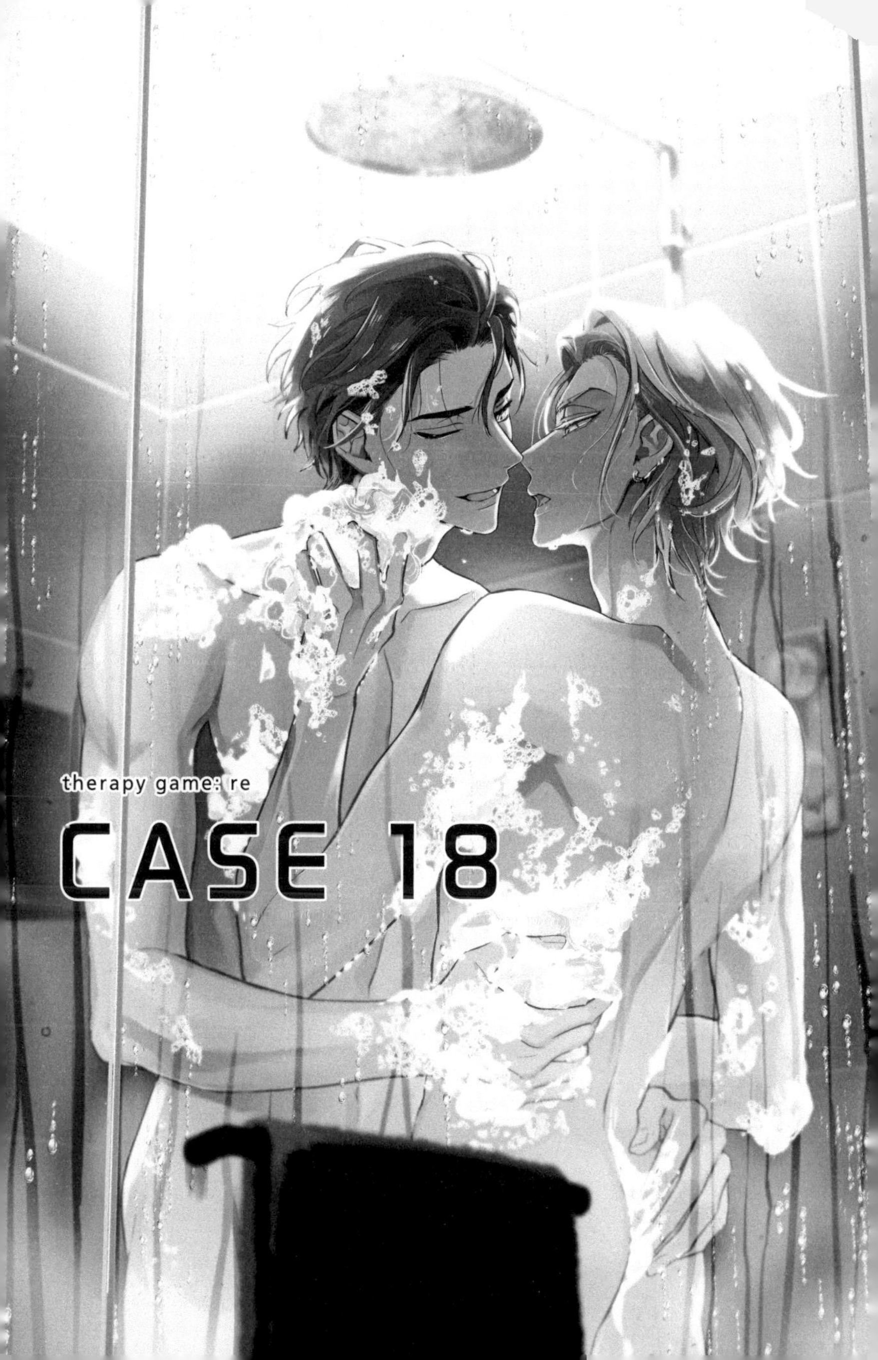
therapy game: re
CASE 18

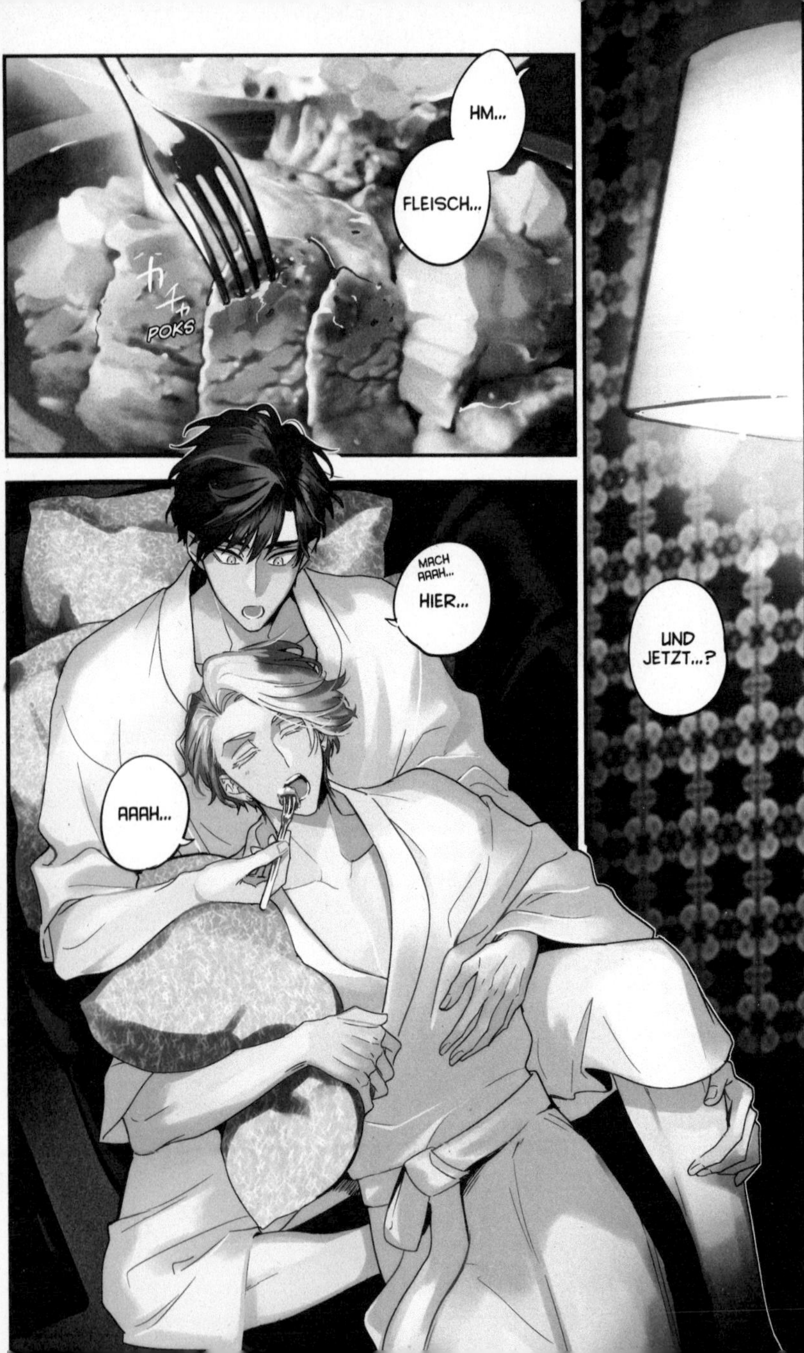
UND JETZT...?
HM...
FLEISCH...
カチャ
POKS
MACH AAAH...
HIER...
AAAH...

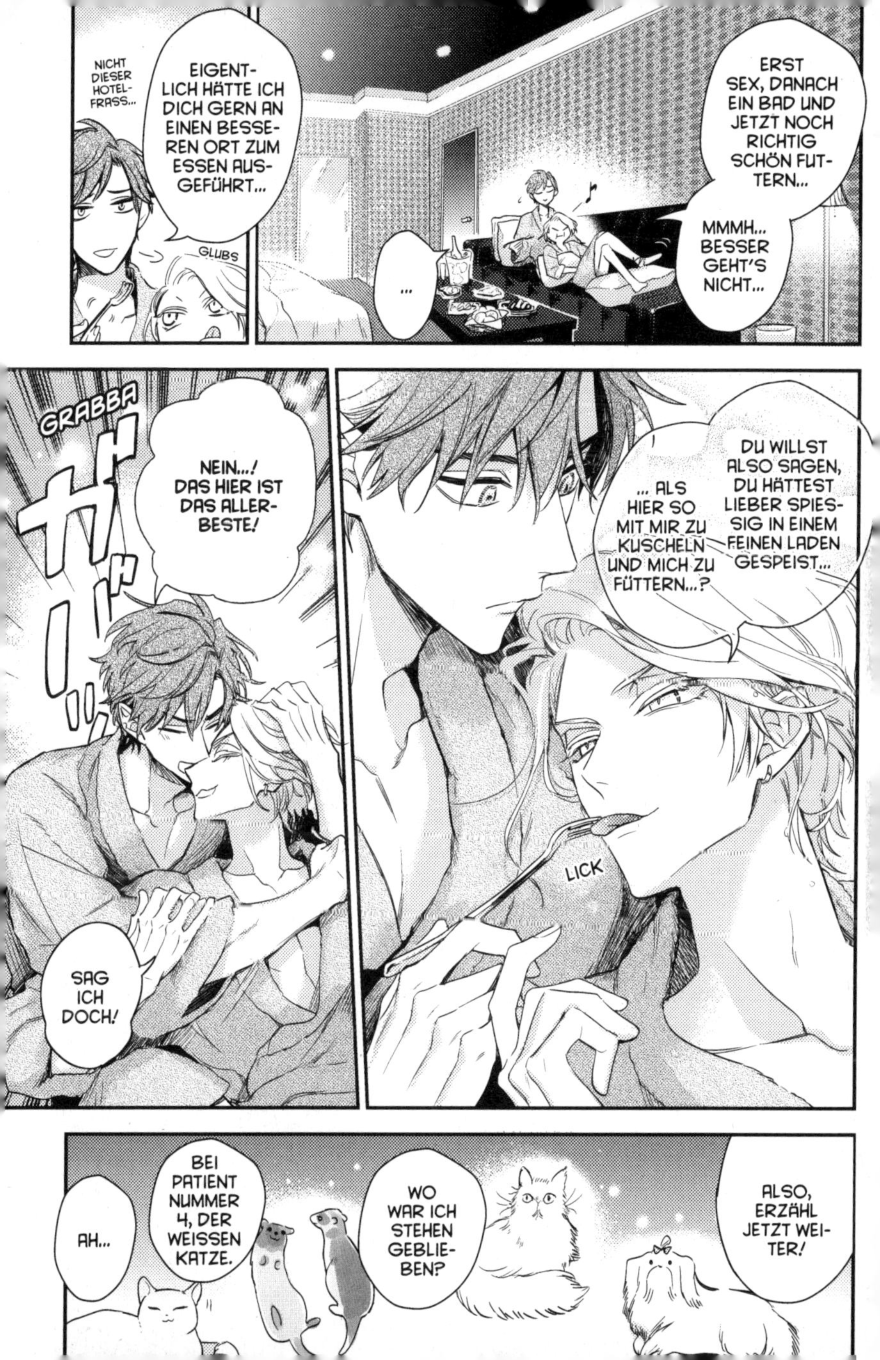
ERST SEX, DANACH EIN BAD UND JETZT NOCH RICHTIG SCHÖN FUTTERN...
MMMH... BESSER GEHT'S NICHT...
...
EIGENTLICH HÄTTE ICH DICH GERN AN EINEN BESSEREN ORT ZUM ESSEN AUSGEFÜHRT...
NICHT DIESER HOTELFRASS...
GLUBS
DU WILLST ALSO SAGEN, DU HÄTTEST LIEBER SPIESSIG IN EINEM FEINEN LADEN GESPEIST...
... ALS HIER SO MIT MIR ZU KUSCHELN UND MICH ZU FÜTTERN...?
LICK
GRABBA
NEIN...! DAS HIER IST DAS ALLERBESTE!
SAG ICH DOCH!
ALSO, ERZÄHL JETZT WEITER!
WO WAR ICH STEHEN GEBLIEBEN?
BEI PATIENT NUMMER 4, DER WEISSEN KATZE.
AH...

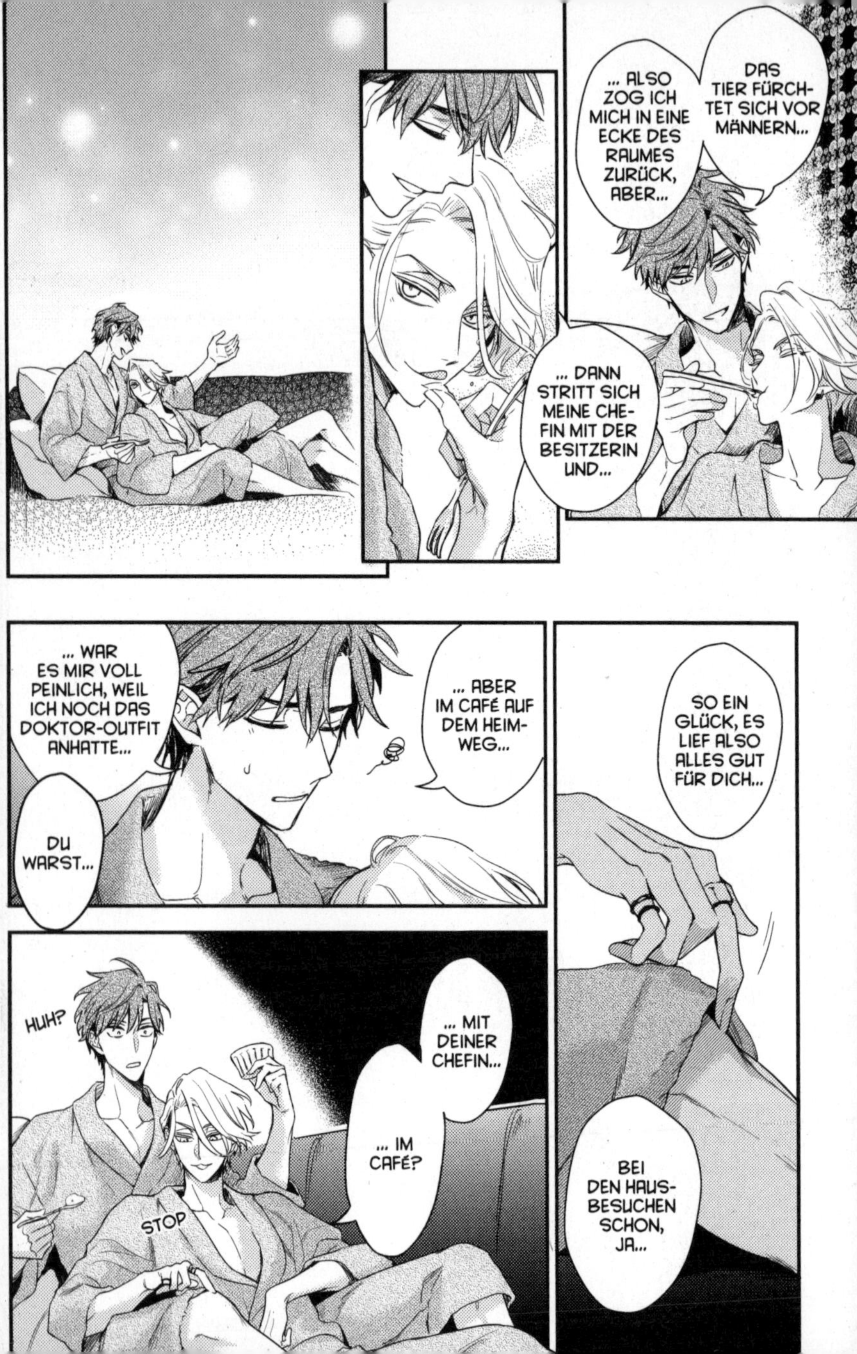

DAS TIER FÜRCHTET SICH VOR MÄNNERN...
... ALSO ZOG ICH MICH IN EINE ECKE DES RAUMES ZURÜCK, ABER...
... DANN STRITT SICH MEINE CHEFIN MIT DER BESITZERIN UND...
SO EIN GLÜCK, ES LIEF ALSO ALLES GUT FÜR DICH...
... ABER IM CAFÉ AUF DEM HEIMWEG...
... WAR ES MIR VOLL PEINLICH, WEIL ICH NOCH DAS DOKTOR-OUTFIT ANHATTE...
DU WARST...
BEI DEN HAUSBESUCHEN SCHON, JA...
... MIT DEINER CHEFIN...
... IM CAFÉ?
HUH?
STOP

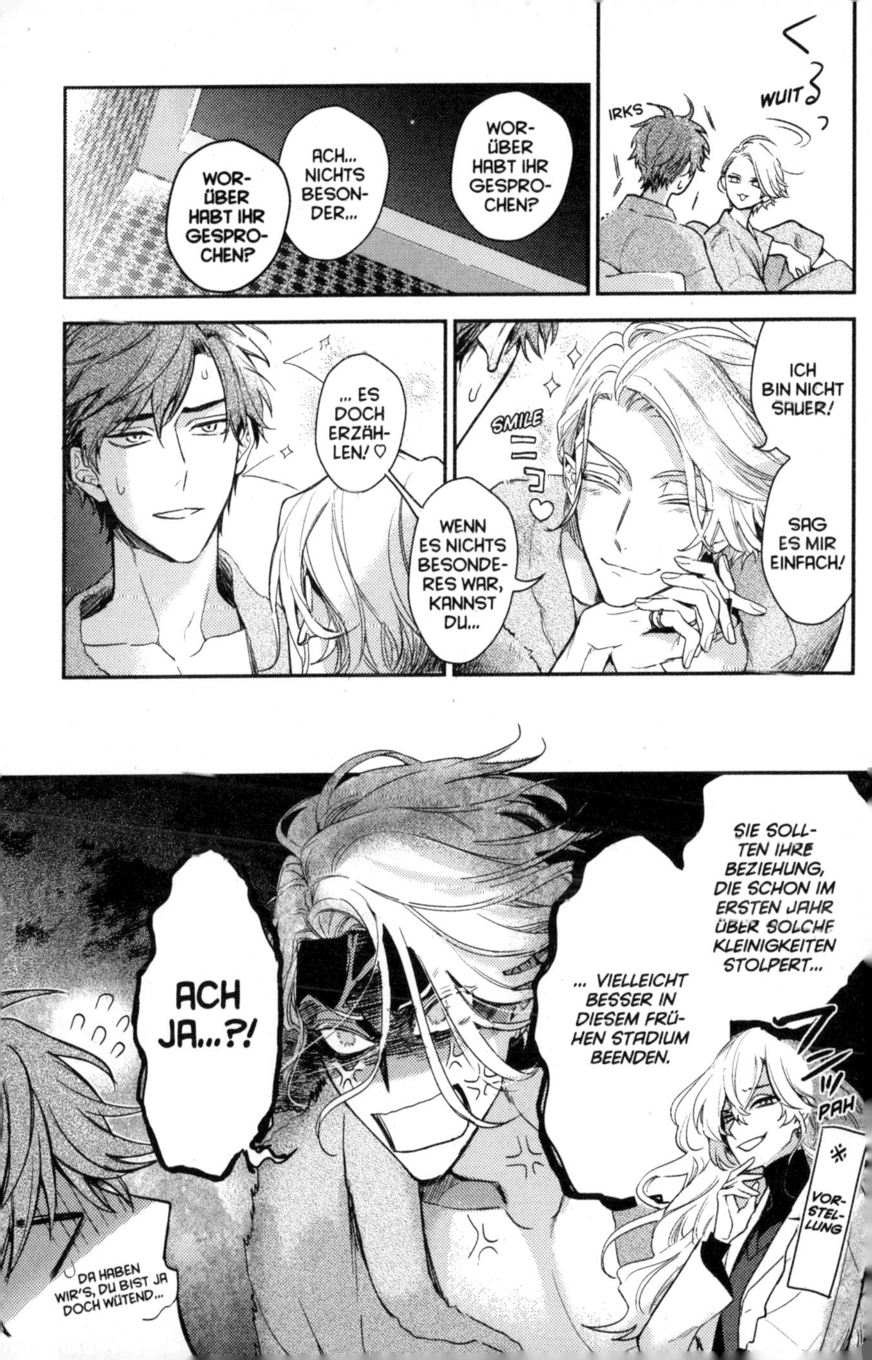
IRKS
WUIT
WORÜBER HABT IHR GESPROCHEN?
ACH... NICHTS BESONDER...
WORÜBER HABT IHR GESPROCHEN?
ICH BIN NICHT SAUER!
SMILE
SAG ES MIR EINFACH!
WENN ES NICHTS BESONDERES WAR, KANNST DU...
... ES DOCH ERZÄHLEN! ♡
SIE SOLLTEN IHRE BEZIEHUNG, DIE SCHON IM ERSTEN JAHR ÜBER SOLCHE KLEINIGKEITEN STOLPERT...
... VIELLEICHT BESSER IN DIESEM FRÜHEN STADIUM BEENDEN.
PAH
※ VORSTELLUNG
ACH JA...?!
DA HABEN WIR'S, DU BIST JA DOCH WÜTEND...

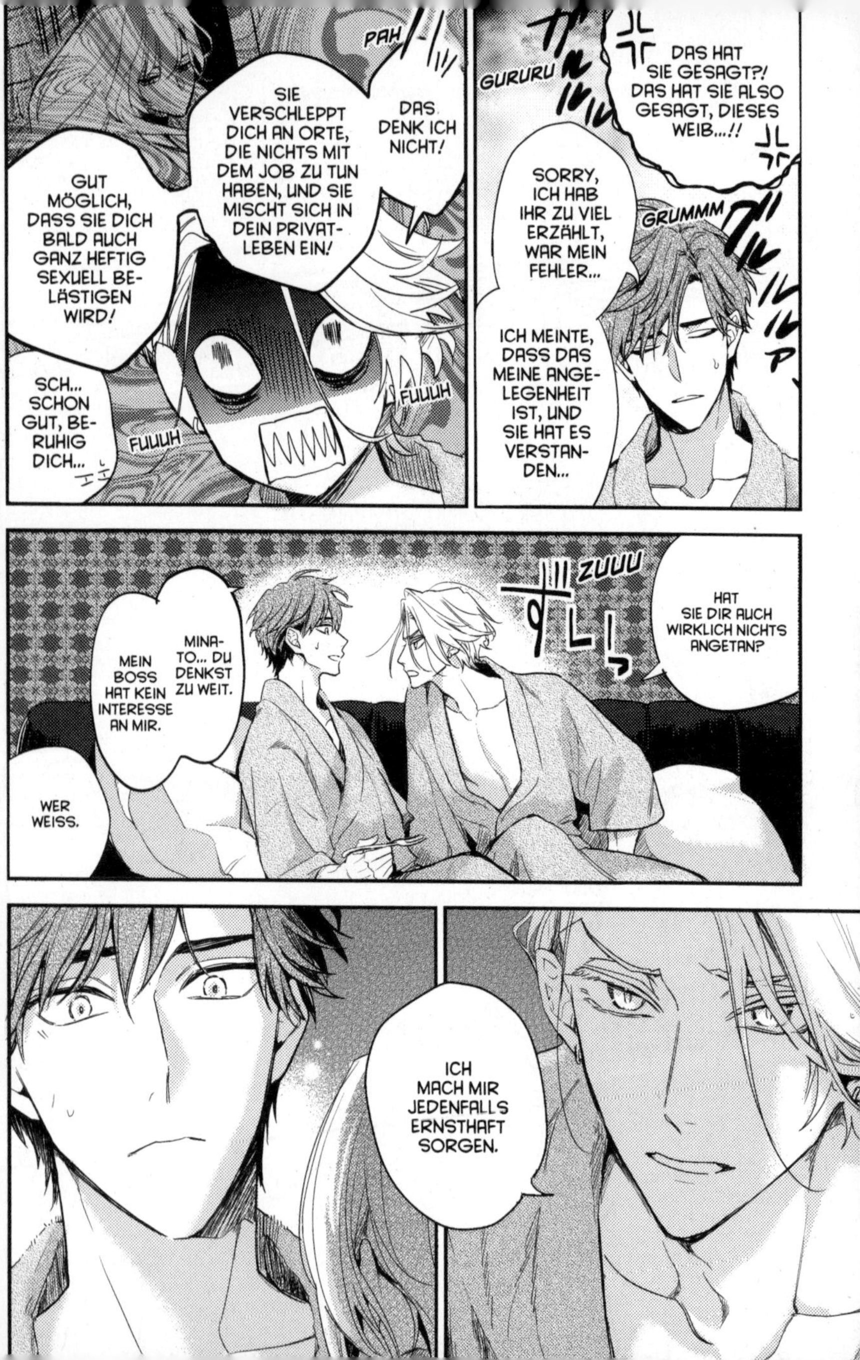

GURURU
DAS HAT SIE GESAGT?! DAS HAT SIE ALSO GESAGT, DIESES WEIB...!!
GRUMMM
SORRY, ICH HAB IHR ZU VIEL ERZÄHLT, WAR MEIN FEHLER...
ICH MEINTE, DASS DAS MEINE ANGELEGENHEIT IST, UND SIE HAT ES VERSTANDEN...
PAH
DAS DENK ICH NICHT!
SIE VERSCHLEPPT DICH AN ORTE, DIE NICHTS MIT DEM JOB ZU TUN HABEN, UND SIE MISCHT SICH IN DEIN PRIVATLEBEN EIN!
GUT MÖGLICH, DASS SIE DICH BALD AUCH GANZ HEFTIG SEXUELL BELÄSTIGEN WIRD!
FUUUH
FUUUH
SCH... SCHON GUT, BERUHIG DICH...
ZUUU
HAT SIE DIR AUCH WIRKLICH NICHTS ANGETAN?
MINATO... DU DENKST ZU WEIT.
MEIN BOSS HAT KEIN INTERESSE AN MIR.
WER WEISS.
ICH MACH MIR JEDENFALLS ERNSTHAFT SORGEN.

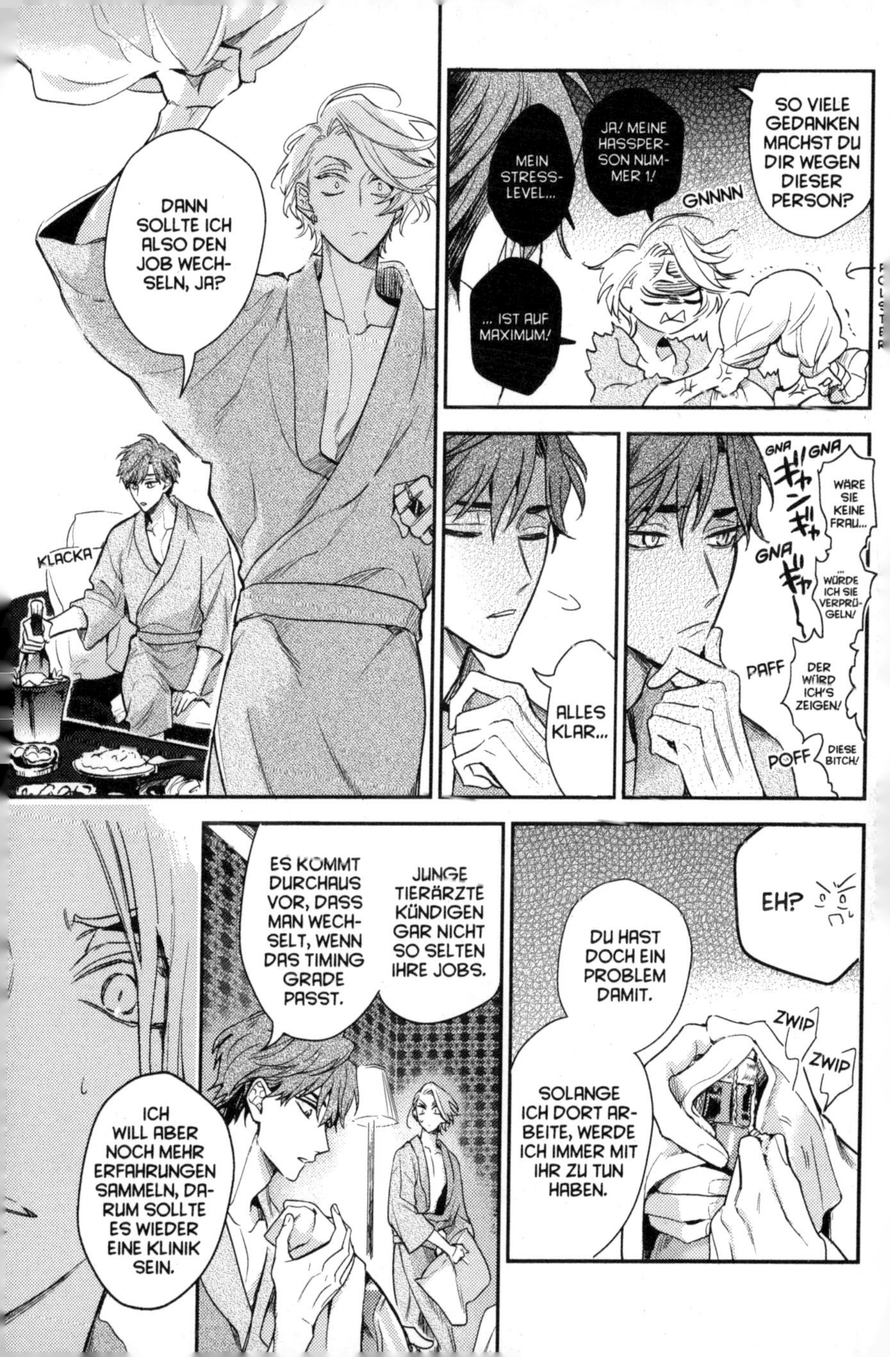
SO VIELE GEDANKEN MACHST DU DIR WEGEN DIESER PERSON?
POLSTER
GNNNN
JA! MEINE HASSPERSON NUMMER 1!
MEIN STRESSLEVEL...
... IST AUF MAXIMUM!
DANN SOLLTE ICH ALSO DEN JOB WECHSELN, JA?
KLACKA
GNA GNA
WÄRE SIE KEINE FRAU...
GNA
... WÜRDE ICH SIE VERPRÜGELN!
PAFF
DER WIRD ICH'S ZEIGEN!
POFF
DIESE BITCH!
ALLES KLAR...
EH?
DU HAST DOCH EIN PROBLEM DAMIT.
SOLANGE ICH DORT ARBEITE, WERDE ICH IMMER MIT IHR ZU TUN HABEN.
ZWIP
ZWIP
JUNGE TIERÄRZTE KÜNDIGEN GAR NICHT SO SELTEN IHRE JOBS.
ES KOMMT DURCHAUS VOR, DASS MAN WECHSELT, WENN DAS TIMING GRADE PASST.
ICH WILL ABER NOCH MEHR ERFAHRUNGEN SAMMELN, DARUM SOLLTE ES WIEDER EINE KLINIK SEIN.

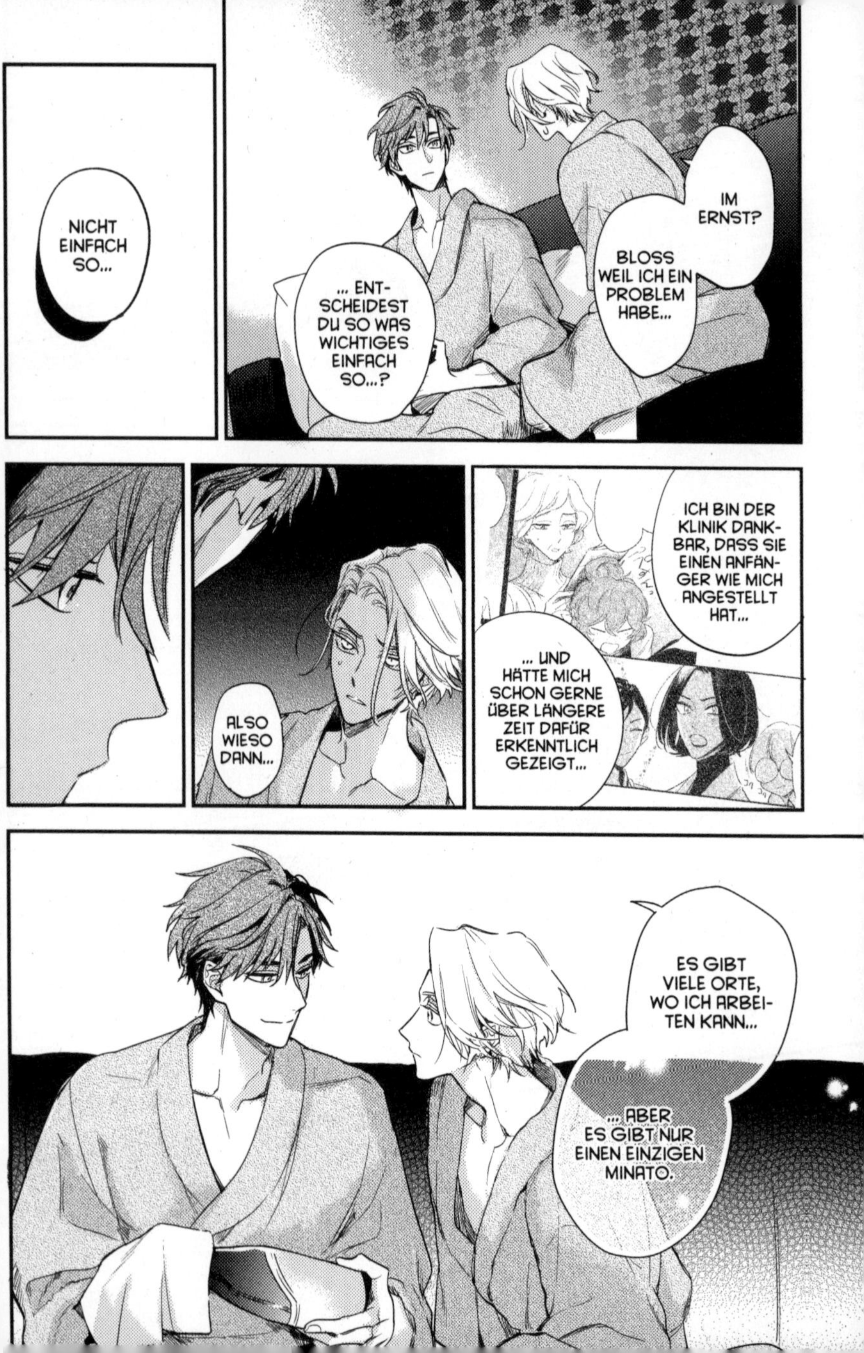
IM ERNST?
BLOSS WEIL ICH EIN PROBLEM HABE...
... ENT-SCHEIDEST DU SO WAS WICHTIGES EINFACH SO...?
NICHT EINFACH SO...
ICH BIN DER KLINIK DANKBAR, DASS SIE EINEN ANFÄNGER WIE MICH ANGESTELLT HAT...
... UND HÄTTE MICH SCHON GERNE ÜBER LÄNGERE ZEIT DAFÜR ERKENNTLICH GEZEIGT...
ALSO WIESO DANN...
ES GIBT VIELE ORTE, WO ICH ARBEITEN KANN...
... ABER ES GIBT NUR EINEN EINZIGEN MINATO.

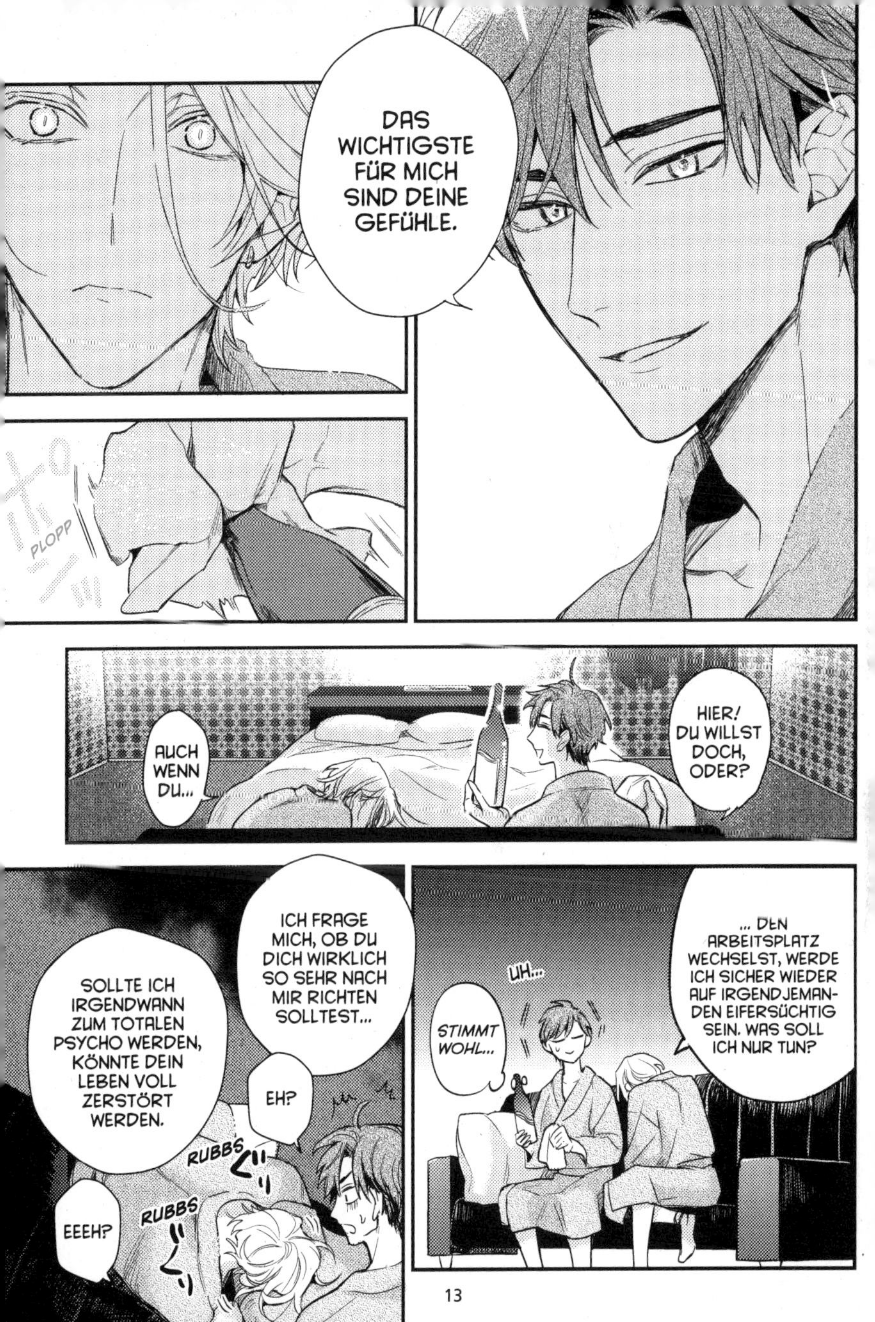

DAS WICHTIGSTE FÜR MICH SIND DEINE GEFÜHLE.
PLOPP
HIER! DU WILLST DOCH, ODER?
AUCH WENN DU...
... DEN ARBEITSPLATZ WECHSELST, WERDE ICH SICHER WIEDER AUF IRGENDJEMANDEN EIFERSÜCHTIG SEIN. WAS SOLL ICH NUR TUN?
UH...
STIMMT WOHL...
ICH FRAGE MICH, OB DU DICH WIRKLICH SO SEHR NACH MIR RICHTEN SOLLTEST...
SOLLTE ICH IRGENDWANN ZUM TOTALEN PSYCHO WERDEN, KÖNNTE DEIN LEBEN VOLL ZERSTÖRT WERDEN.
EH?
RUBBS
RUBBS
EEEH?

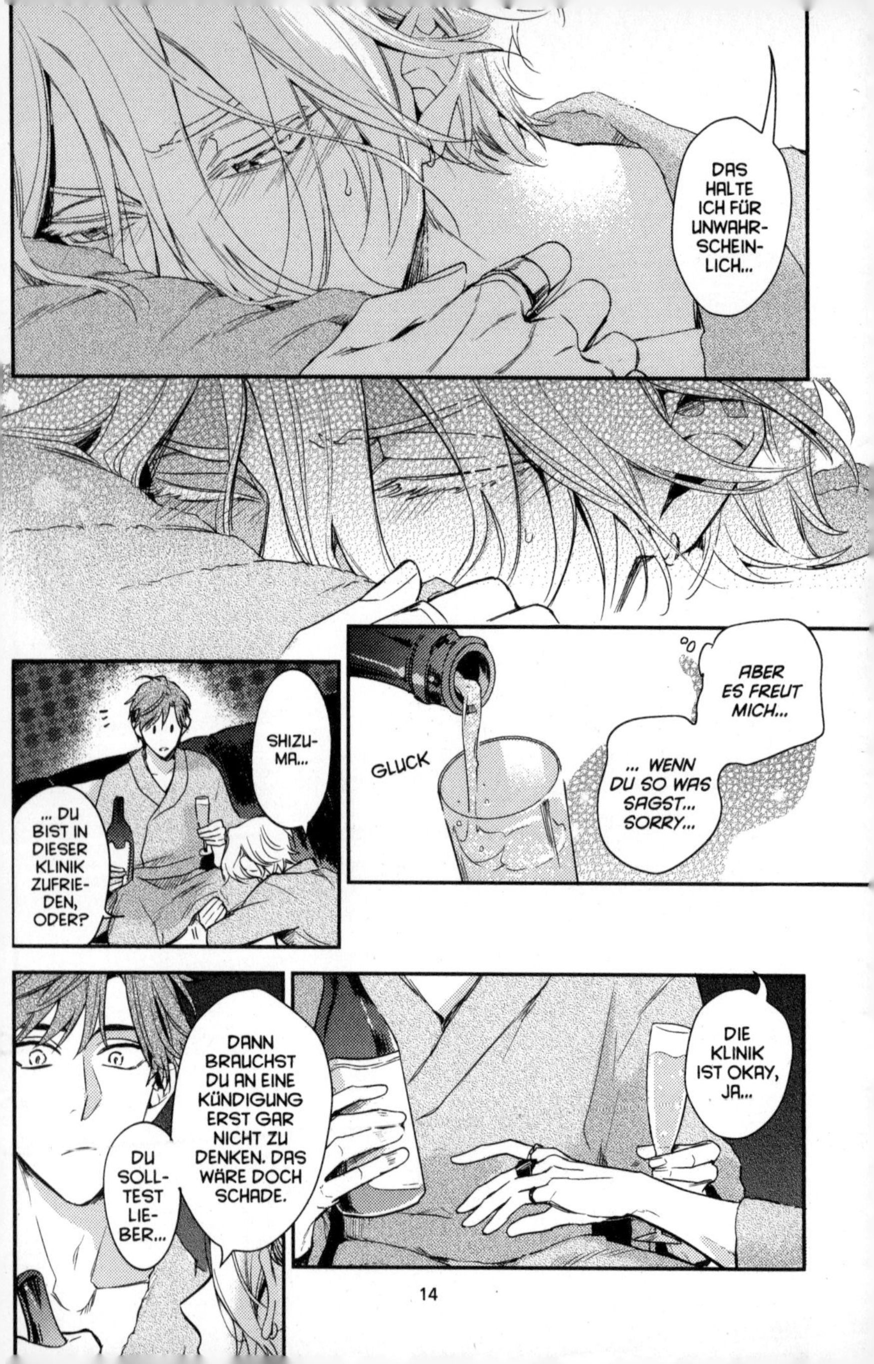
DAS HALTE ICH FÜR UNWAHR-SCHEIN-LICH...
ABER ES FREUT MICH...
... WENN DU SO WAS SAGST... SORRY...
GLUCK
SHIZU-MA...
... DU BIST IN DIESER KLINIK ZUFRIE-DEN, ODER?
DIE KLINIK IST OKAY, JA...
DANN BRAUCHST DU AN EINE KÜNDIGUNG ERST GAR NICHT ZU DENKEN. DAS WÄRE DOCH SCHADE.
DU SOLL-TEST LIE-BER...

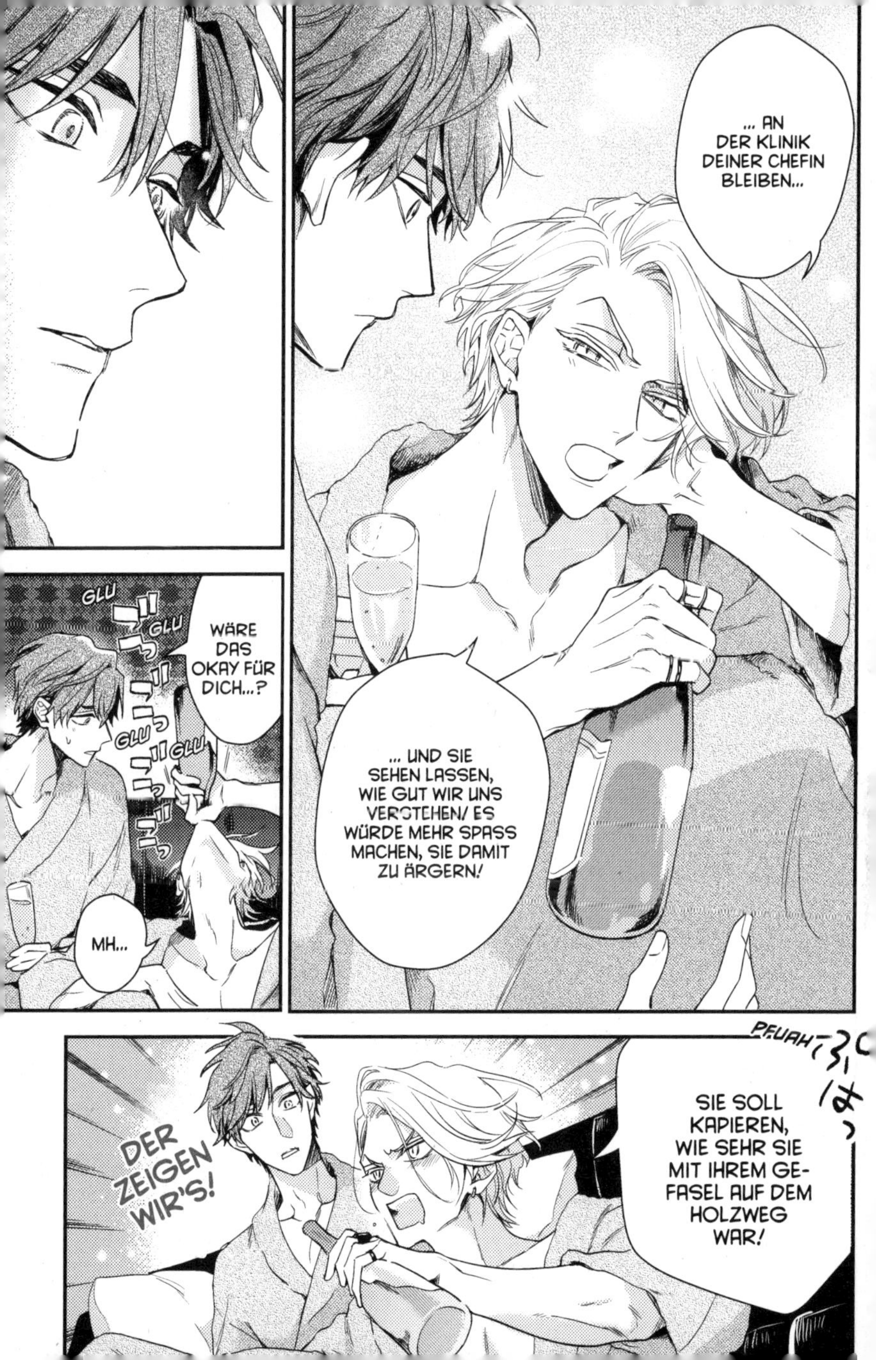
... AN DER KLINIK DEINER CHEFIN BLEIBEN...
... UND SIE SEHEN LASSEN, WIE GUT WIR UNS VERSTEHEN! ES WÜRDE MEHR SPASS MACHEN, SIE DAMIT ZU ÄRGERN!
WÄRE DAS OKAY FÜR DICH...?
GLU GLU GLU GLU
MH...
PFUAH
SIE SOLL KAPIEREN, WIE SEHR SIE MIT IHREM GE-FASEL AUF DEM HOLZWEG WAR!
DER ZEIGEN WIR'S!

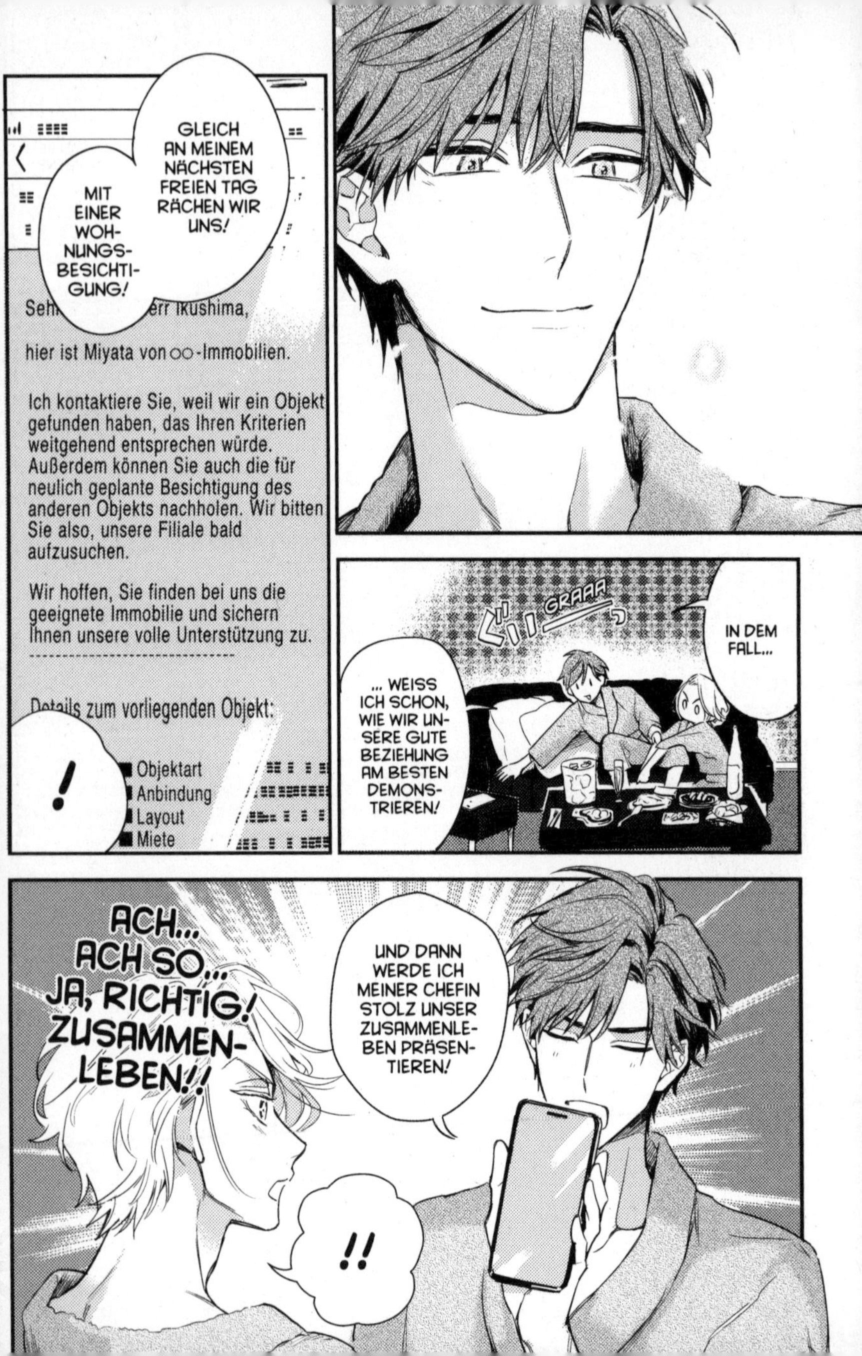

GLEICH AN MEINEM NÄCHSTEN FREIEN TAG RÄCHEN WIR UNS!
MIT EINER WOHNUNGS-BESICHTIGUNG!
Seh err Ikushima,
hier ist Miyata von ○○-Immobilien.
Ich kontaktiere Sie, weil wir ein Objekt gefunden haben, das Ihren Kriterien weitgehend entsprechen würde. Außerdem können Sie auch die für neulich geplante Besichtigung des anderen Objekts nachholen. Wir bitten Sie also, unsere Filiale bald aufzusuchen.
Wir hoffen, Sie finden bei uns die geeignete Immobilie und sichern Ihnen unsere volle Unterstützung zu.
Details zum vorliegenden Objekt:
■ Objektart
■ Anbindung
■ Layout
■ Miete
!
IN DEM FALL...
GRAAA
... WEISS ICH SCHON, WIE WIR UN-SERE GUTE BEZIEHUNG AM BESTEN DEMONS-TRIEREN!
UND DANN WERDE ICH MEINER CHEFIN STOLZ UNSER ZUSAMMENLE-BEN PRÄSEN-TIEREN!
!!
ACH... ACH SO... JA, RICHTIG! ZUSAMMEN-LEBEN!!

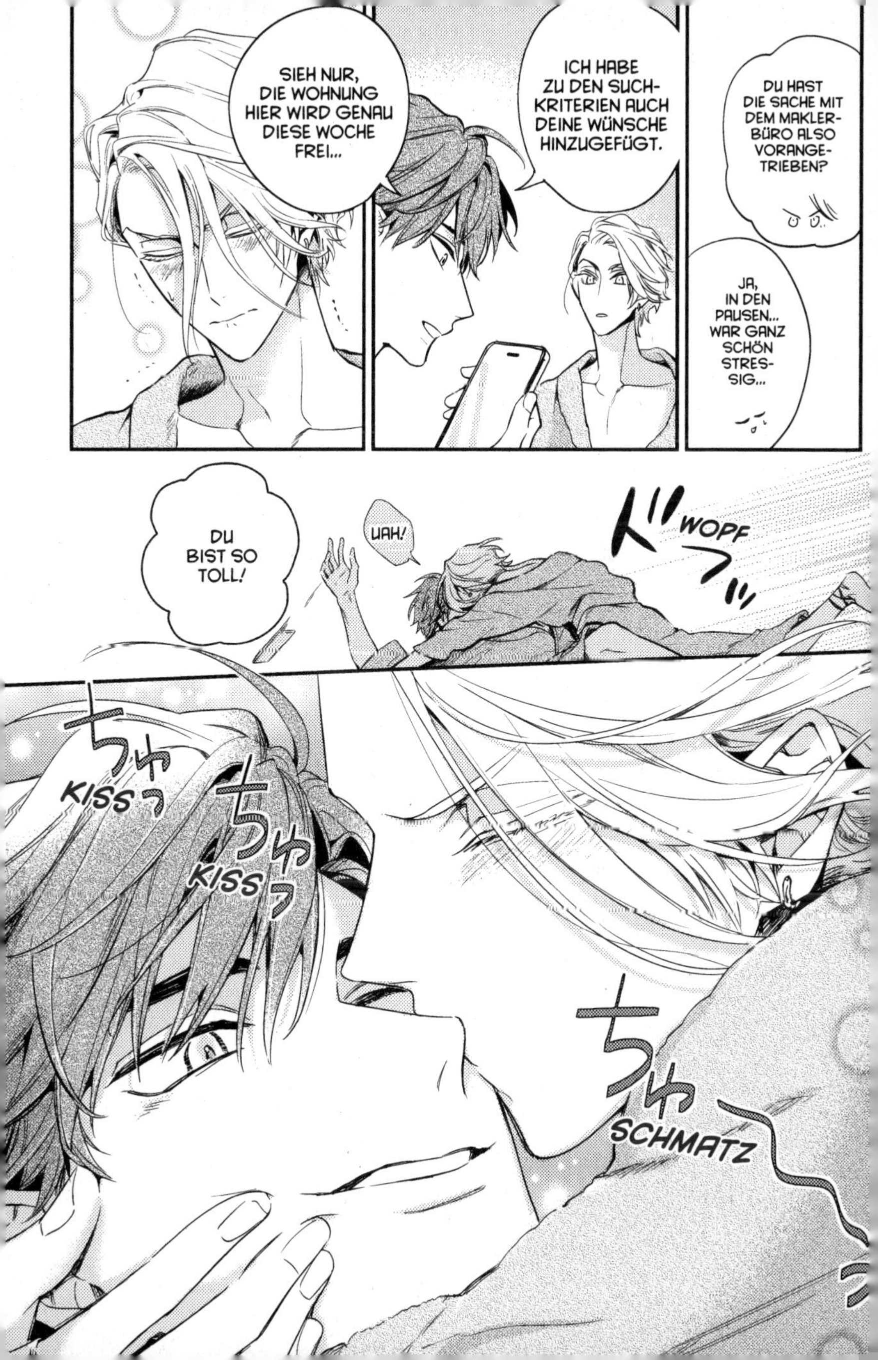
DU HAST DIE SACHE MIT DEM MAKLER-BÜRO ALSO VORANGE-TRIEBEN?
JA, IN DEN PAUSEN... WAR GANZ SCHÖN STRES-SIG...
ICH HABE ZU DEN SUCH-KRITERIEN AUCH DEINE WÜNSCHE HINZUGEFÜGT.
SIEH NUR, DIE WOHNUNG HIER WIRD GENAU DIESE WOCHE FREI...
WOPF
UAH!
DU BIST SO TOLL!
KISS
KISS
SCHMATZ

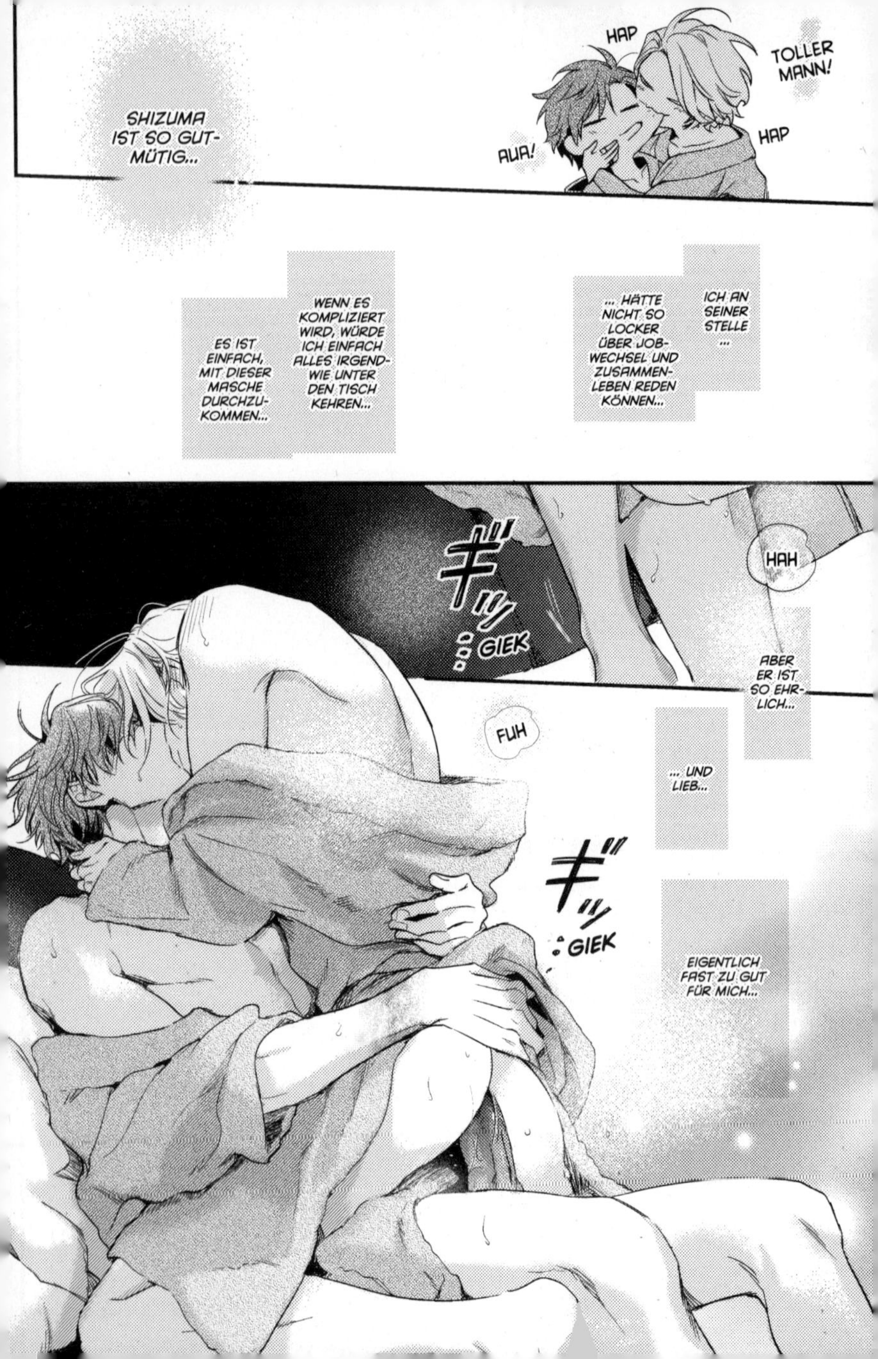

HAP
TOLLER MANN!
HAP
AUA!
SHIZUMA IST SO GUT-MÜTIG...
ICH AN SEINER STELLE ...
... HÄTTE NICHT SO LOCKER ÜBER JOB-WECHSEL UND ZUSAMMEN-LEBEN REDEN KÖNNEN...
WENN ES KOMPLIZIERT WIRD, WÜRDE ICH EINFACH ALLES IRGEND-WIE UNTER DEN TISCH KEHREN...
ES IST EINFACH, MIT DIESER MASCHE DURCHZU-KOMMEN...
HAH
GIEK
ABER ER IST SO EHR-LICH...
FUH
... UND LIEB...
GIEK
EIGENTLICH FAST ZU GUT FÜR MICH...

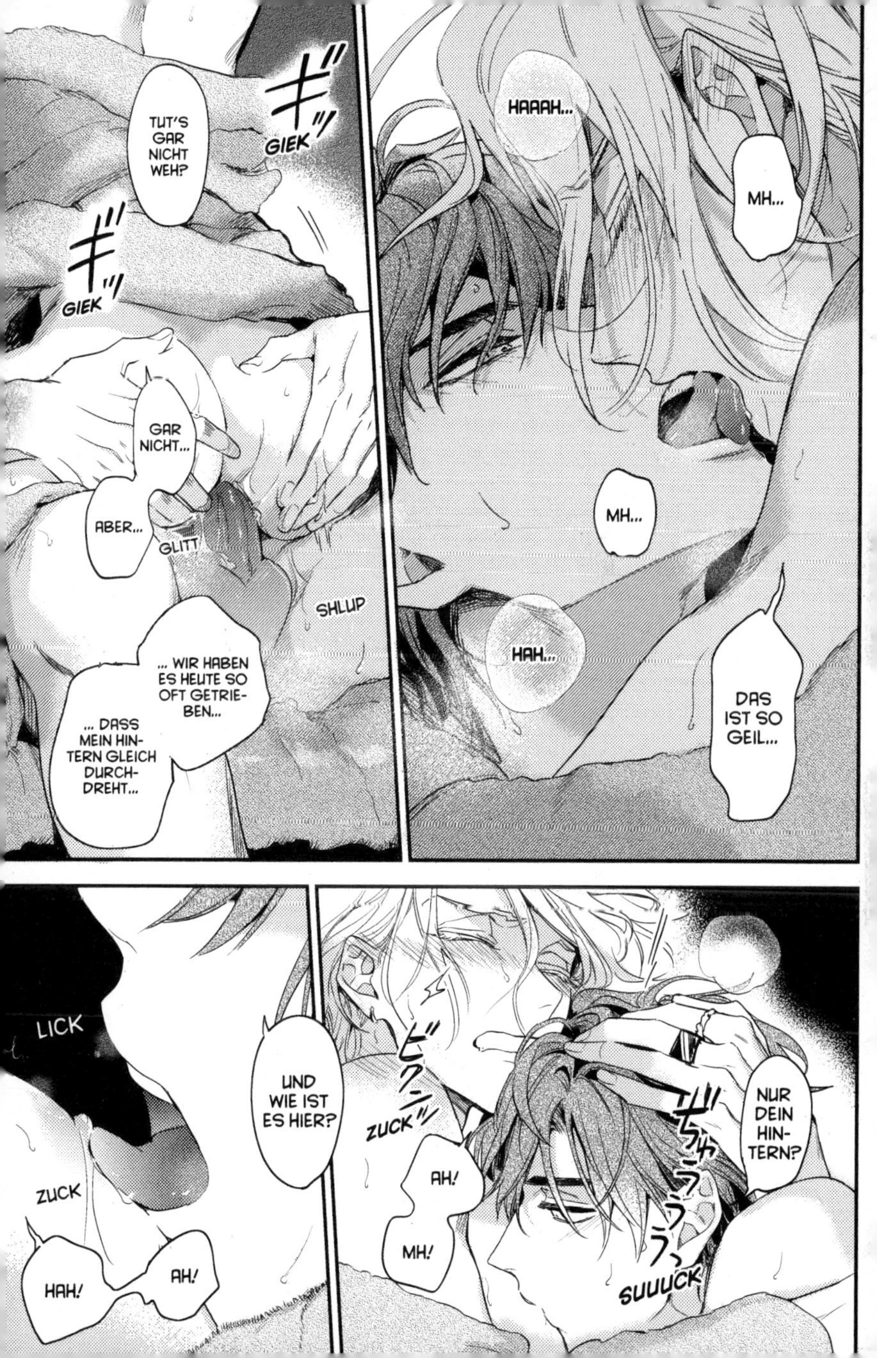
HAAAH...
MH...
MH...
HAH...
DAS IST SO GEIL...
TUT'S GAR NICHT WEH?
GIEK
GIEK
GAR NICHT...
ABER...
GLITT
SHLUP
... WIR HABEN ES HEUTE SO OFT GETRIE-BEN...
... DASS MEIN HIN-TERN GLEICH DURCH-DREHT...
NUR DEIN HIN-TERN?
ZUCK
UND WIE IST ES HIER?
AH!
MH!
SUUUCK
LICK
ZUCK
AH!
HAH!

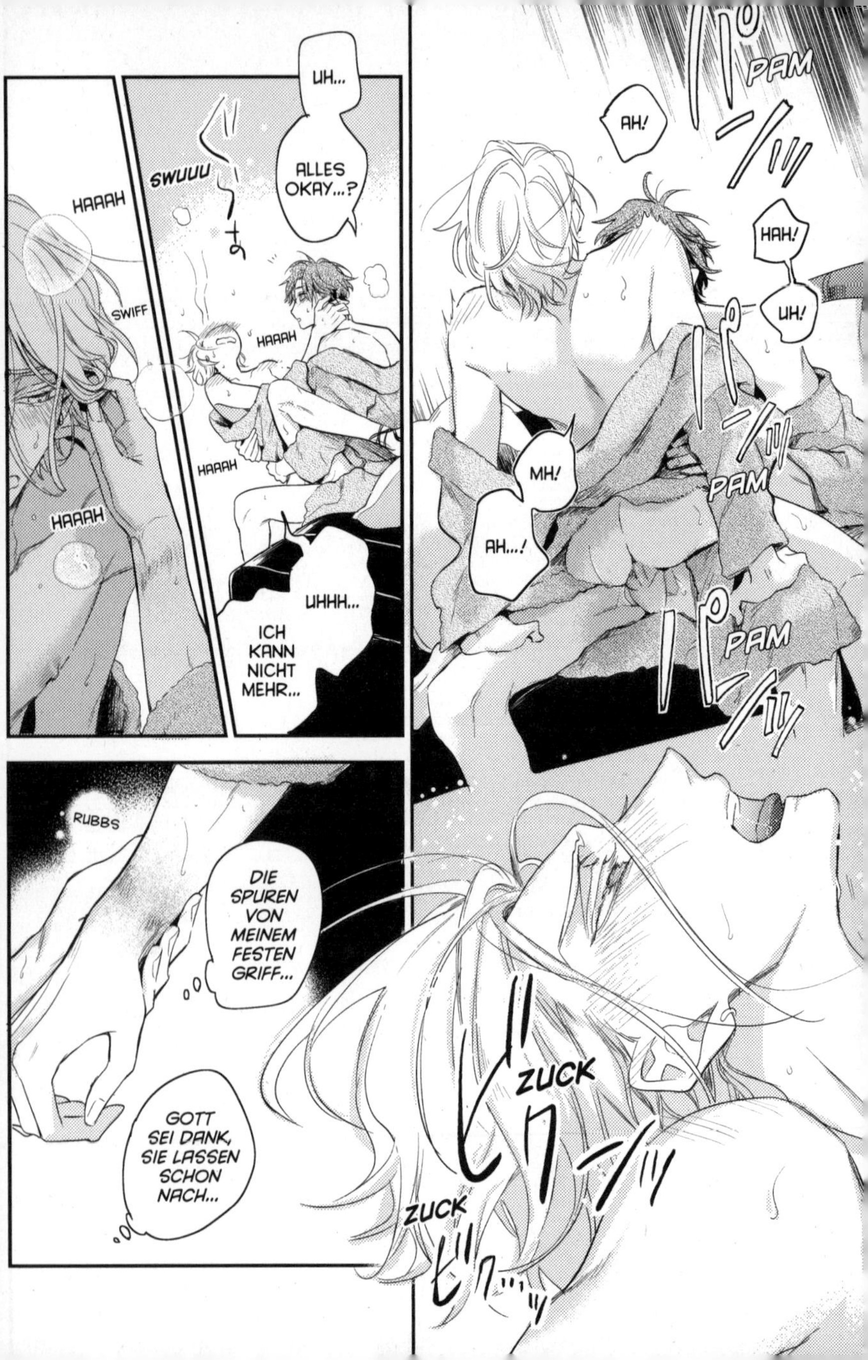
PAM
AH!
HAH!
UH!
MH!
AH...!
PAM
PAM
ZUCK
ZUCK
SWUUU
UH...
ALLES OKAY...?
HAAAH
HAAAH
UHHH...
ICH KANN NICHT MEHR...
HAAAH
SWIFF
HAAAH
RUBBS
DIE SPUREN VON MEINEM FESTEN GRIFF...
GOTT SEI DANK, SIE LASSEN SCHON NACH...

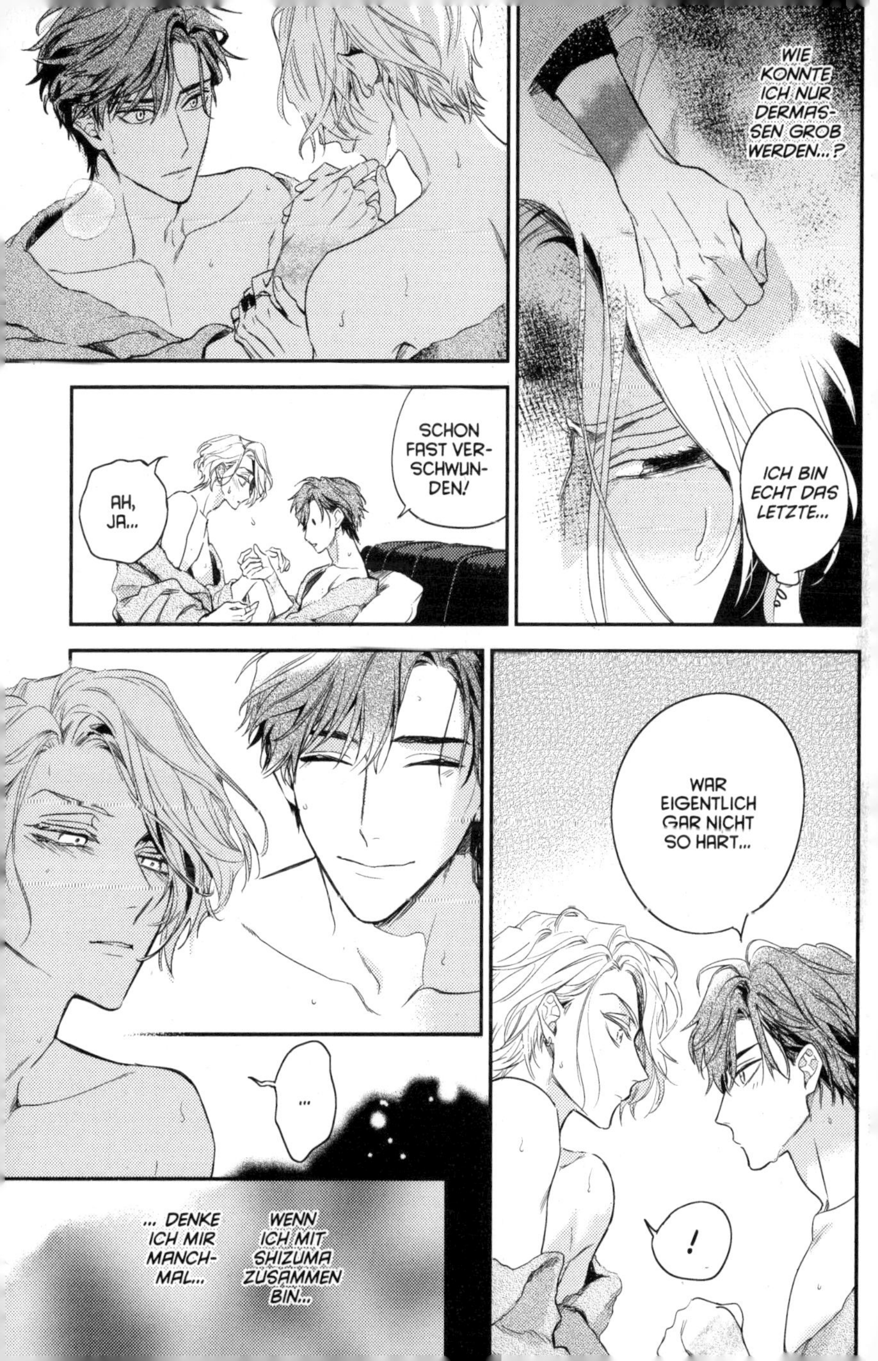

WIE KONNTE ICH NUR DERMAS-SEN GROB WERDEN...?
ICH BIN ECHT DAS LETZTE...
SCHON FAST VER-SCHWUN-DEN!
AH, JA...
WAR EIGENTLICH GAR NICHT SO HART...
!
...
WENN ICH MIT SHIZUMA ZUSAMMEN BIN...
... DENKE ICH MIR MANCH-MAL...

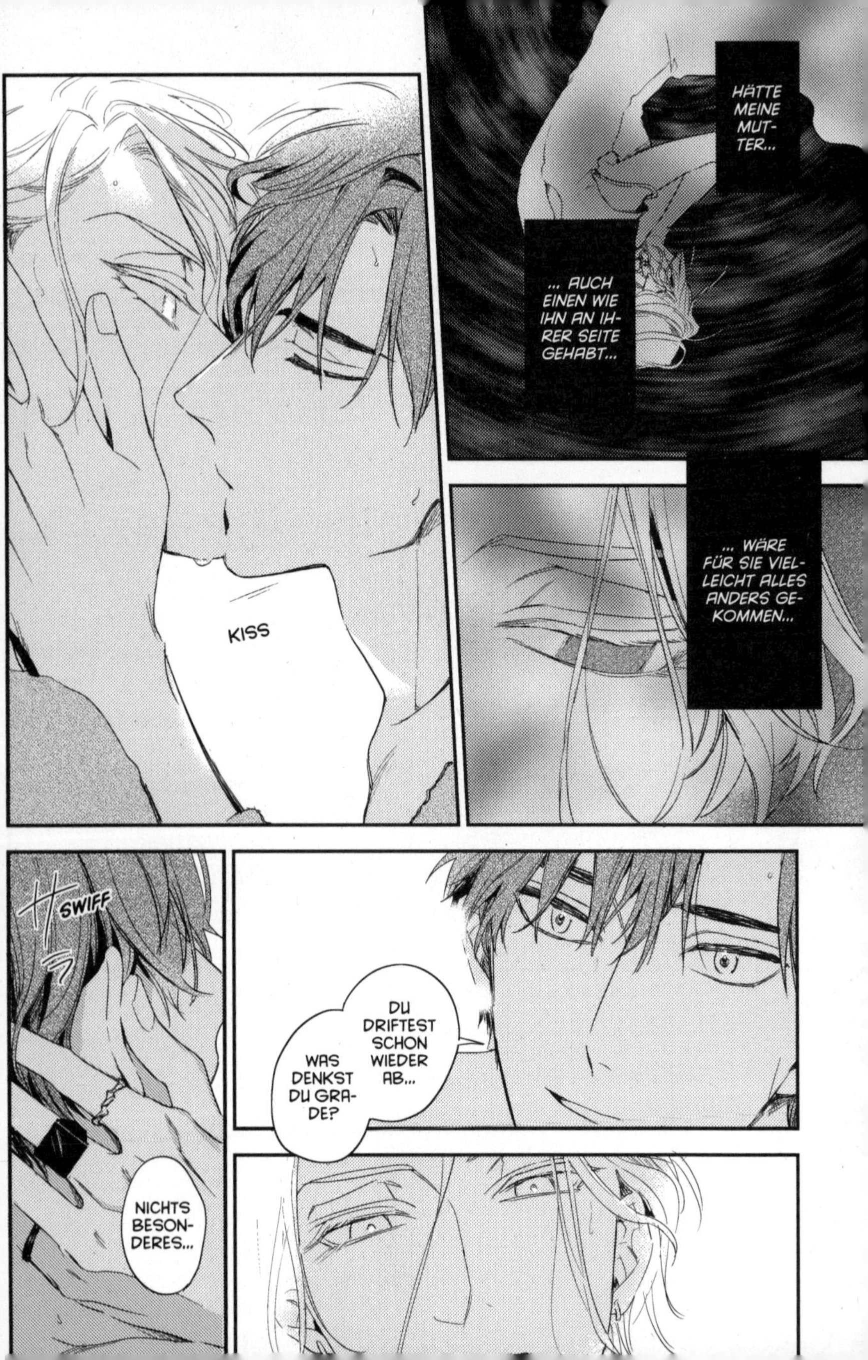
HÄTTE MEINE MUT-TER...
... AUCH EINEN WIE IHN AN IH-RER SEITE GEHABT...
... WÄRE FÜR SIE VIEL-LEICHT ALLES ANDERS GE-KOMMEN...
KISS
DU DRIFTEST SCHON WIEDER AB...
WAS DENKST DU GRA-DE?
SWIFF
NICHTS BESON-DERES...

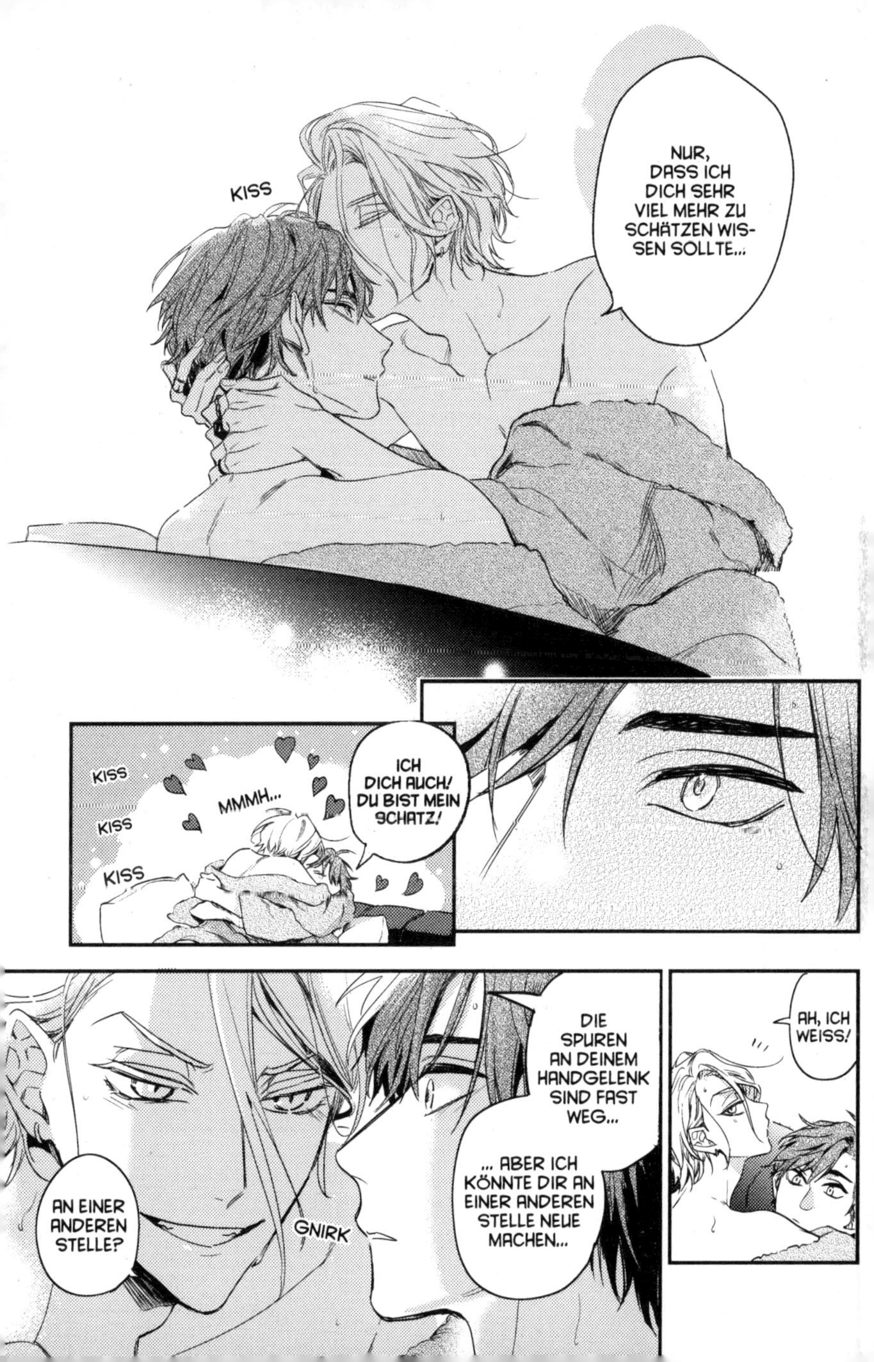
NUR, DASS ICH DICH SEHR VIEL MEHR ZU SCHÄTZEN WISSEN SOLLTE...
KISS
ICH DICH AUCH! DU BIST MEIN SCHATZ!
MMMH...
KISS
KISS
KISS
AH, ICH WEISS!
DIE SPUREN AN DEINEM HANDGELENK SIND FAST WEG...
... ABER ICH KÖNNTE DIR AN EINER ANDEREN STELLE NEUE MACHEN...
GNIRK
AN EINER ANDEREN STELLE?

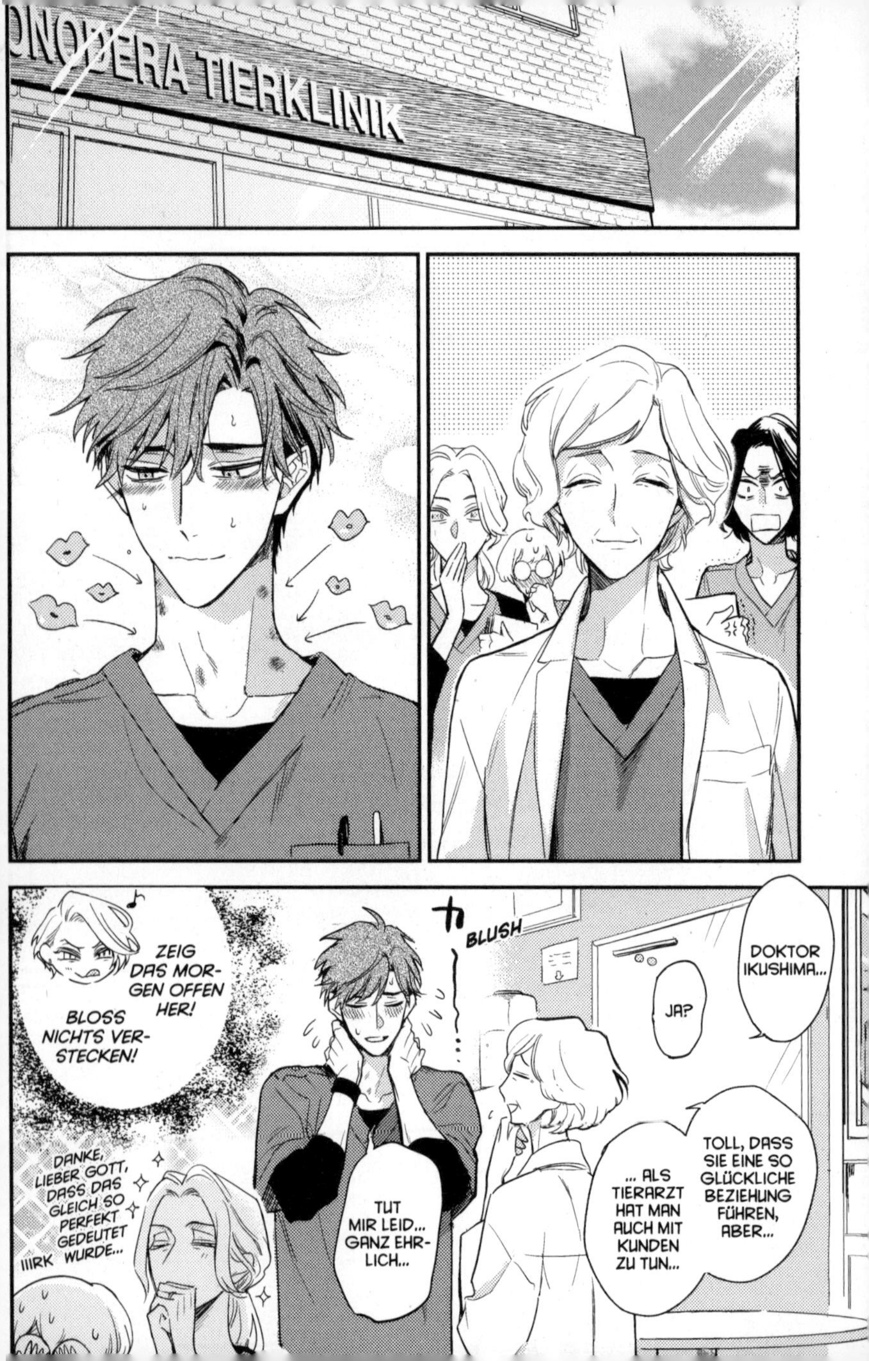
ONODERA TIERKLINIK
DOKTOR IKUSHIMA…
JA?
TOLL, DASS SIE EINE SO GLÜCKLICHE BEZIEHUNG FÜHREN, ABER…
… ALS TIERARZT HAT MAN AUCH MIT KUNDEN ZU TUN…
BLUSH
TUT MIR LEID… GANZ EHRLICH…
ZEIG DAS MORGEN OFFEN HER!
BLOSS NICHTS VERSTECKEN!
DANKE, LIEBER GOTT, DASS DAS GLEICH SO PERFEKT GEDEUTET WURDE…
IIIRK

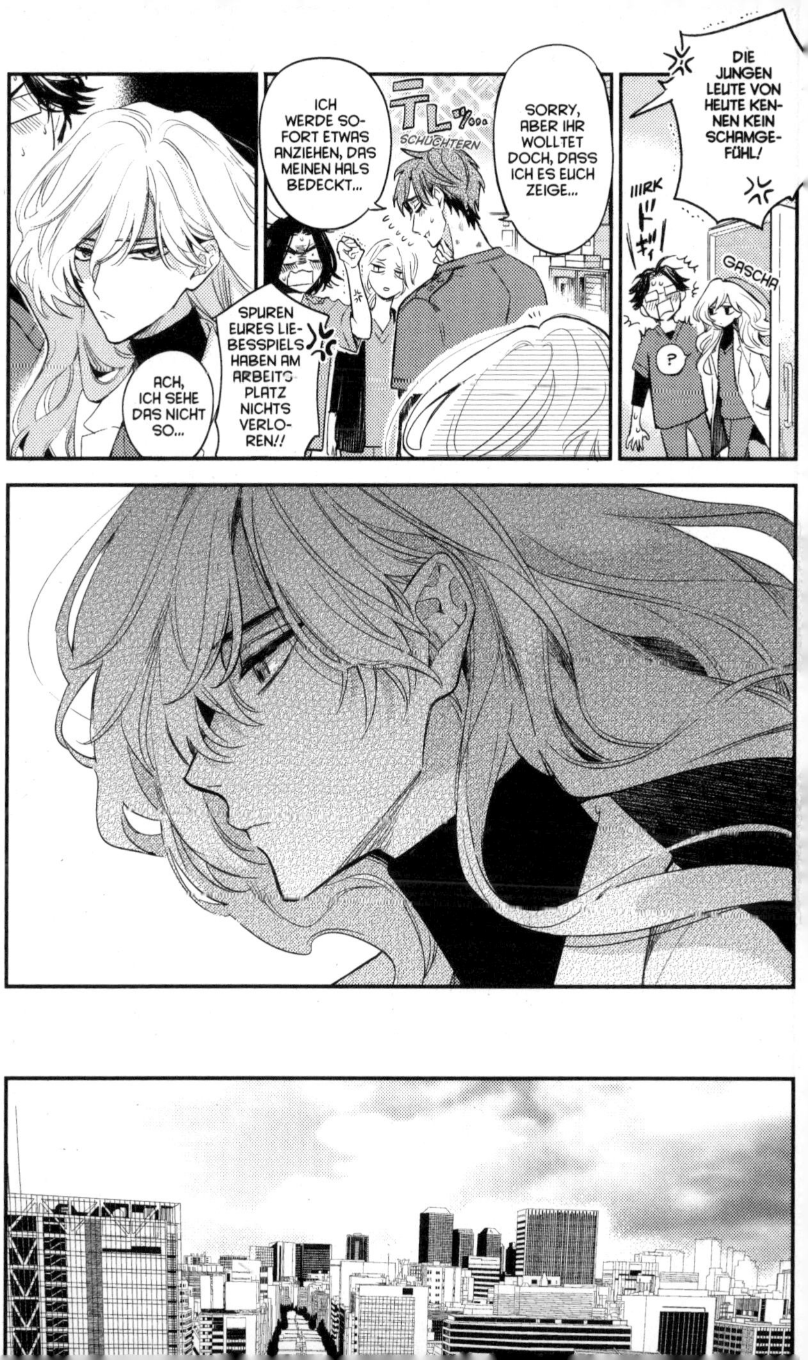
GASCHA
DIE JUNGEN LEUTE VON HEUTE KENNEN KEIN SCHAMGEFÜHL!
IIIRK
SORRY, ABER IHR WOLLTET DOCH, DASS ICH ES EUCH ZEIGE...
SCHÜCHTERN
ICH WERDE SOFORT ETWAS ANZIEHEN, DAS MEINEN HALS BEDECKT...
SPUREN EURES LIEBESSPIELS HABEN AM ARBEITSPLATZ NICHTS VERLOREN!!
ACH, ICH SEHE DAS NICHT SO...

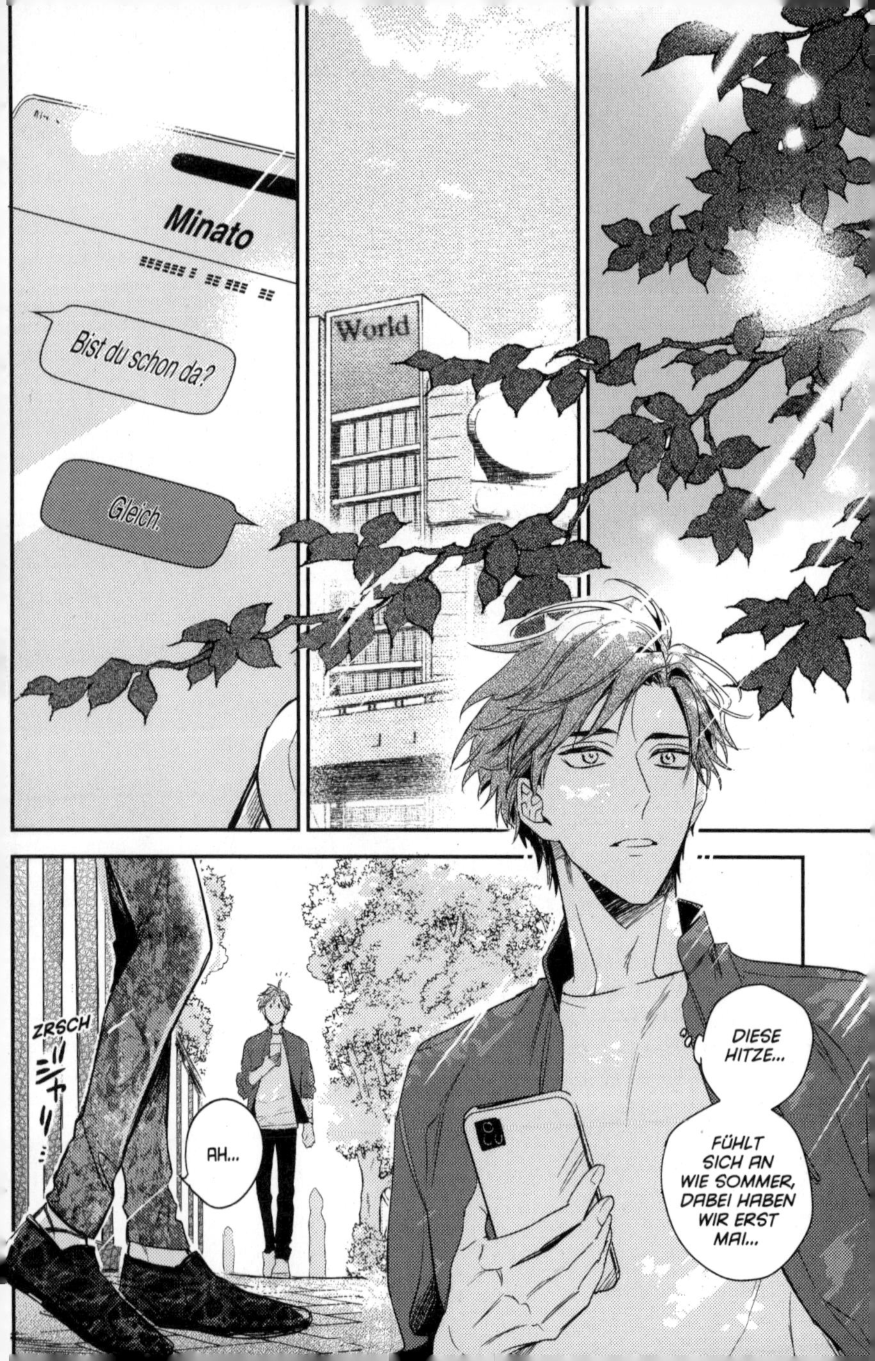

World
Minato
Bist du schon da?
Gleich.
DIESE HITZE...
FÜHLT SICH AN WIE SOMMER, DABEI HABEN WIR ERST MAI...
AH...
ZRSCH
ジャリ

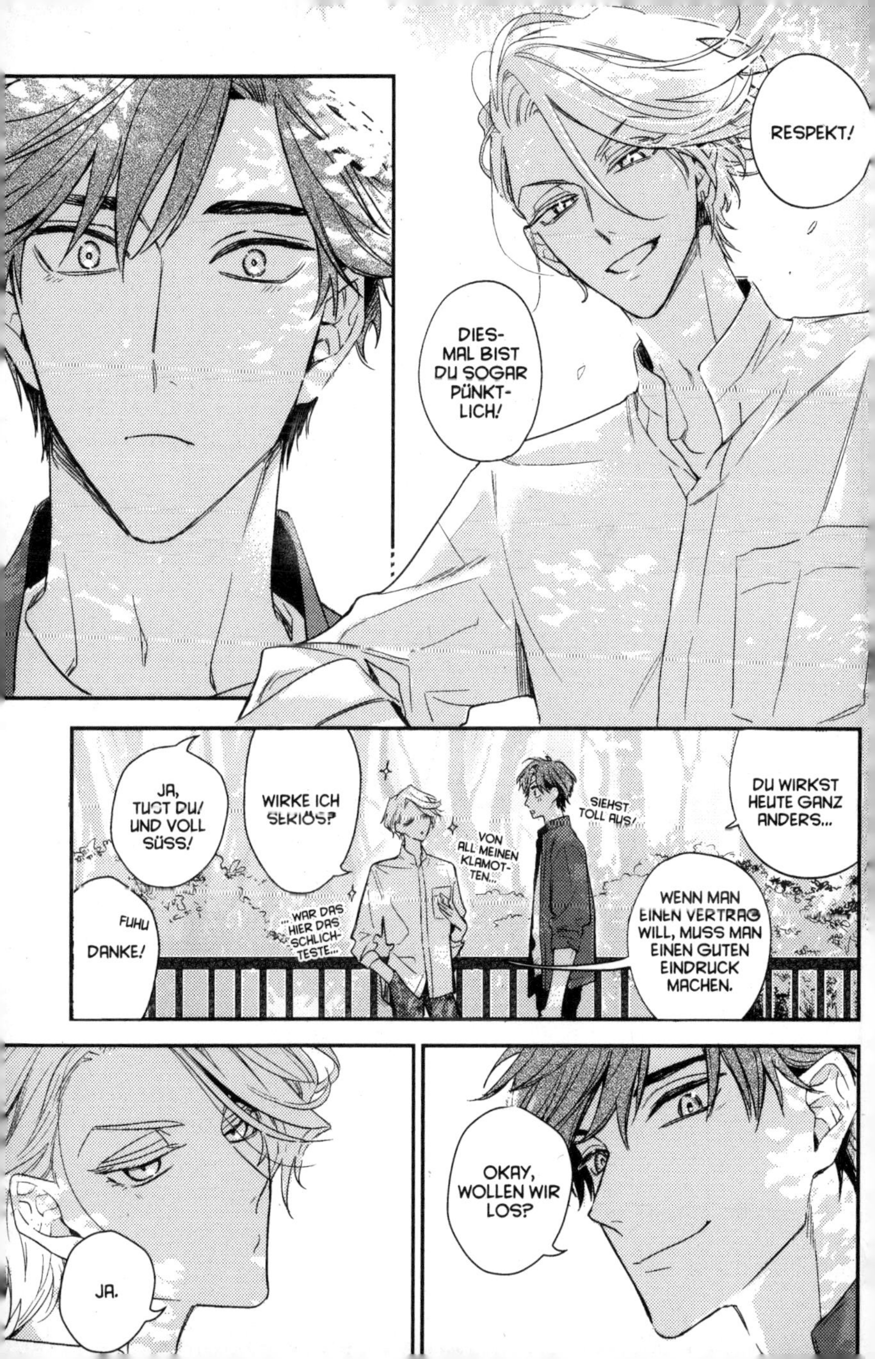
RESPEKT!
DIESMAL BIST DU SOGAR PÜNKTLICH!
DU WIRKST HEUTE GANZ ANDERS...
WENN MAN EINEN VERTRAG WILL, MUSS MAN EINEN GUTEN EINDRUCK MACHEN.
SIEHST TOLL AUS!
VON ALL MEINEN KLAMOTTEN...
...WAR DAS HIER DAS SCHLICHTESTE...
WIRKE ICH SERIÖS?
JA, TUST DU! UND VOLL SÜSS!
FUHU
DANKE!
OKAY, WOLLEN WIR LOS?
JA.

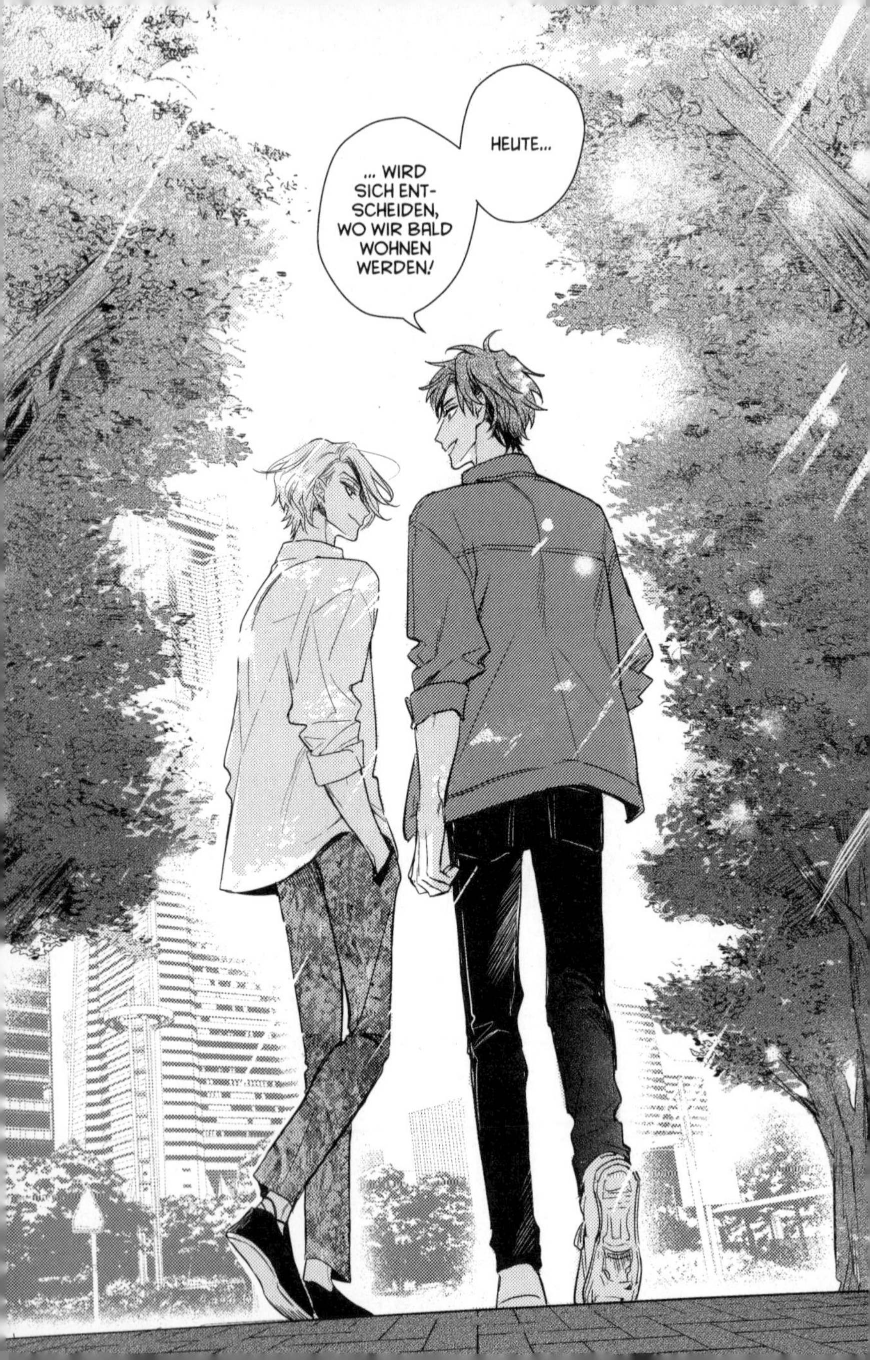
HEUTE...
... WIRD SICH ENT-SCHEIDEN, WO WIR BALD WOHNEN WERDEN!

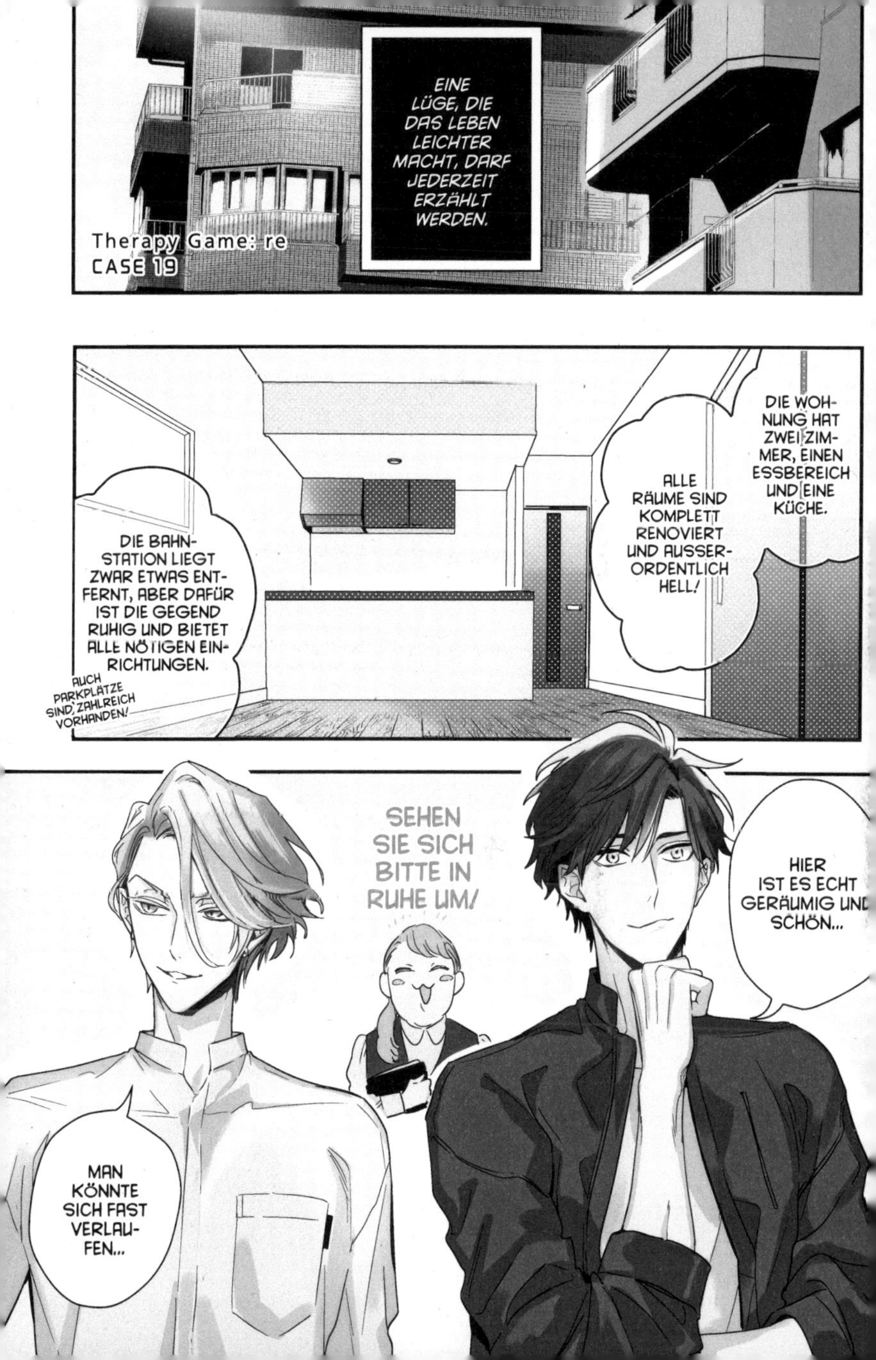
EINE LÜGE, DIE DAS LEBEN LEICHTER MACHT, DARF JEDERZEIT ERZÄHLT WERDEN.
Therapy Game: re
CASE 19
DIE WOHNUNG HAT ZWEI ZIMMER, EINEN ESSBEREICH UND EINE KÜCHE.
ALLE RÄUME SIND KOMPLETT RENOVIERT UND AUSSERORDENTLICH HELL!
DIE BAHNSTATION LIEGT ZWAR ETWAS ENTFERNT, ABER DAFÜR IST DIE GEGEND RUHIG UND BIETET ALLE NÖTIGEN EINRICHTUNGEN.
AUCH PARKPLÄTZE SIND ZAHLREICH VORHANDEN!
HIER IST ES ECHT GERÄUMIG UND SCHÖN...
SEHEN SIE SICH BITTE IN RUHE UM!
MAN KÖNNTE SICH FAST VERLAUFEN...

therapy game: re

# CASE 19

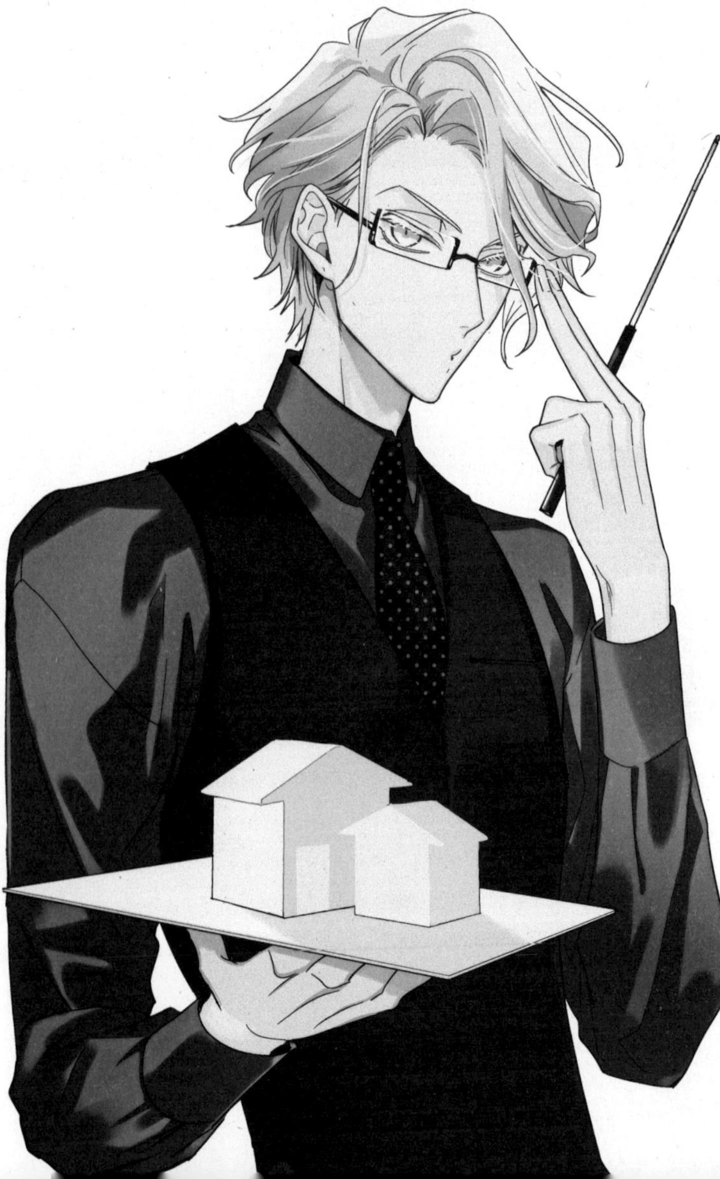

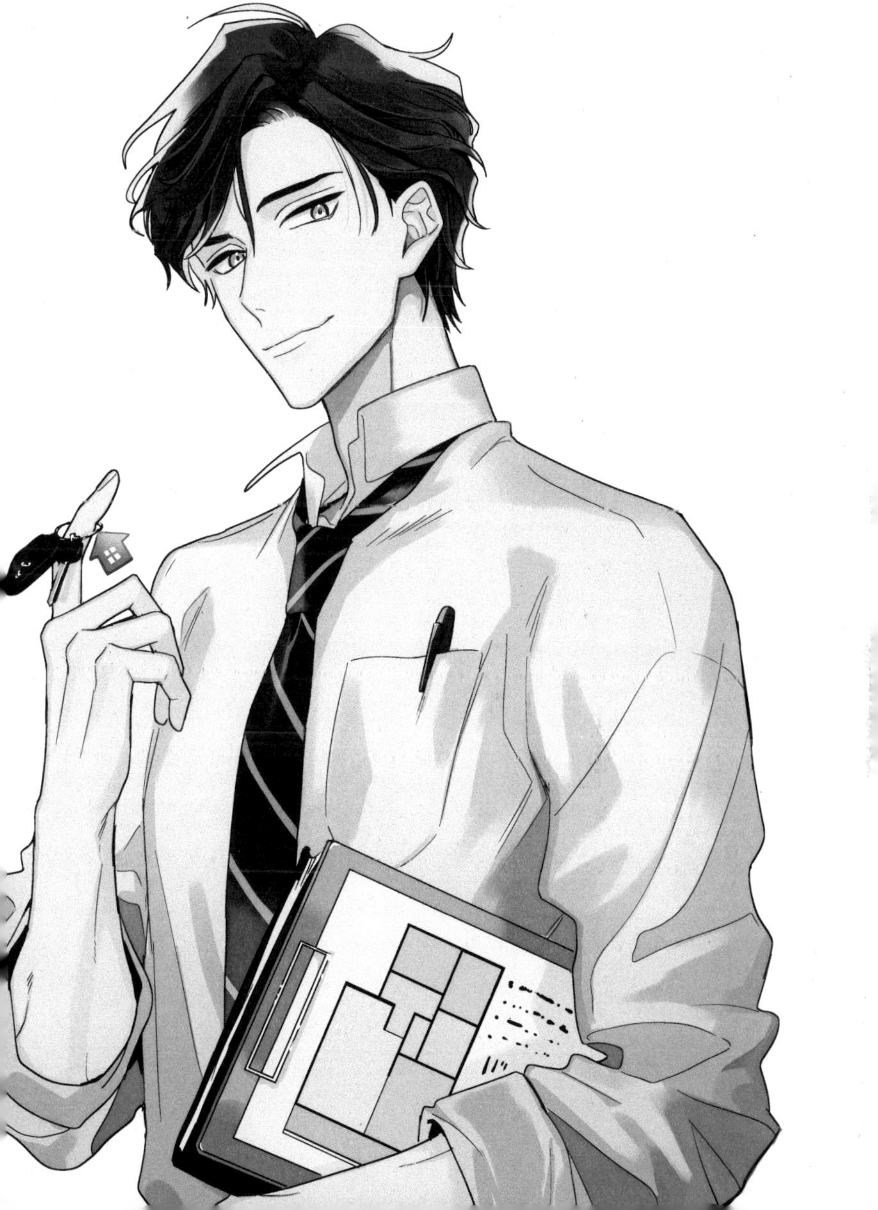

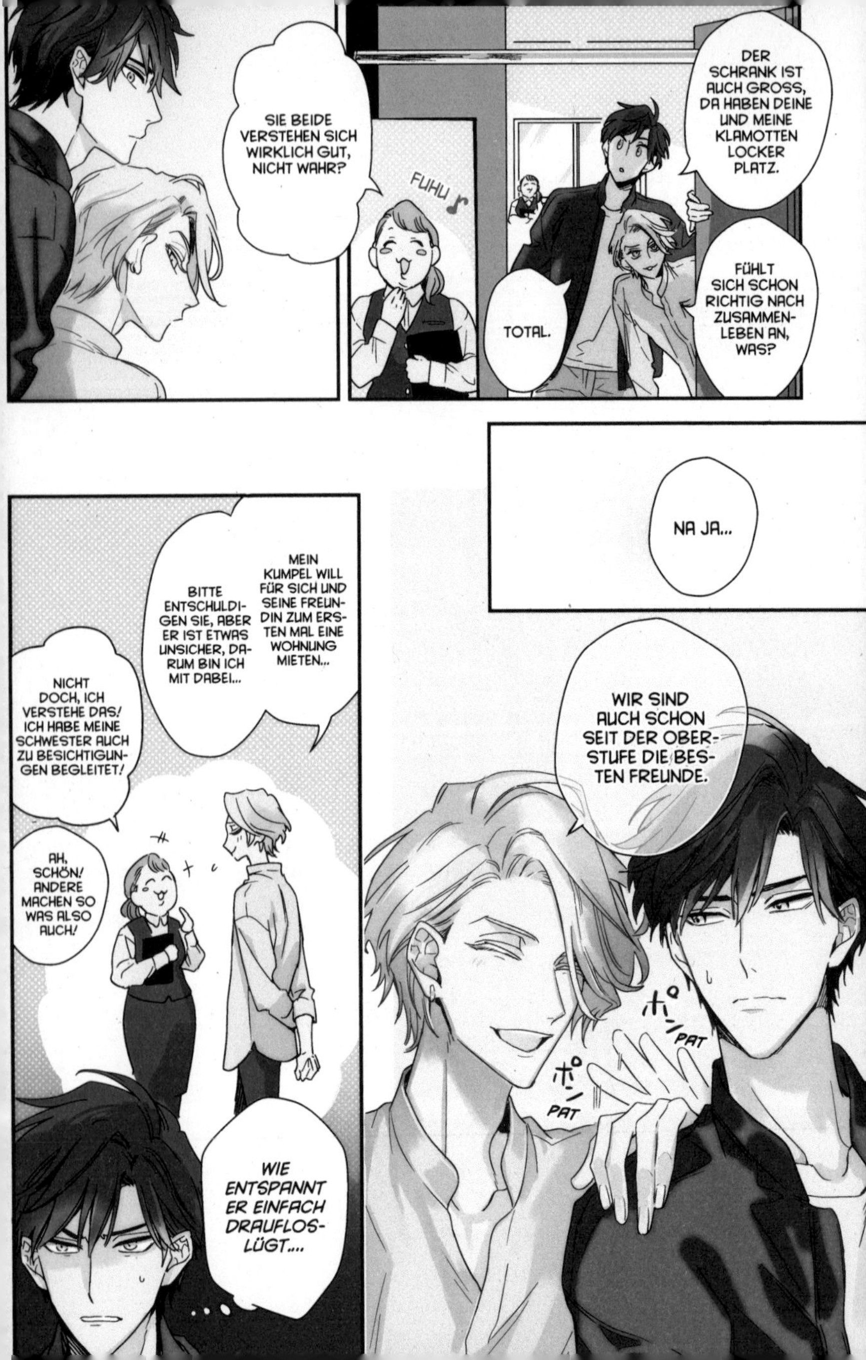
DER SCHRANK IST AUCH GROSS, DA HABEN DEINE UND MEINE KLAMOTTEN LOCKER PLATZ.
FÜHLT SICH SCHON RICHTIG NACH ZUSAMMEN-LEBEN AN, WAS?
TOTAL.
FUHU
SIE BEIDE VERSTEHEN SICH WIRKLICH GUT, NICHT WAHR?
NA JA...
WIR SIND AUCH SCHON SEIT DER OBER-STUFE DIE BES-TEN FREUNDE.
PAT
PAT
MEIN KUMPEL WILL FÜR SICH UND SEINE FREUN-DIN ZUM ERS-TEN MAL EINE WOHNUNG MIETEN...
BITTE ENTSCHULDI-GEN SIE, ABER ER IST ETWAS UNSICHER, DA-RUM BIN ICH MIT DABEI...
NICHT DOCH, ICH VERSTEHE DAS! ICH HABE MEINE SCHWESTER AUCH ZU BESICHTIGUN-GEN BEGLEITET!
AH, SCHÖN! ANDERE MACHEN SO WAS ALSO AUCH!
WIE ENTSPANNT ER EINFACH DRAUFLOS-LÜGT....

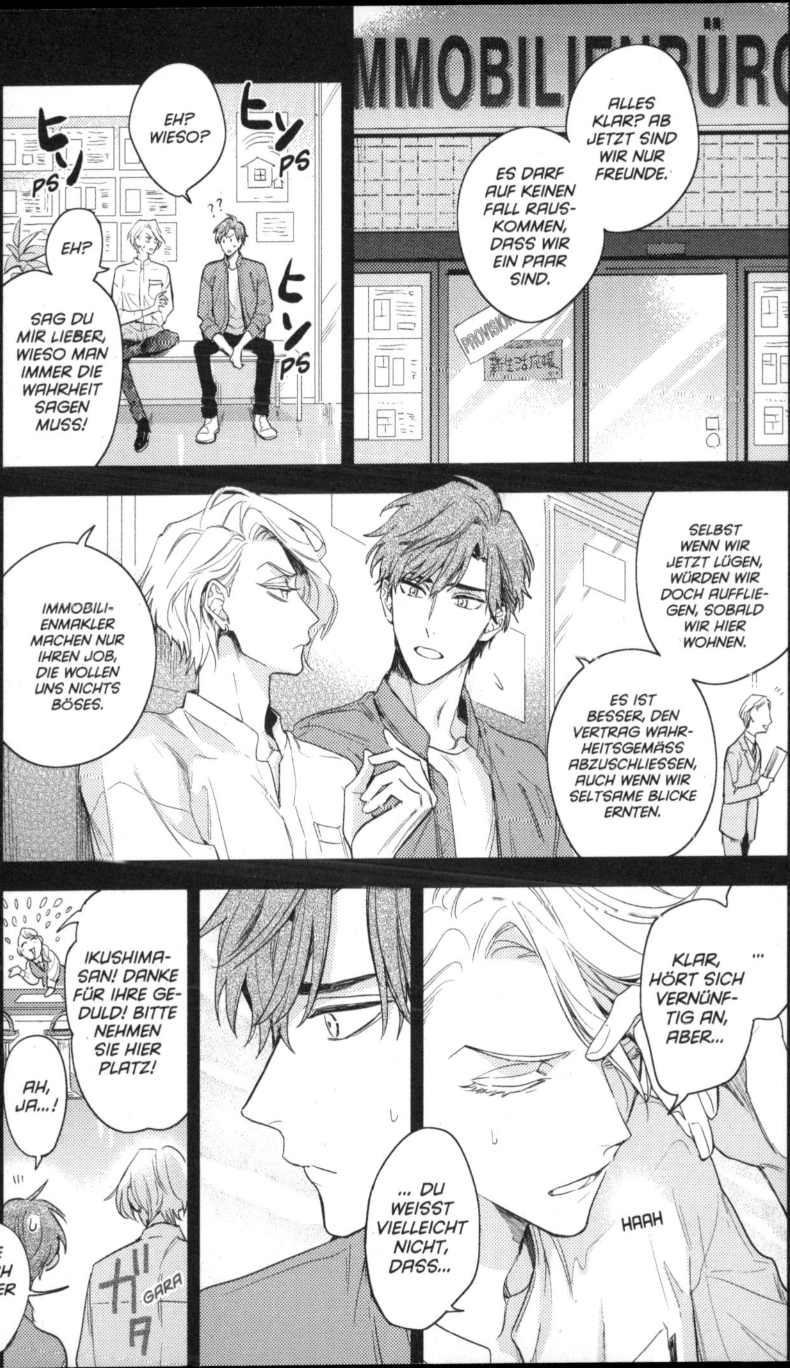
ALLES KLAR? AB JETZT SIND WIR NUR FREUNDE.
ES DARF AUF KEINEN FALL RAUSKOMMEN, DASS WIR EIN PAAR SIND.
EH? WIESO?
PS
PS
PS
EH?
SAG DU MIR LIEBER, WIESO MAN IMMER DIE WAHRHEIT SAGEN MUSS!
SELBST WENN WIR JETZT LÜGEN, WÜRDEN WIR DOCH AUFFLIEGEN, SOBALD WIR HIER WOHNEN.
ES IST BESSER, DEN VERTRAG WAHRHEITSGEMÄSS ABZUSCHLIESSEN, AUCH WENN WIR SELTSAME BLICKE ERNTEN.
IMMOBILIENMAKLER MACHEN NUR IHREN JOB, DIE WOLLEN UNS NICHTS BÖSES.
...
KLAR, HÖRT SICH VERNÜNFTIG AN, ABER...
HAAH
... DU WEISST VIELLEICHT NICHT, DASS...
IKUSHIMA-SAN! DANKE FÜR IHRE GEDULD! BITTE NEHMEN SIE HIER PLATZ!
AH, JA...!
GARA
WIE AUCH IMMER ...

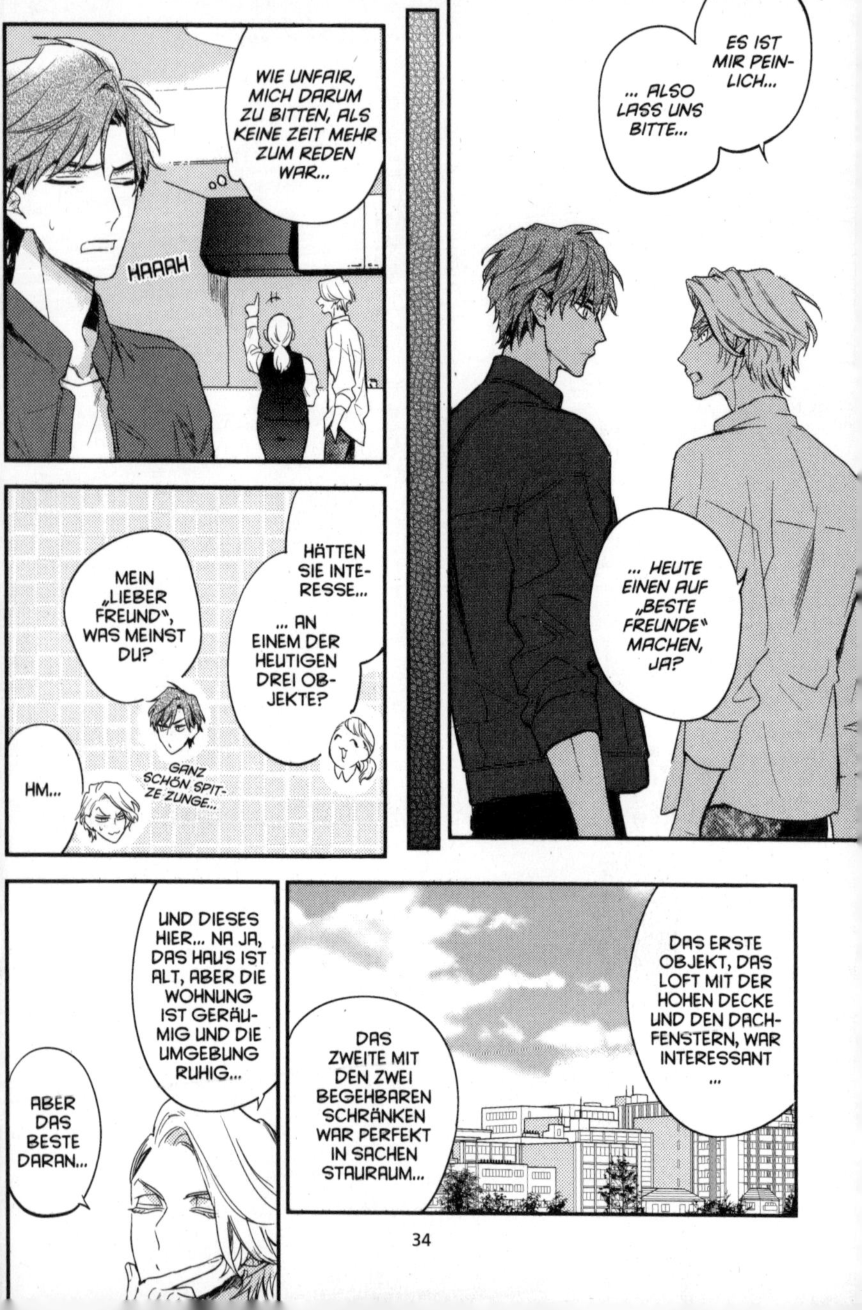
ES IST MIR PEINLICH...
... ALSO LASS UNS BITTE...
... HEUTE EINEN AUF „BESTE FREUNDE“ MACHEN, JA?
WIE UNFAIR, MICH DARUM ZU BITTEN, ALS KEINE ZEIT MEHR ZUM REDEN WAR...
HAAAH
HÄTTEN SIE INTERESSE...
... AN EINEM DER HEUTIGEN DREI OBJEKTE?
MEIN „LIEBER FREUND“, WAS MEINST DU?
GANZ SCHÖN SPITZE ZUNGE...
HM...
DAS ERSTE OBJEKT, DAS LOFT MIT DER HOHEN DECKE UND DEN DACHFENSTERN, WAR INTERESSANT ...
DAS ZWEITE MIT DEN ZWEI BEGEHBAREN SCHRÄNKEN WAR PERFEKT IN SACHEN STAURAUM...
UND DIESES HIER... NA JA, DAS HAUS IST ALT, ABER DIE WOHNUNG IST GERÄUMIG UND DIE UMGEBUNG RUHIG...
ABER DAS BESTE DARAN...

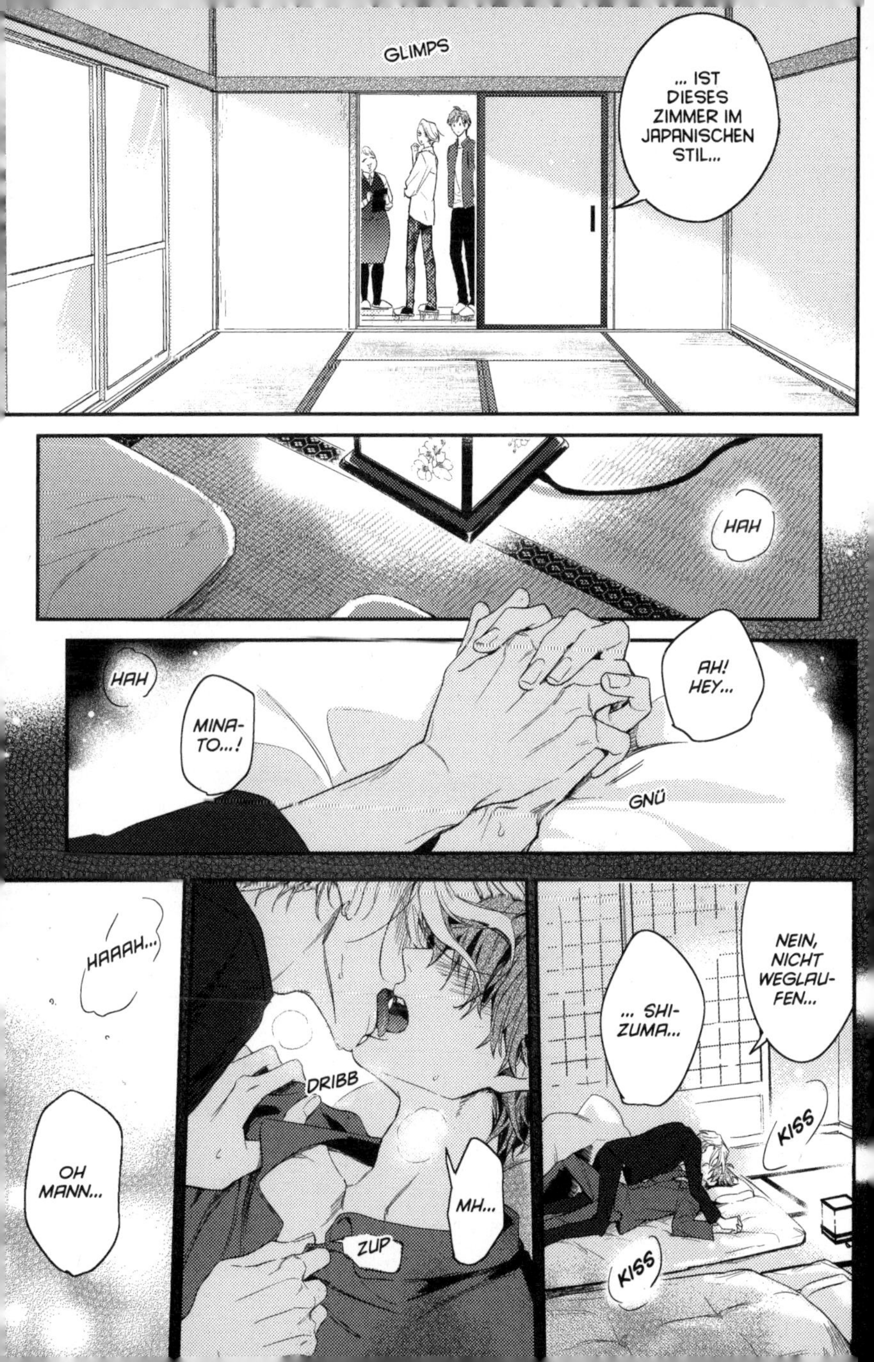
... IST DIESES ZIMMER IM JAPANISCHEN STIL...
GLIMPS
HAH
AH! HEY...
GNÜ
MINA-TO...!
HAH
NEIN, NICHT WEGLAU-FEN...
... SHI-ZUMA...
KISS
KISS
MH...
ZUP
DRIBB
HAAAAH...
OH MANN...

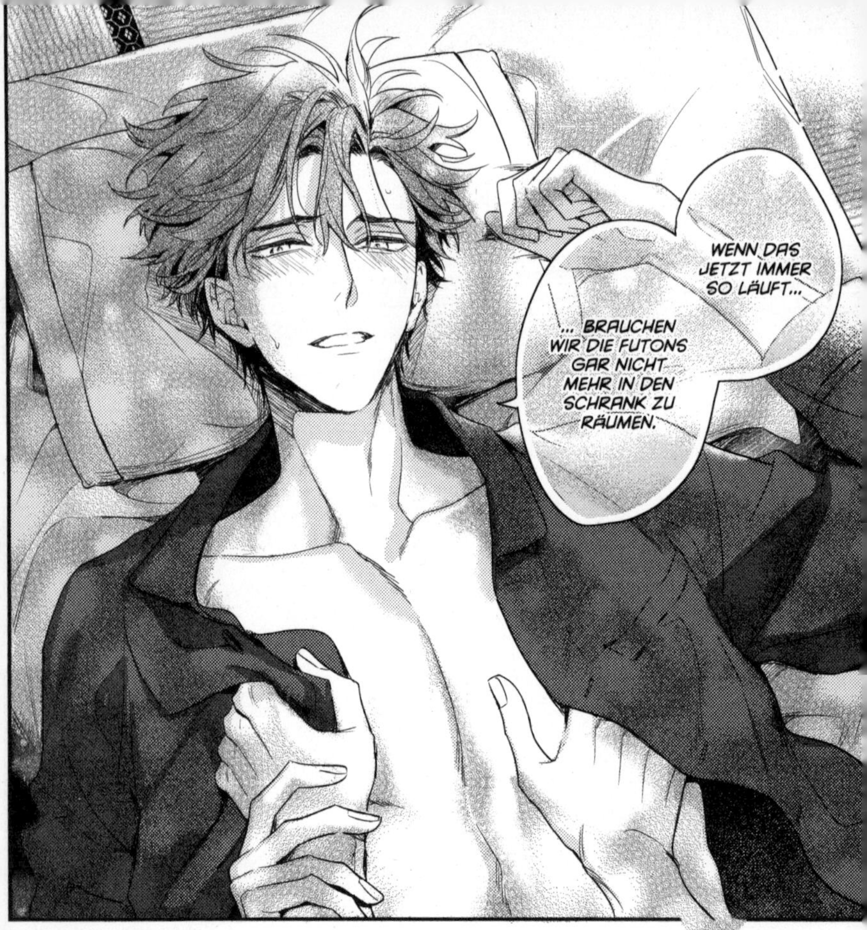


*TISCH MIT INTEGRIERTER HEIZUNG

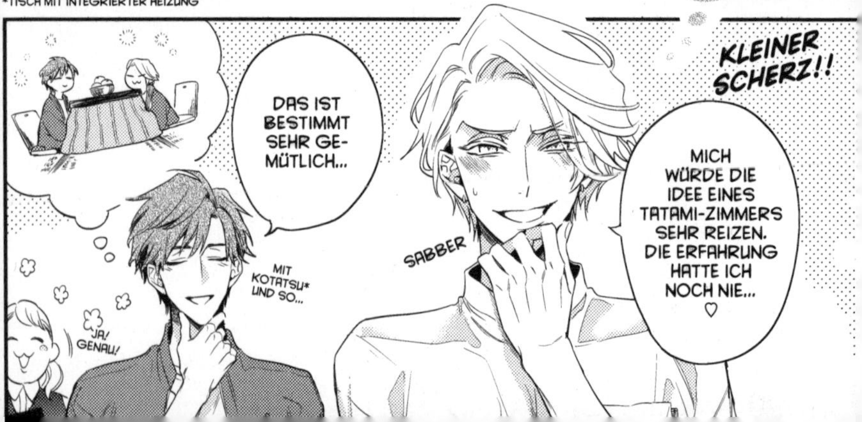

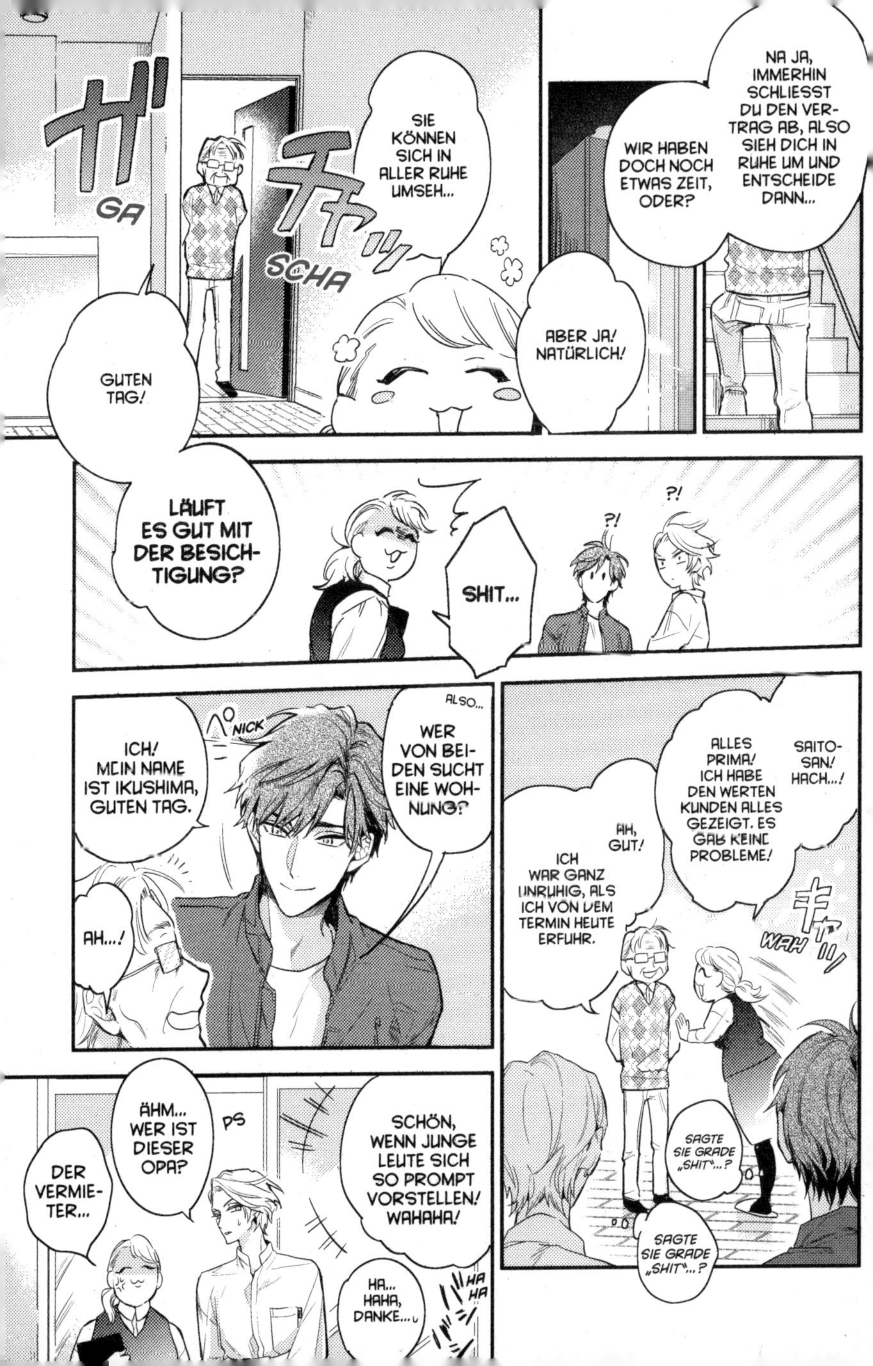
NA JA, IMMERHIN SCHLIESST DU DEN VERTRAG AB, ALSO SIEH DICH IN RUHE UM UND ENTSCHEIDE DANN...
WIR HABEN DOCH NOCH ETWAS ZEIT, ODER?
ABER JA! NATÜRLICH!
SIE KÖNNEN SICH IN ALLER RUHE UMSEH...
SCHA
GA
GUTEN TAG!
?!
?!
SHIT...
LÄUFT ES GUT MIT DER BESICHTIGUNG?
SAITO-SAN! HACH...!
ALLES PRIMA! ICH HABE DEN WERTEN KUNDEN ALLES GEZEIGT. ES GAB KEINE PROBLEME!
AH, GUT!
ICH WAR GANZ UNRUHIG, ALS ICH VON DEM TERMIN HEUTE ERFUHR.
WAH
SAGTE SIE GRADE „SHIT"...?
SAGTE SIE GRADE „SHIT"...?
ALSO...
WER VON BEIDEN SUCHT EINE WOHNUNG?
NICK
ICH! MEIN NAME IST IKUSHIMA, GUTEN TAG.
AH...!
SCHÖN, WENN JUNGE LEUTE SICH SO PROMPT VORSTELLEN! WAHAHA!
PS
ÄHM... WER IST DIESER OPA?
DER VERMIETER...
HA... HAHA, DANKE...
HA HA

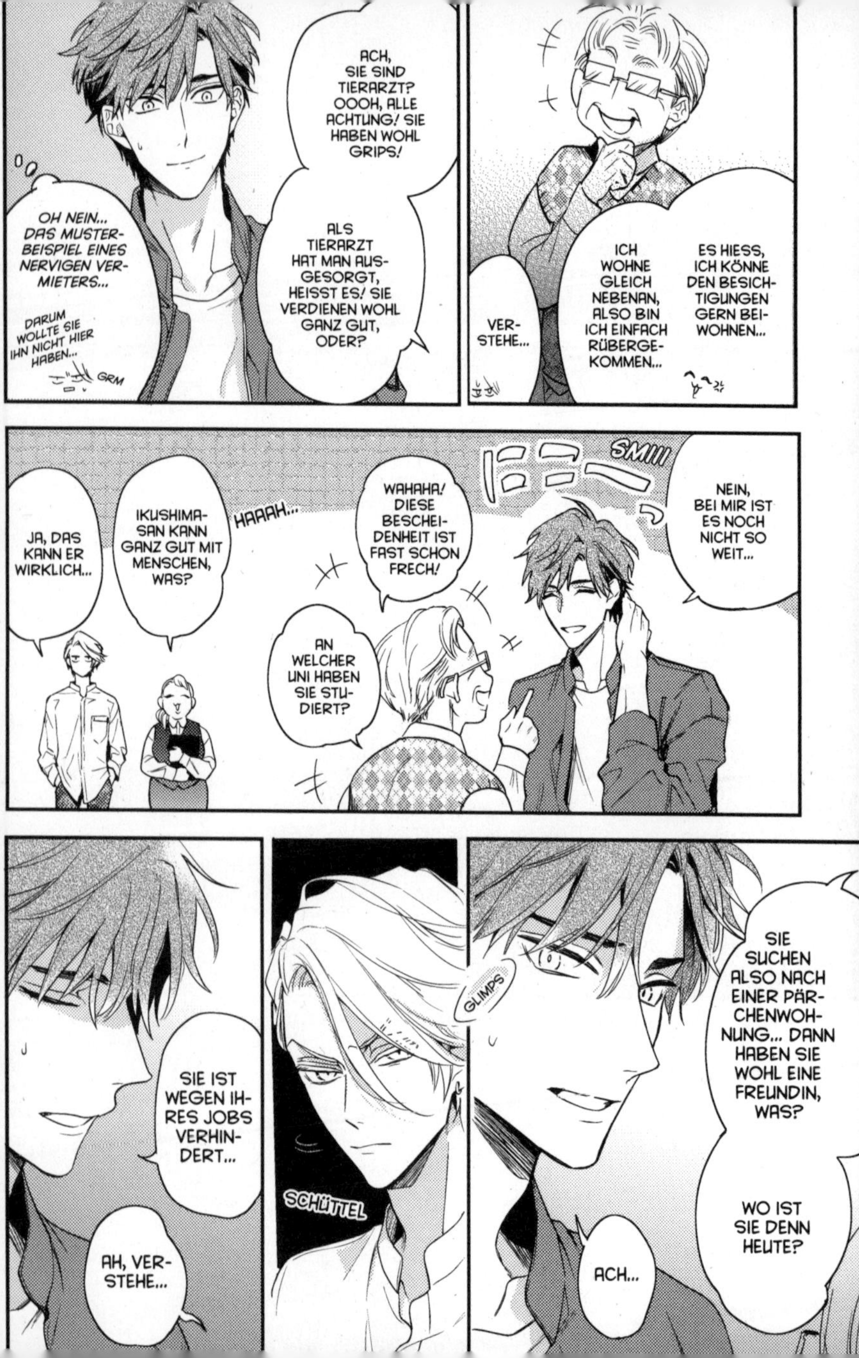

ES HIESS, ICH KÖNNE DEN BESICHTIGUNGEN GERN BEIWOHNEN...
ICH WOHNE GLEICH NEBENAN, ALSO BIN ICH EINFACH RÜBERGEKOMMEN...
VERSTEHE...
ACH, SIE SIND TIERARZT? OOOH, ALLE ACHTUNG! SIE HABEN WOHL GRIPS!
ALS TIERARZT HAT MAN AUSGESORGT, HEISST ES! SIE VERDIENEN WOHL GANZ GUT, ODER?
OH NEIN... DAS MUSTERBEISPIEL EINES NERVIGEN VERMIETERS...
DARUM WOLLTE SIE IHN NICHT HIER HABEN...
GRM
SMIII
NEIN, BEI MIR IST ES NOCH NICHT SO WEIT...
WAHAHA! DIESE BESCHEIDENHEIT IST FAST SCHON FRECH!
AN WELCHER UNI HABEN SIE STUDIERT?
HAAAAH...
IKUSHIMA-SAN KANN GANZ GUT MIT MENSCHEN, WAS?
JA, DAS KANN ER WIRKLICH...
GLIMPS
SIE SUCHEN ALSO NACH EINER PÄRCHENWOHNUNG... DANN HABEN SIE WOHL EINE FREUNDIN, WAS?
WO IST SIE DENN HEUTE?
ACH...
SCHÜTTEL
SIE IST WEGEN IHRES JOBS VERHINDERT...
AH, VERSTEHE...

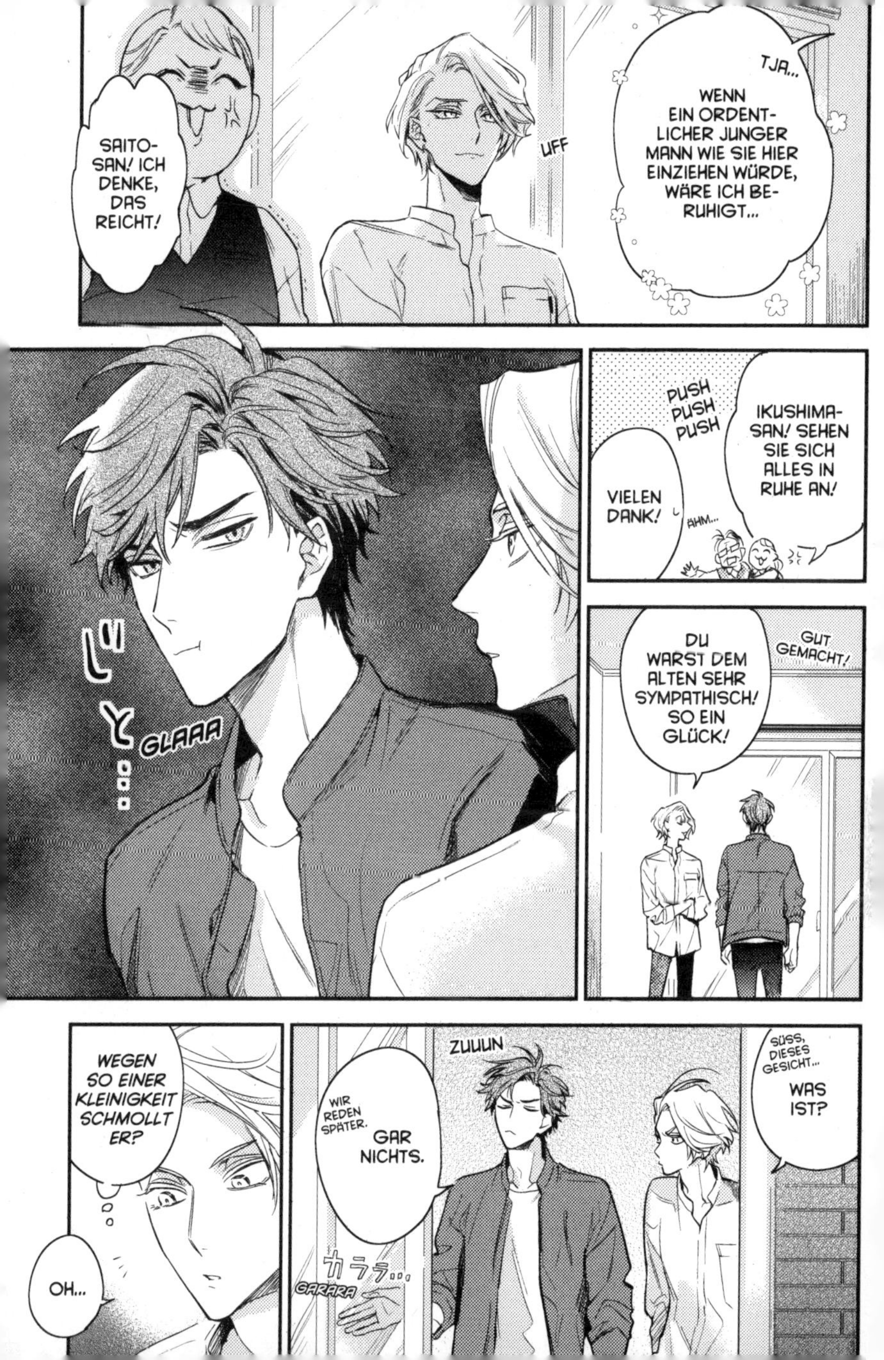
TJA...
WENN EIN ORDENTLICHER JUNGER MANN WIE SIE HIER EINZIEHEN WÜRDE, WÄRE ICH BERUHIGT...
UFF
SAITO-SAN! ICH DENKE, DAS REICHT!
IKUSHIMA-SAN! SEHEN SIE SICH ALLES IN RUHE AN!
PUSH PUSH PUSH
ÄHM...
VIELEN DANK!
GUT GEMACHT!
DU WARST DEM ALTEN SEHR SYMPATHISCH! SO EIN GLÜCK!
じー...
GLAAA
SÜSS, DIESES GESICHT...
WAS IST?
ZUUUN
GAR NICHTS.
WIR REDEN SPÄTER.
カララ...
GARARA
WEGEN SO EINER KLEINIGKEIT SCHMOLLT ER?
OH...

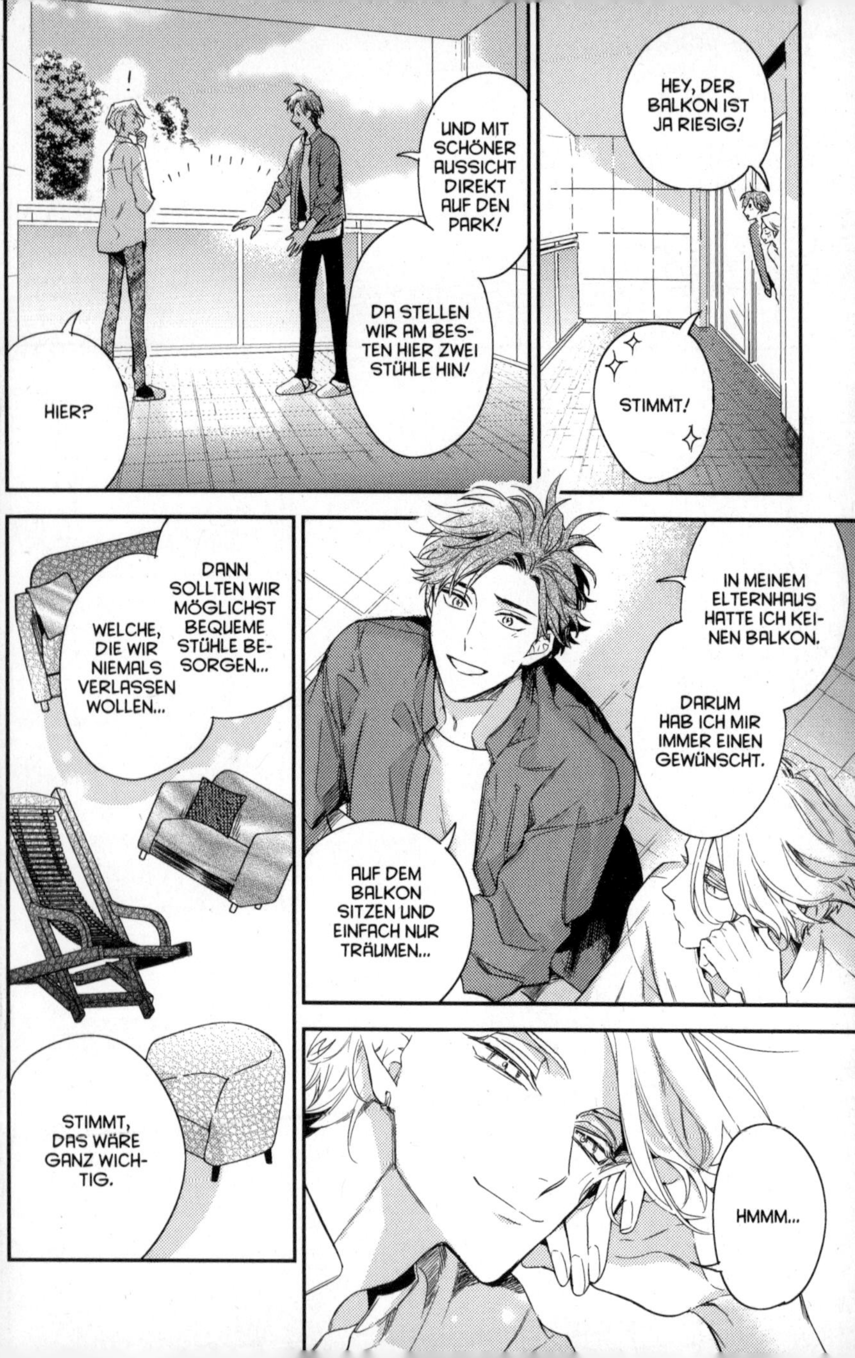
HEY, DER BALKON IST JA RIESIG!
STIMMT!
!
UND MIT SCHÖNER AUSSICHT DIREKT AUF DEN PARK!
DA STELLEN WIR AM BESTEN HIER ZWEI STÜHLE HIN!
HIER?
IN MEINEM ELTERNHAUS HATTE ICH KEINEN BALKON.
DARUM HAB ICH MIR IMMER EINEN GEWÜNSCHT.
AUF DEM BALKON SITZEN UND EINFACH NUR TRÄUMEN...
DANN SOLLTEN WIR MÖGLICHST BEQUEME STÜHLE BESORGEN...
WELCHE, DIE WIR NIEMALS VERLASSEN WOLLEN...
HMMM...
STIMMT, DAS WÄRE GANZ WICHTIG.

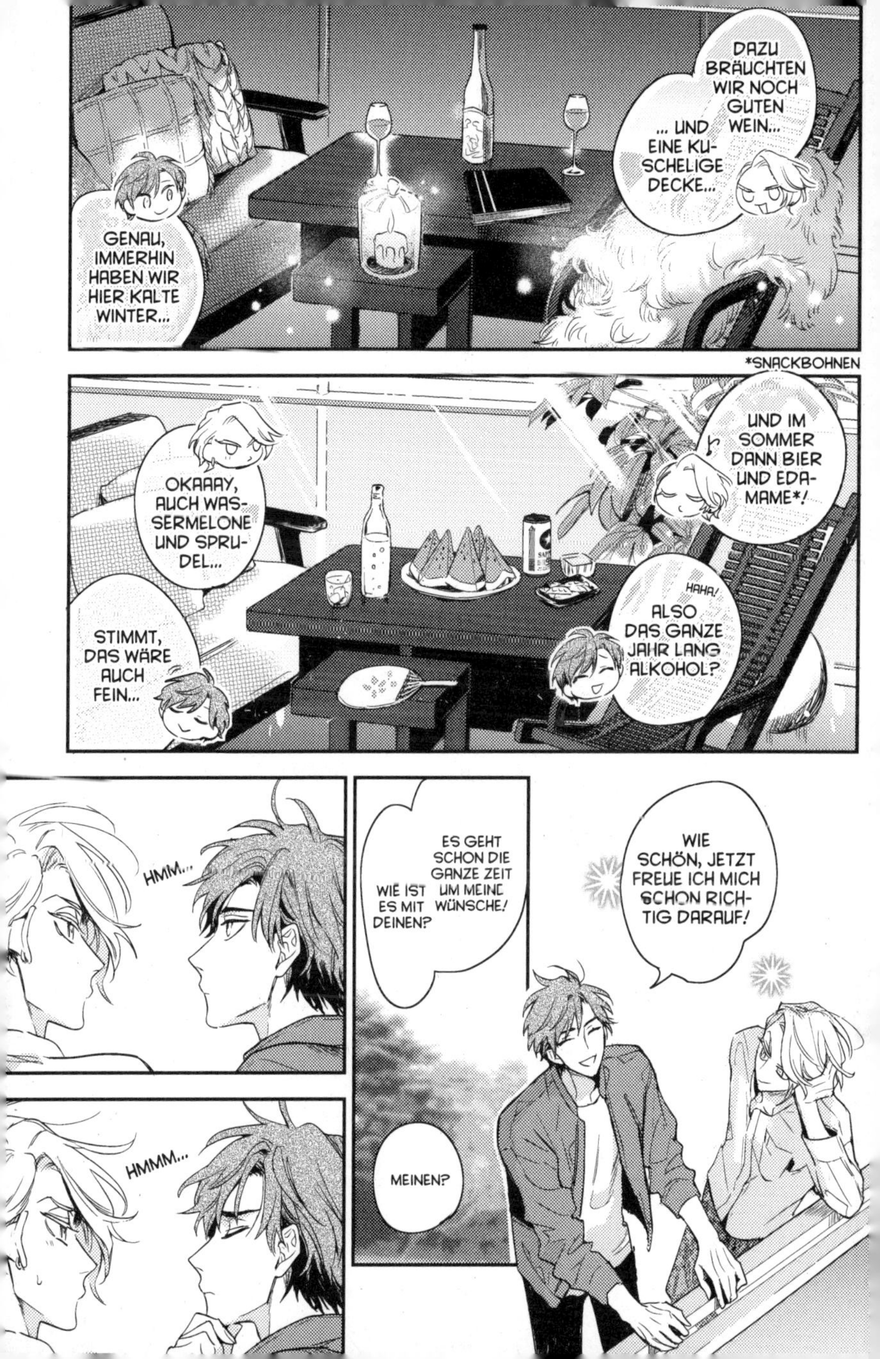
DAZU BRÄUCHTEN WIR NOCH GUTEN WEIN...
... UND EINE KUSCHELIGE DECKE...
GENAU, IMMERHIN HABEN WIR HIER KALTE WINTER...
*SNACKBOHNEN
UND IM SOMMER DANN BIER UND EDAMAME*!
OKAAAY, AUCH WASSERMELONE UND SPRUDEL...
HAHA!
ALSO DAS GANZE JAHR LANG ALKOHOL?
STIMMT, DAS WÄRE AUCH FEIN...
WIE SCHÖN, JETZT FREUE ICH MICH SCHON RICHTIG DARAUF!
ES GEHT SCHON DIE GANZE ZEIT UM MEINE WÜNSCHE!
WIE IST ES MIT DEINEN?
HMM...
MEINEN?
HMMM...

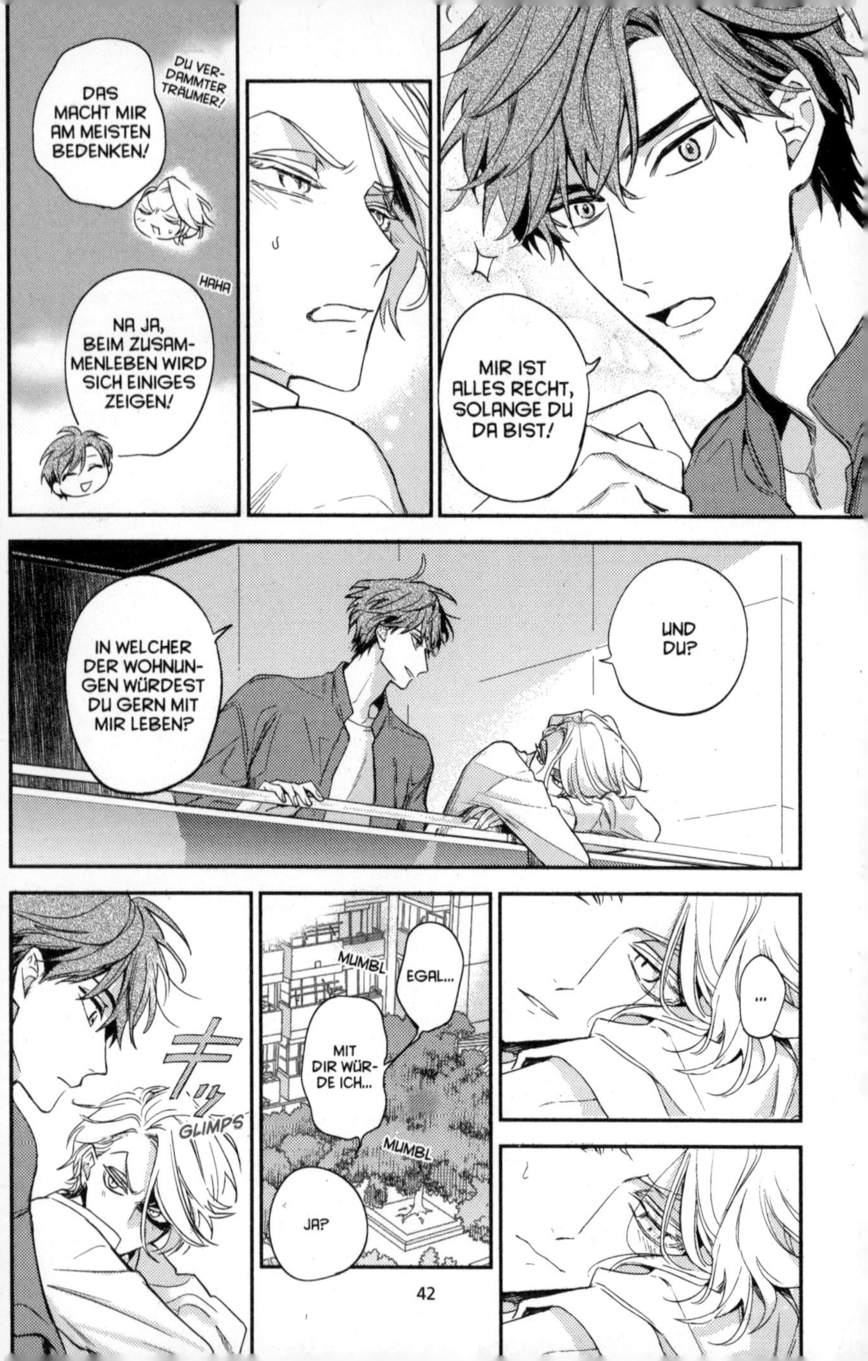
MIR IST ALLES RECHT, SOLANGE DU DA BIST!
DAS MACHT MIR AM MEISTEN BEDENKEN!
DU VERDAMMTER TRÄUMER!
HAHA
NA JA, BEIM ZUSAMMENLEBEN WIRD SICH EINIGES ZEIGEN!
UND DU?
IN WELCHER DER WOHNUNGEN WÜRDEST DU GERN MIT MIR LEBEN?
...
EGAL...
MUMBL
MIT DIR WÜRDE ICH...
MUMBL
JA?
キッ
GLIMPS

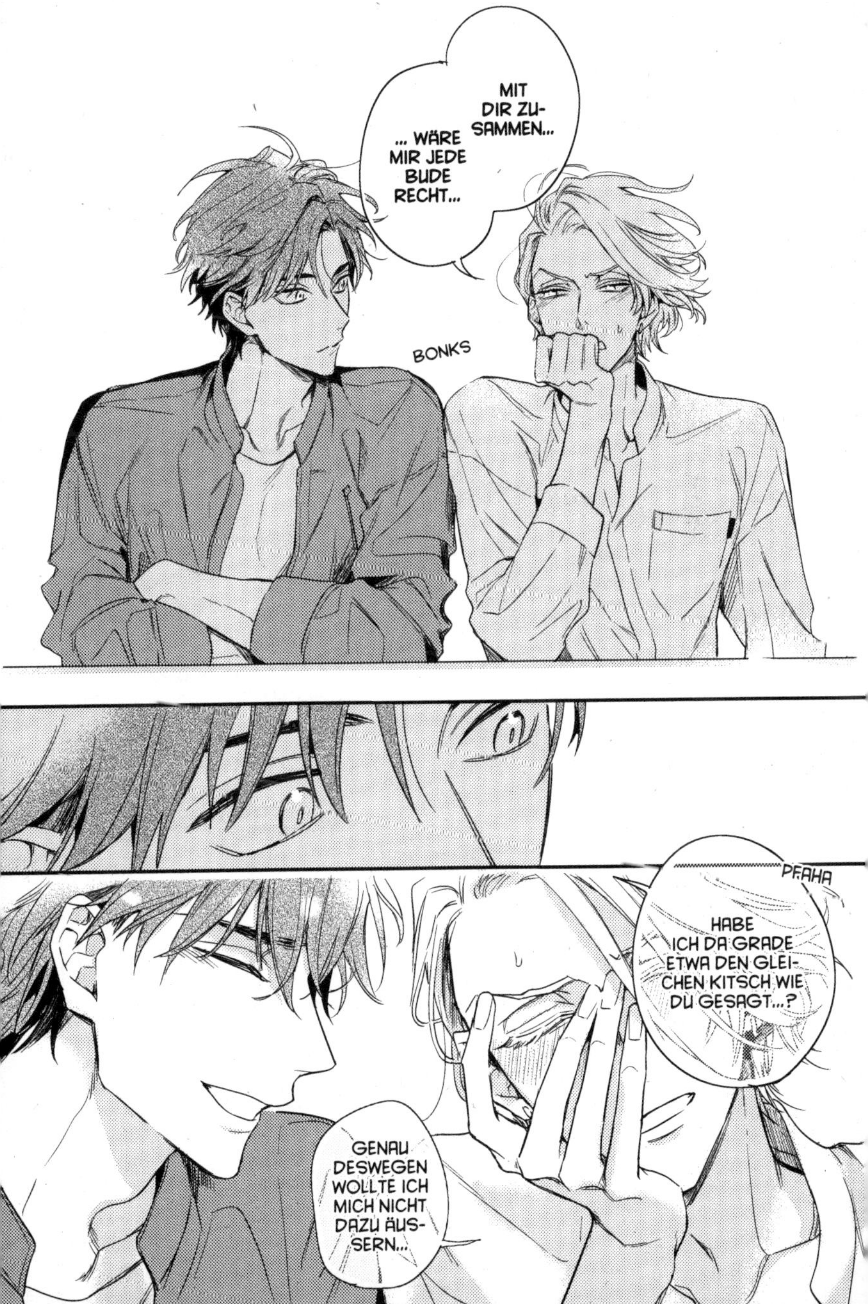
MIT DIR ZU-SAMMEN...
... WÄRE MIR JEDE BUDE RECHT...
BONKS
PFAHA
HABE ICH DA GRADE ETWA DEN GLEI-CHEN KITSCH WIE DU GESAGT...?
GENAU DESWEGEN WOLLTE ICH MICH NICHT DAZU ÄUS-SERN...

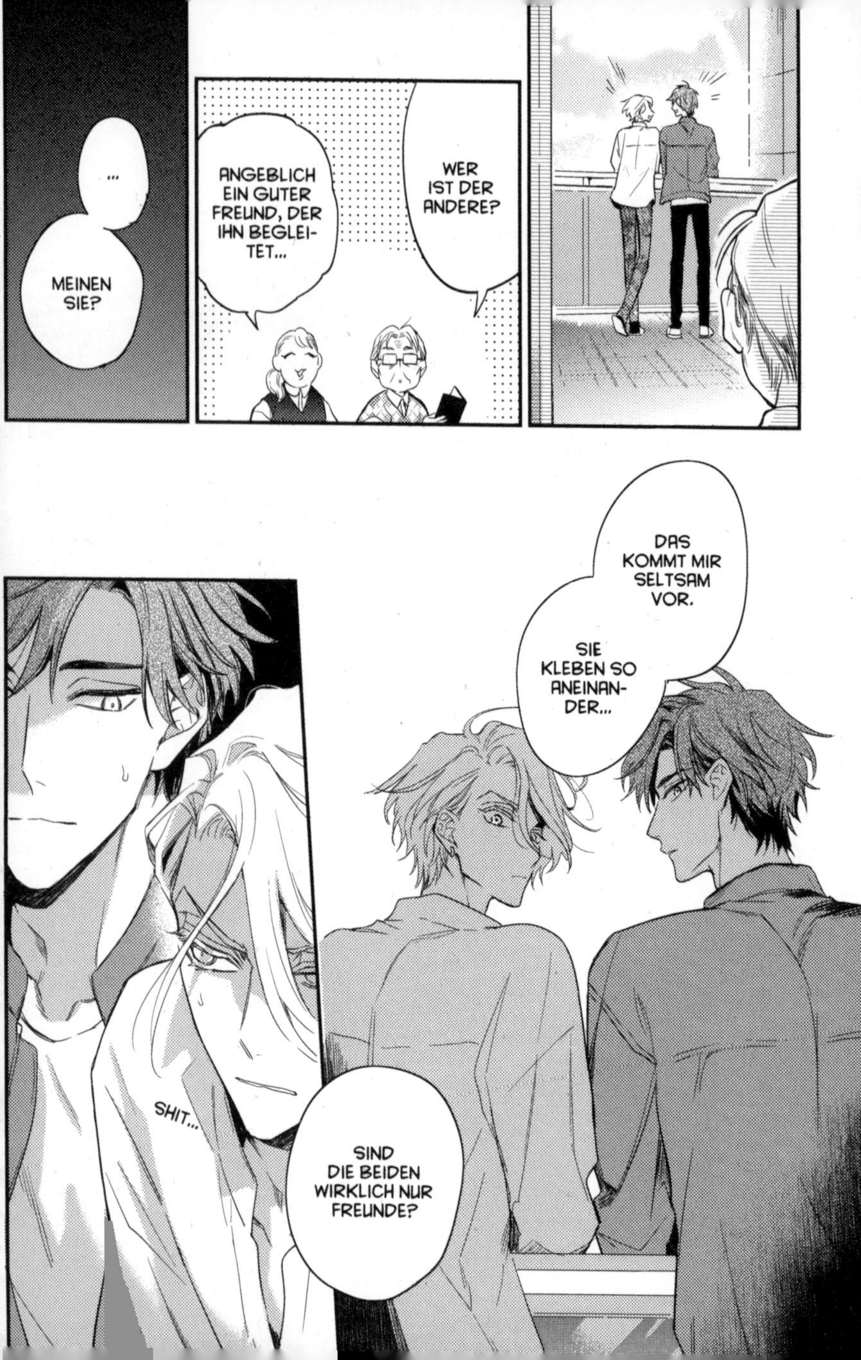
WER IST DER ANDERE?
ANGEBLICH EIN GUTER FREUND, DER IHN BEGLEI-TET...
...
MEINEN SIE?
DAS KOMMT MIR SELTSAM VOR.
SIE KLEBEN SO ANEINANDER...
SIND DIE BEIDEN WIRKLICH NUR FREUNDE?
SHIT...

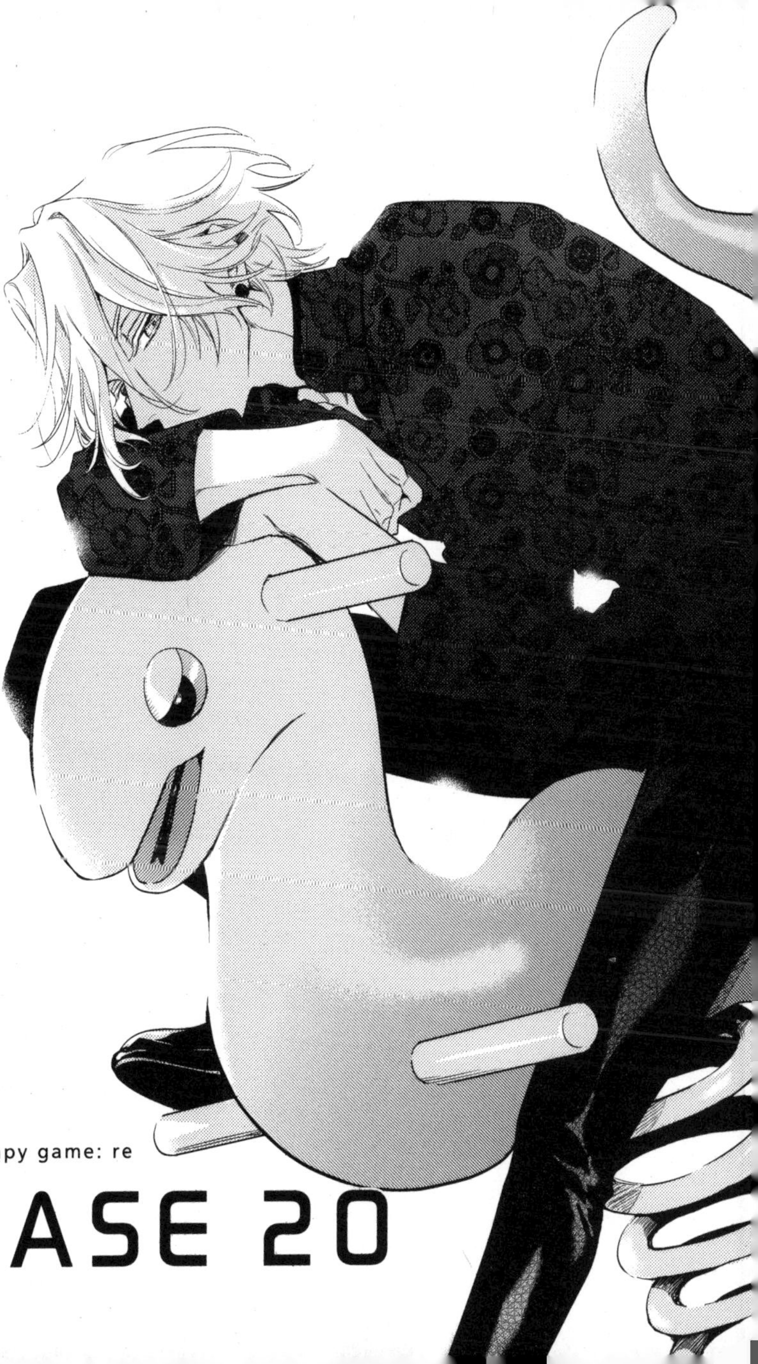

therapy game: re

# CASE 20

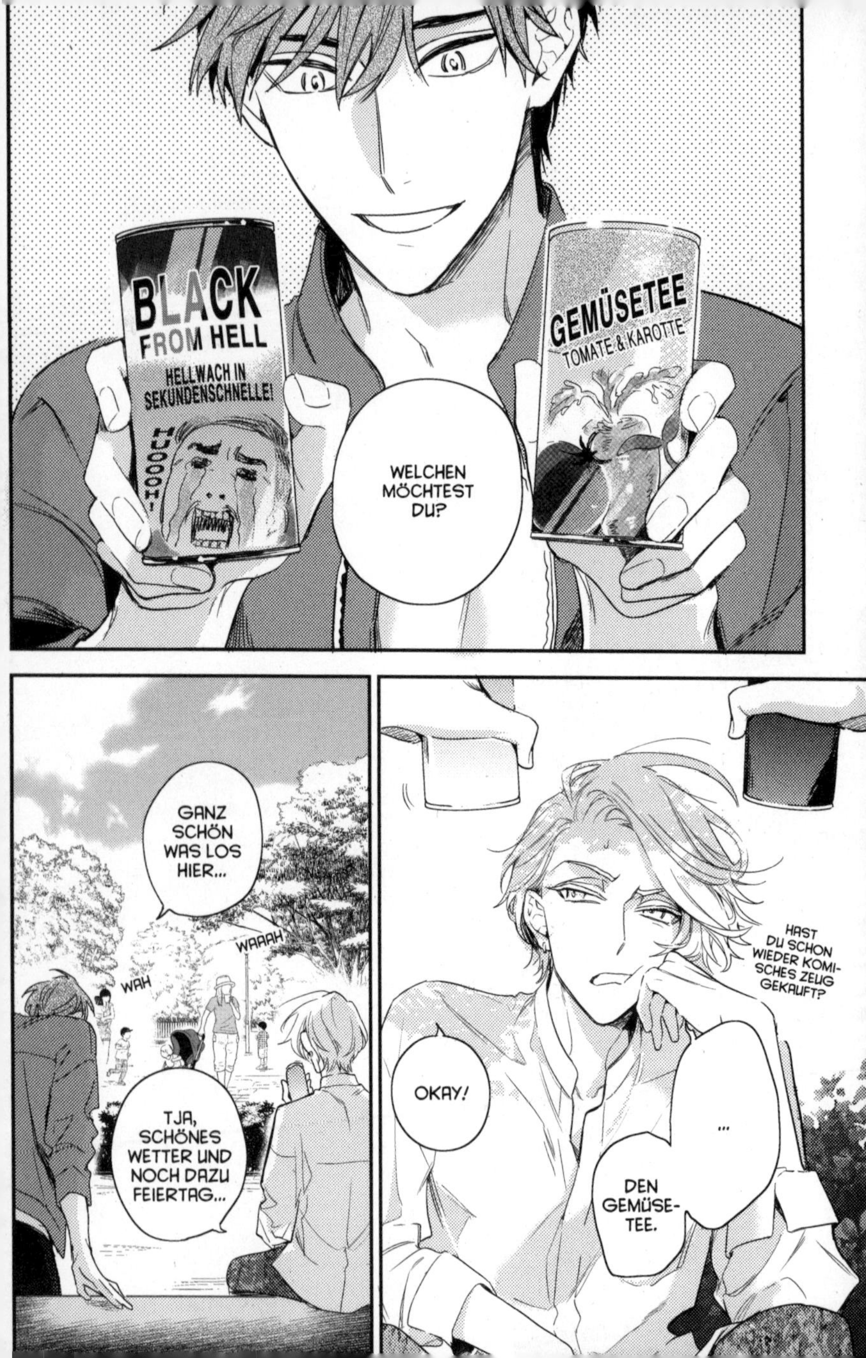
BLACK FROM HELL
HELLWACH IN SEKUNDENSCHNELLE!
HUOOOH!
GEMÜSETEE
TOMATE & KAROTTE
WELCHEN MÖCHTEST DU?
HAST DU SCHON WIEDER KOMISCHES ZEUG GEKAUFT?
OKAY!
...
DEN GEMÜSETEE.
GANZ SCHÖN WAS LOS HIER...
WAAAH
WAH
TJA, SCHÖNES WETTER UND NOCH DAZU FEIERTAG...

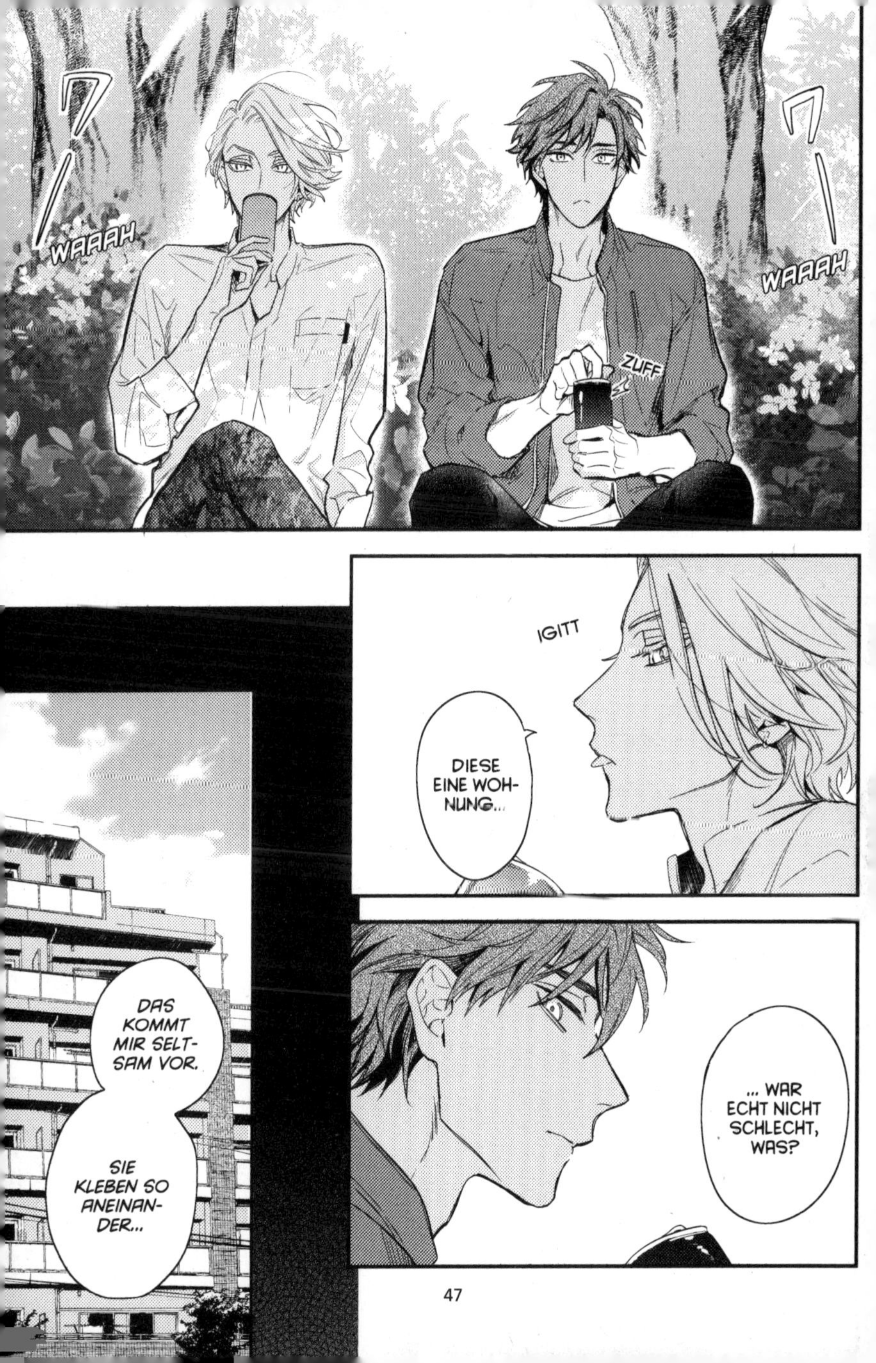
WAAAH
WAAAH
ZUFF
IGITT
DIESE EINE WOHNUNG...
... WAR ECHT NICHT SCHLECHT, WAS?
DAS KOMMT MIR SELTSAM VOR.
SIE KLEBEN SO ANEINANDER...

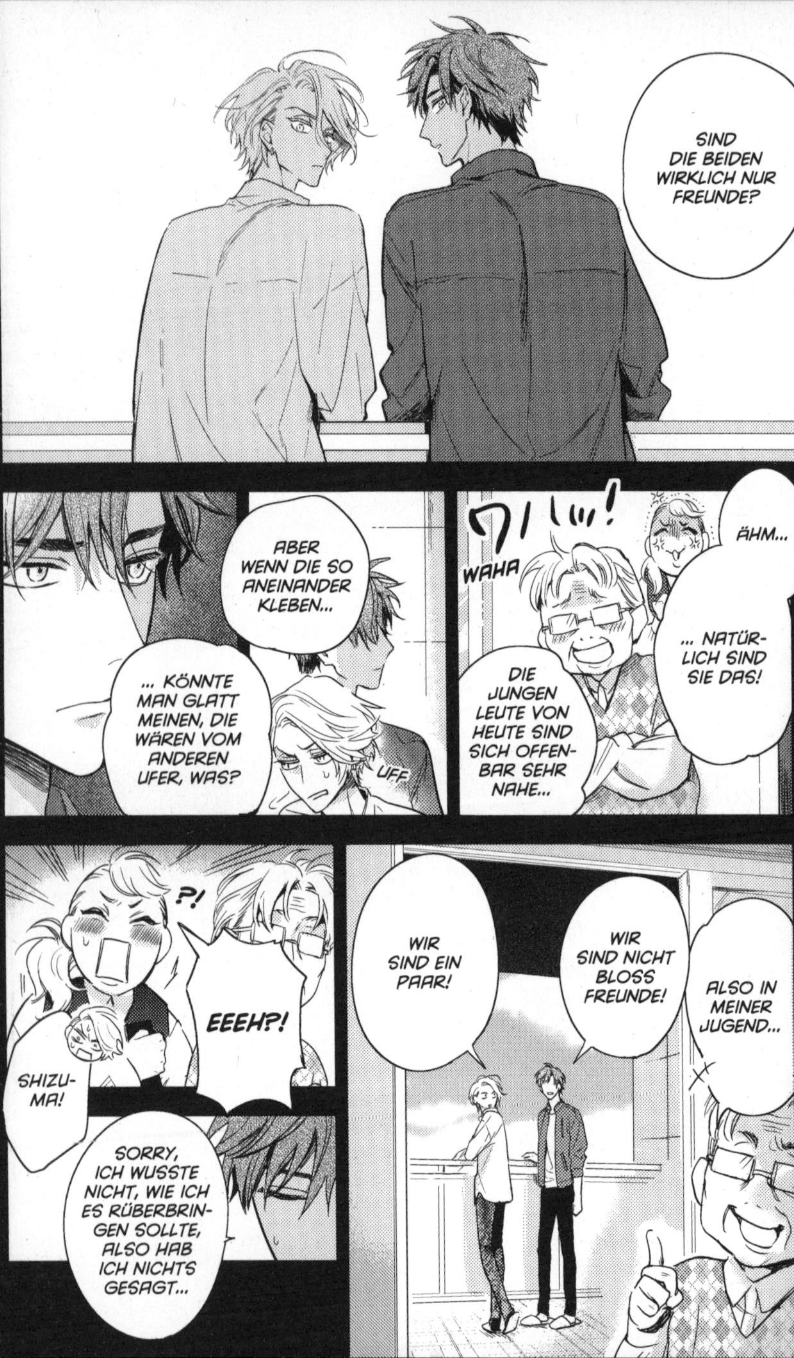
SIND DIE BEIDEN WIRKLICH NUR FREUNDE?
ÄHM...
WAHA
... NATÜRLICH SIND SIE DAS!
DIE JUNGEN LEUTE VON HEUTE SIND SICH OFFENBAR SEHR NAHE...
ABER WENN DIE SO ANEINANDER KLEBEN...
... KÖNNTE MAN GLATT MEINEN, DIE WÄREN VOM ANDEREN UFER, WAS?
UFF
ALSO IN MEINER JUGEND...
WIR SIND NICHT BLOSS FREUNDE!
WIR SIND EIN PAAR!
?!
EEEH?!
SHIZUMA!
SORRY, ICH WUSSTE NICHT, WIE ICH ES RÜBERBRINGEN SOLLTE, ALSO HAB ICH NICHTS GESAGT...

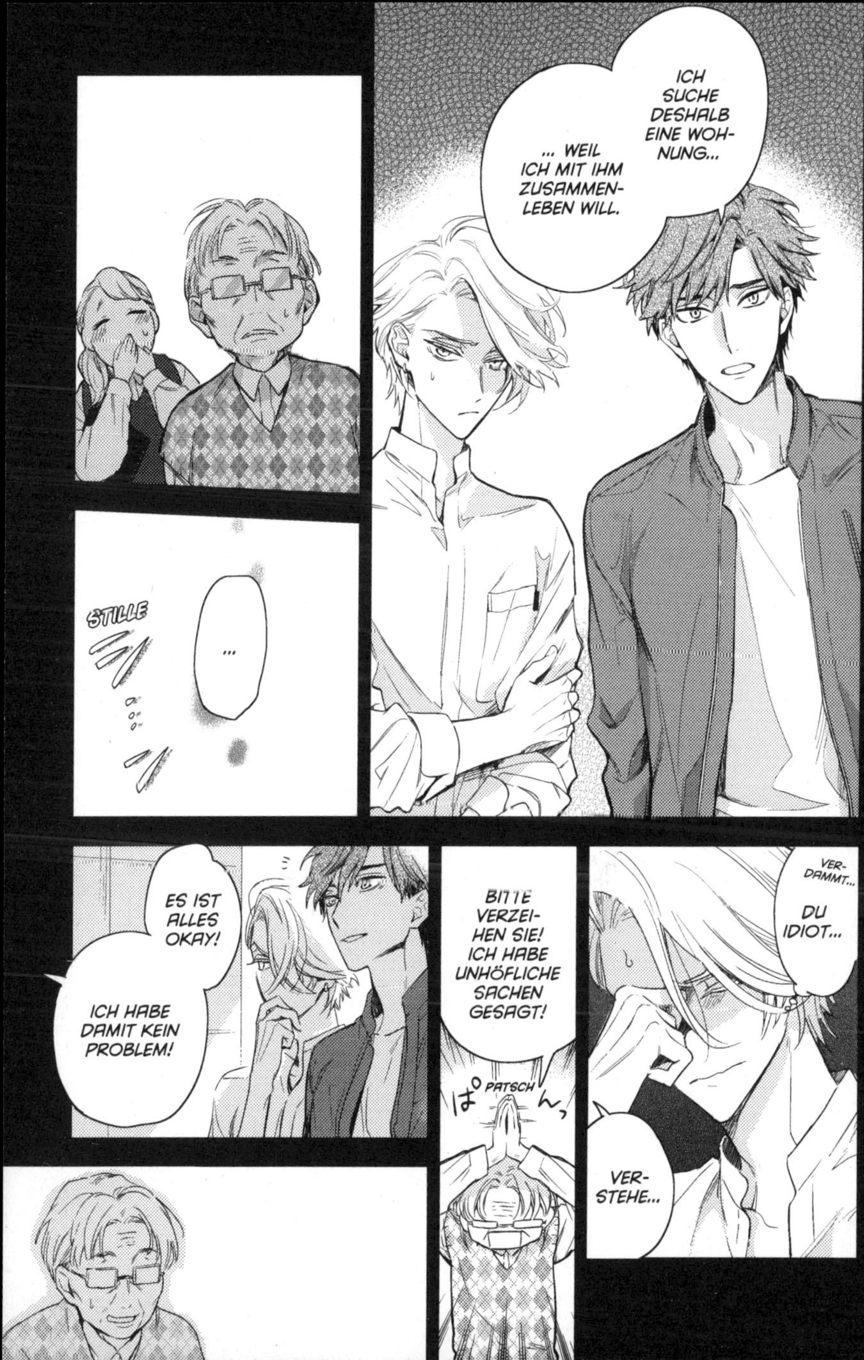
ICH SUCHE DESHALB EINE WOHNUNG...
... WEIL ICH MIT IHM ZUSAMMENLEBEN WILL.
STILLE
...
VERDAMMT...
DU IDIOT...
VERSTEHE...
BITTE VERZEIHEN SIE! ICH HABE UNHÖFLICHE SACHEN GESAGT!
PATSCH
ES IST ALLES OKAY!
ICH HABE DAMIT KEIN PROBLEM!

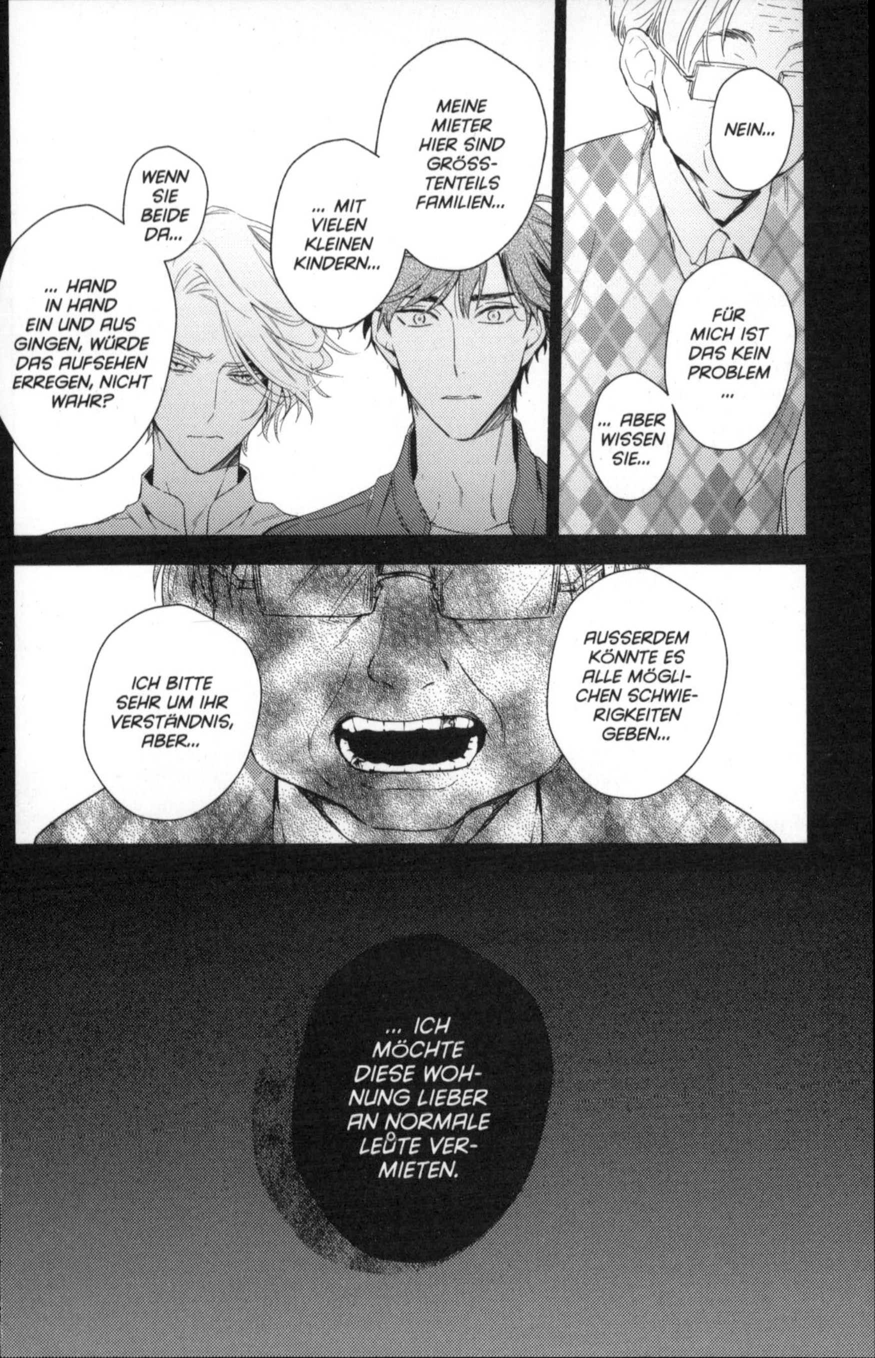
NEIN...
FÜR MICH IST DAS KEIN PROBLEM ...
... ABER WISSEN SIE...
MEINE MIETER HIER SIND GRÖSSTENTEILS FAMILIEN...
... MIT VIELEN KLEINEN KINDERN...
WENN SIE BEIDE DA...
... HAND IN HAND EIN UND AUS GINGEN, WÜRDE DAS AUFSEHEN ERREGEN, NICHT WAHR?
AUSSERDEM KÖNNTE ES ALLE MÖGLICHEN SCHWIERIGKEITEN GEBEN...
ICH BITTE SEHR UM IHR VERSTÄNDNIS, ABER...
... ICH MÖCHTE DIESE WOHNUNG LIEBER AN NORMALE LEUTE VERMIETEN.

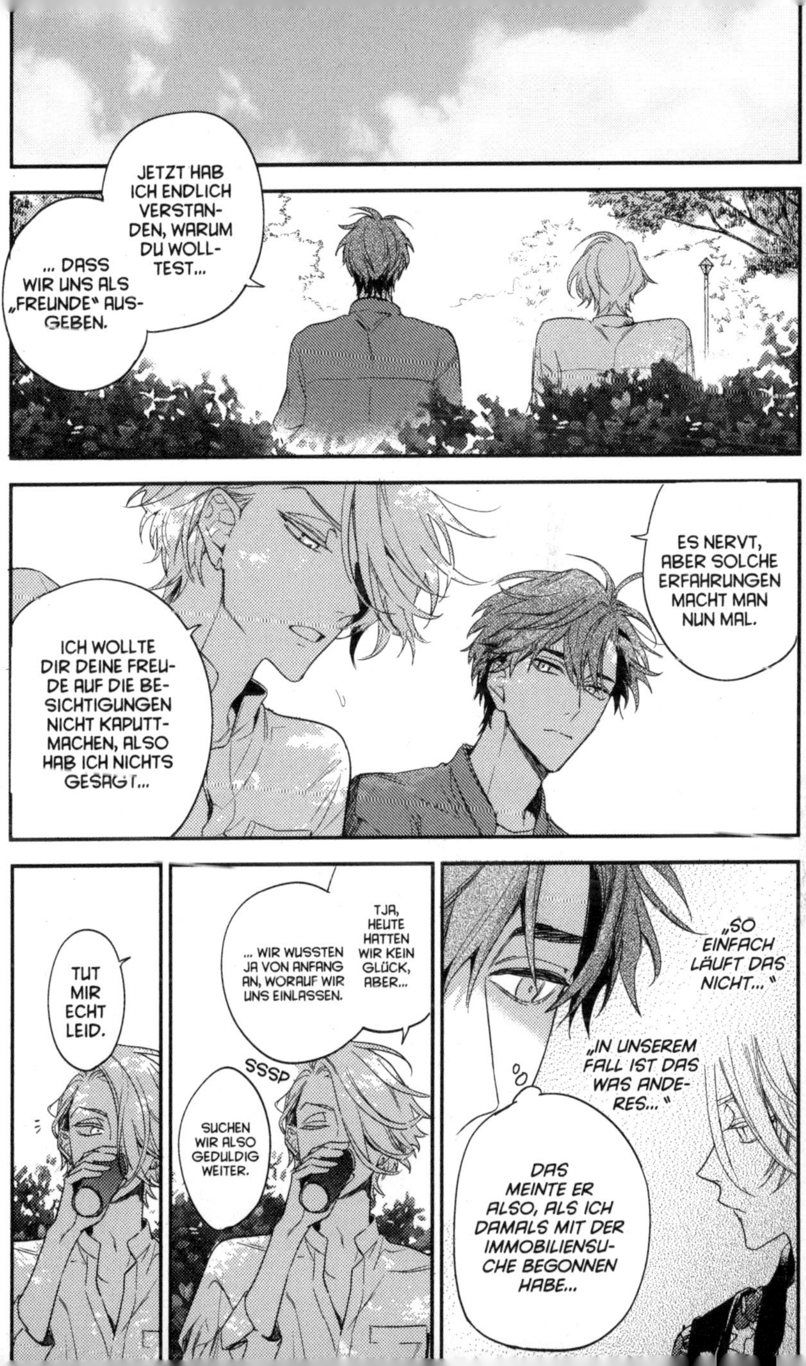
JETZT HAB ICH ENDLICH VERSTANDEN, WARUM DU WOLLTEST...
... DASS WIR UNS ALS „FREUNDE" AUSGEBEN.
ES NERVT, ABER SOLCHE ERFAHRUNGEN MACHT MAN NUN MAL.
ICH WOLLTE DIR DEINE FREUDE AUF DIE BESICHTIGUNGEN NICHT KAPUTTMACHEN, ALSO HAB ICH NICHTS GESAGT...
„SO EINFACH LÄUFT DAS NICHT..."
„IN UNSEREM FALL IST DAS WAS ANDERES..."
DAS MEINTE ER ALSO, ALS ICH DAMALS MIT DER IMMOBILIENSUCHE BEGONNEN HABE...
TJA, HEUTE HATTEN WIR KEIN GLÜCK, ABER...
... WIR WUSSTEN JA VON ANFANG AN, WORAUF WIR UNS EINLASSEN.
SSSP
SUCHEN WIR ALSO GEDULDIG WEITER.
TUT MIR ECHT LEID.

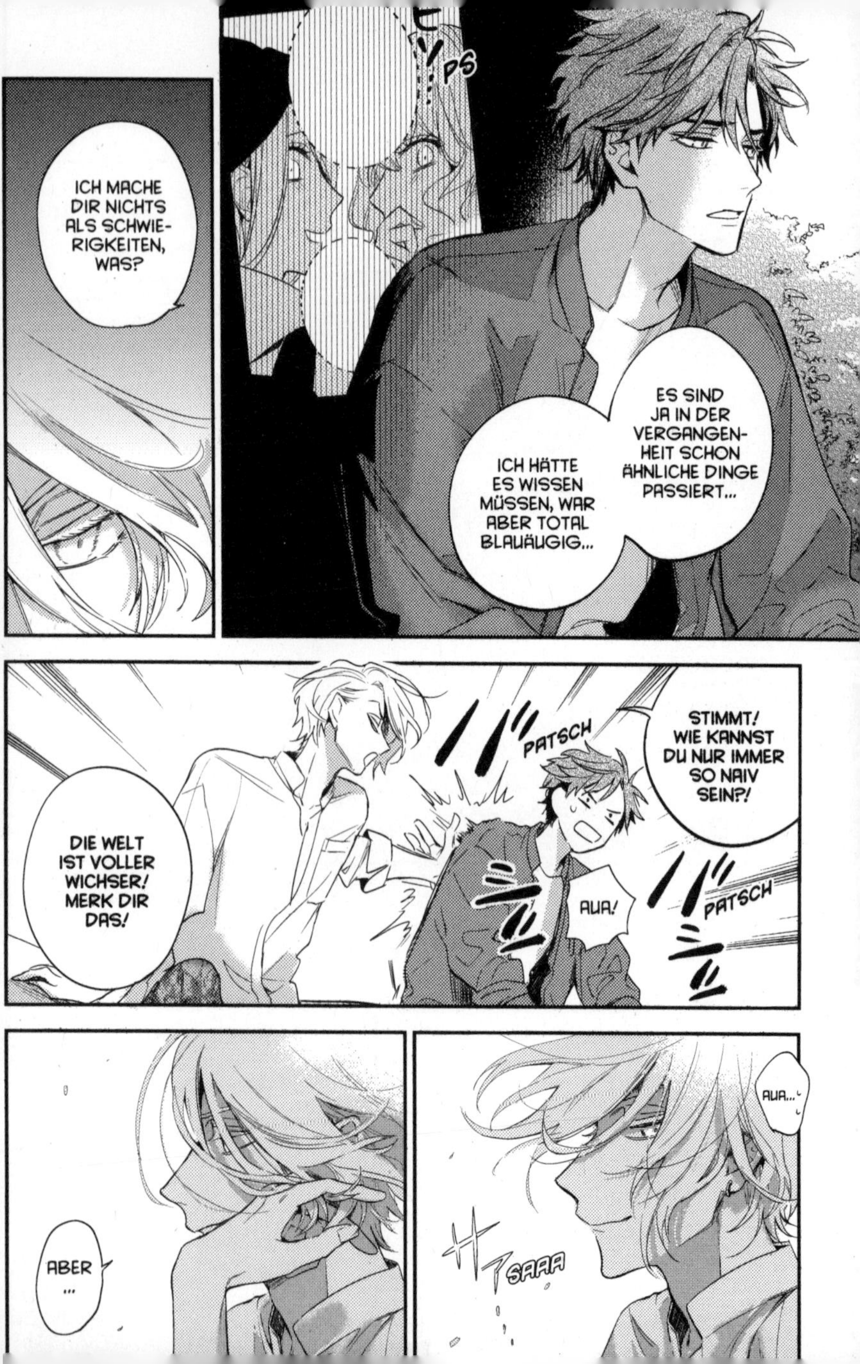
PS
ES SIND JA IN DER VERGANGENHEIT SCHON ÄHNLICHE DINGE PASSIERT...
ICH HÄTTE ES WISSEN MÜSSEN, WAR ABER TOTAL BLAUÄUGIG...
ICH MACHE DIR NICHTS ALS SCHWIERIGKEITEN, WAS?
STIMMT! WIE KANNST DU NUR IMMER SO NAIV SEIN?!
PATSCH
AUA!
PATSCH
DIE WELT IST VOLLER WICHSER! MERK DIR DAS!
AUA...
SAAA
ABER ...

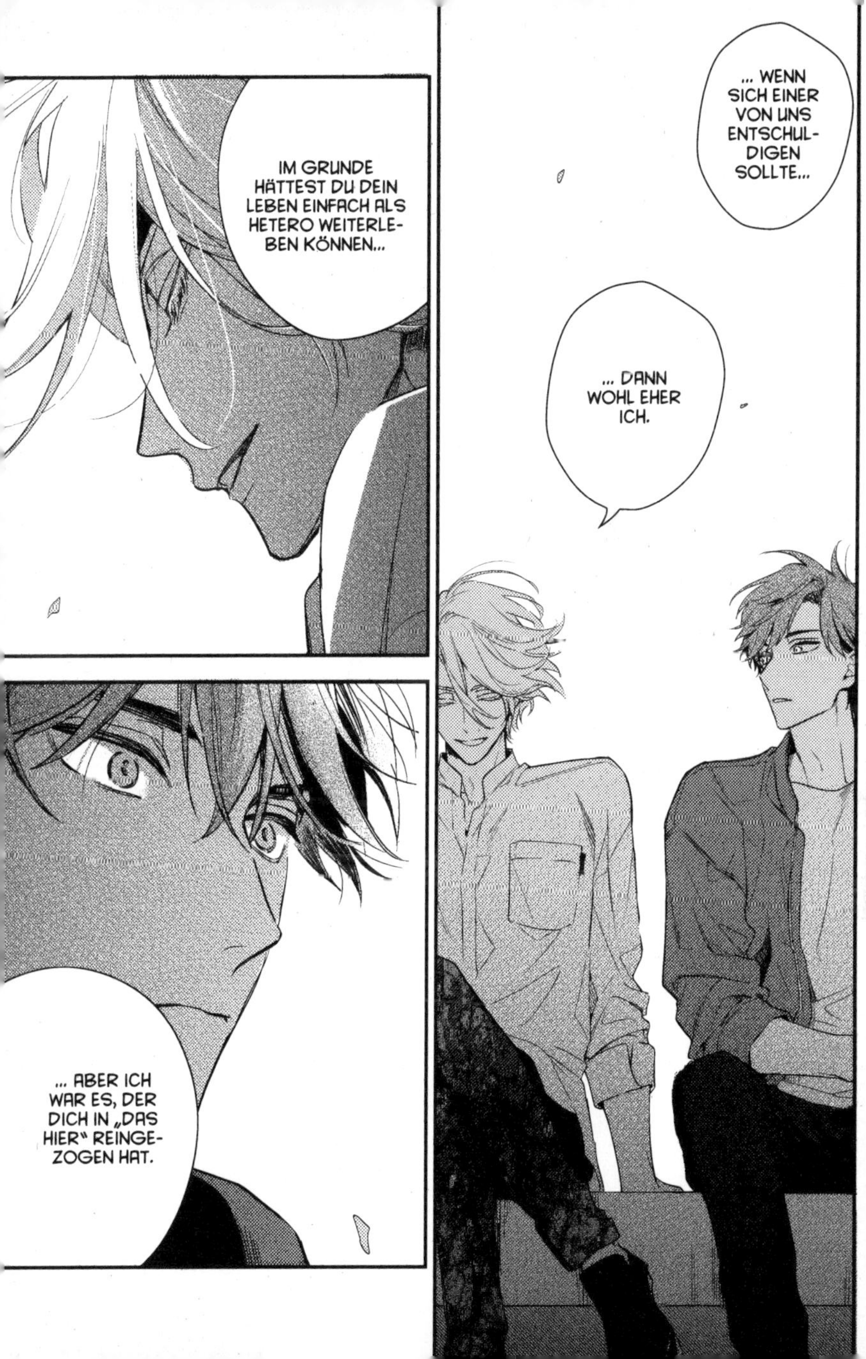
... WENN SICH EINER VON UNS ENTSCHUL-DIGEN SOLLTE...
... DANN WOHL EHER ICH.
IM GRUNDE HÄTTEST DU DEIN LEBEN EINFACH ALS HETERO WEITERLE-BEN KÖNNEN...
... ABER ICH WAR ES, DER DICH IN „DAS HIER“ REINGE-ZOGEN HAT.

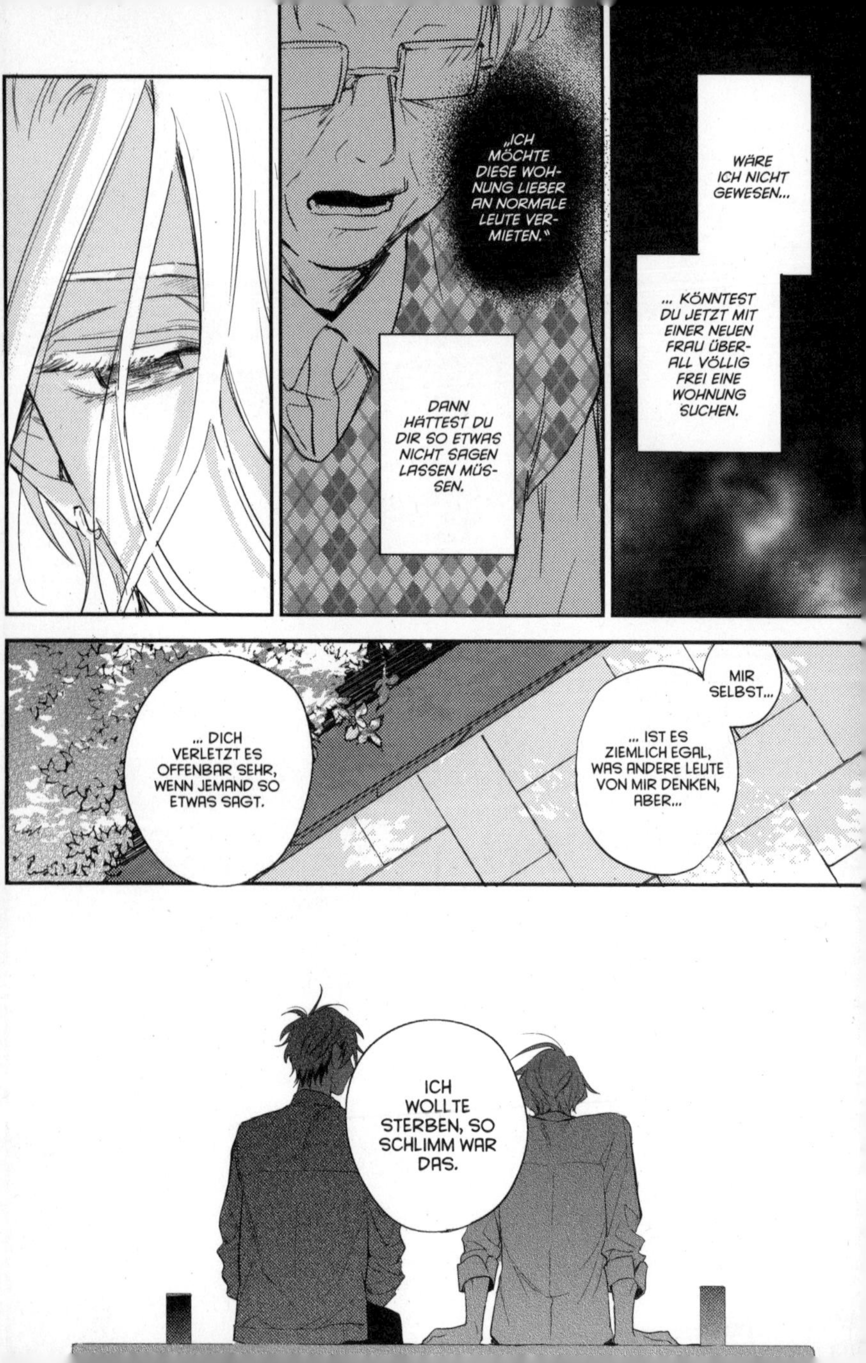
WÄRE ICH NICHT GEWESEN...
... KÖNNTEST DU JETZT MIT EINER NEUEN FRAU ÜBERALL VÖLLIG FREI EINE WOHNUNG SUCHEN.
„ICH MÖCHTE DIESE WOHNUNG LIEBER AN NORMALE LEUTE VERMIETEN.“
DANN HÄTTEST DU DIR SO ETWAS NICHT SAGEN LASSEN MÜSSEN.
MIR SELBST...
... IST ES ZIEMLICH EGAL, WAS ANDERE LEUTE VON MIR DENKEN, ABER...
... DICH VERLETZT ES OFFENBAR SEHR, WENN JEMAND SO ETWAS SAGT.
ICH WOLLTE STERBEN, SO SCHLIMM WAR DAS.

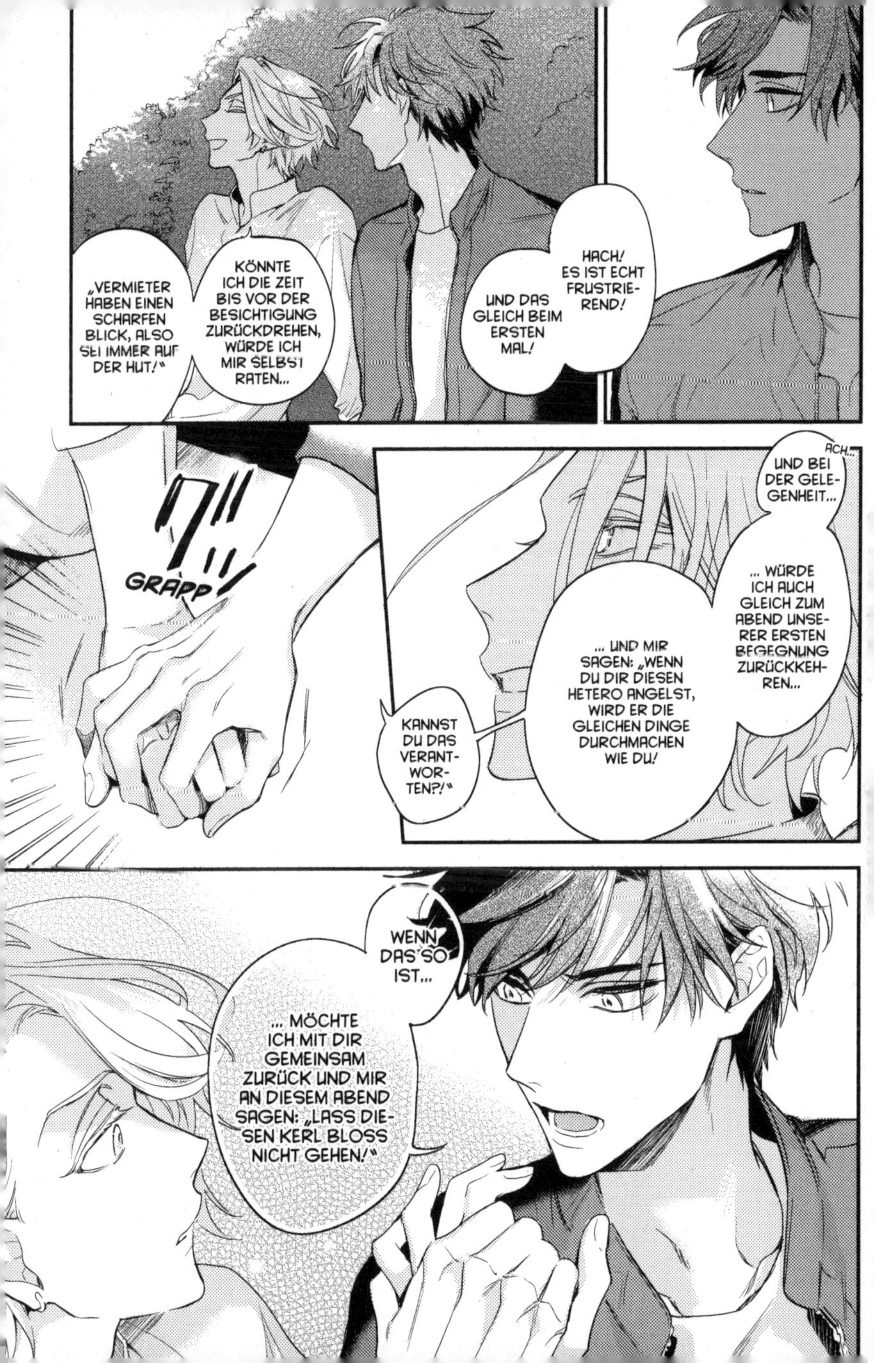
HACH! ES IST ECHT FRUSTRIE-REND!
UND DAS GLEICH BEIM ERSTEN MAL!
KÖNNTE ICH DIE ZEIT BIS VOR DER BESICHTIGUNG ZURÜCKDREHEN, WÜRDE ICH MIR SELBST RATEN...
„VERMIETER HABEN EINEN SCHARFEN BLICK, ALSO SEI IMMER AUF DER HUT!“
ACH...
UND BEI DER GELE-GENHEIT...
... WÜRDE ICH AUCH GLEICH ZUM ABEND UNSE-RER ERSTEN BEGEGNUNG ZURÜCKKEH-REN...
... UND MIR SAGEN: „WENN DU DIR DIESEN HETERO ANGELST, WIRD ER DIE GLEICHEN DINGE DURCHMACHEN WIE DU!
KANNST DU DAS VERANT-WOR-TEN?!“
GRAPP
WENN DAS SO IST...
... MÖCHTE ICH MIT DIR GEMEINSAM ZURÜCK UND MIR AN DIESEM ABEND SAGEN: „LASS DIE-SEN KERL BLOSS NICHT GEHEN!“

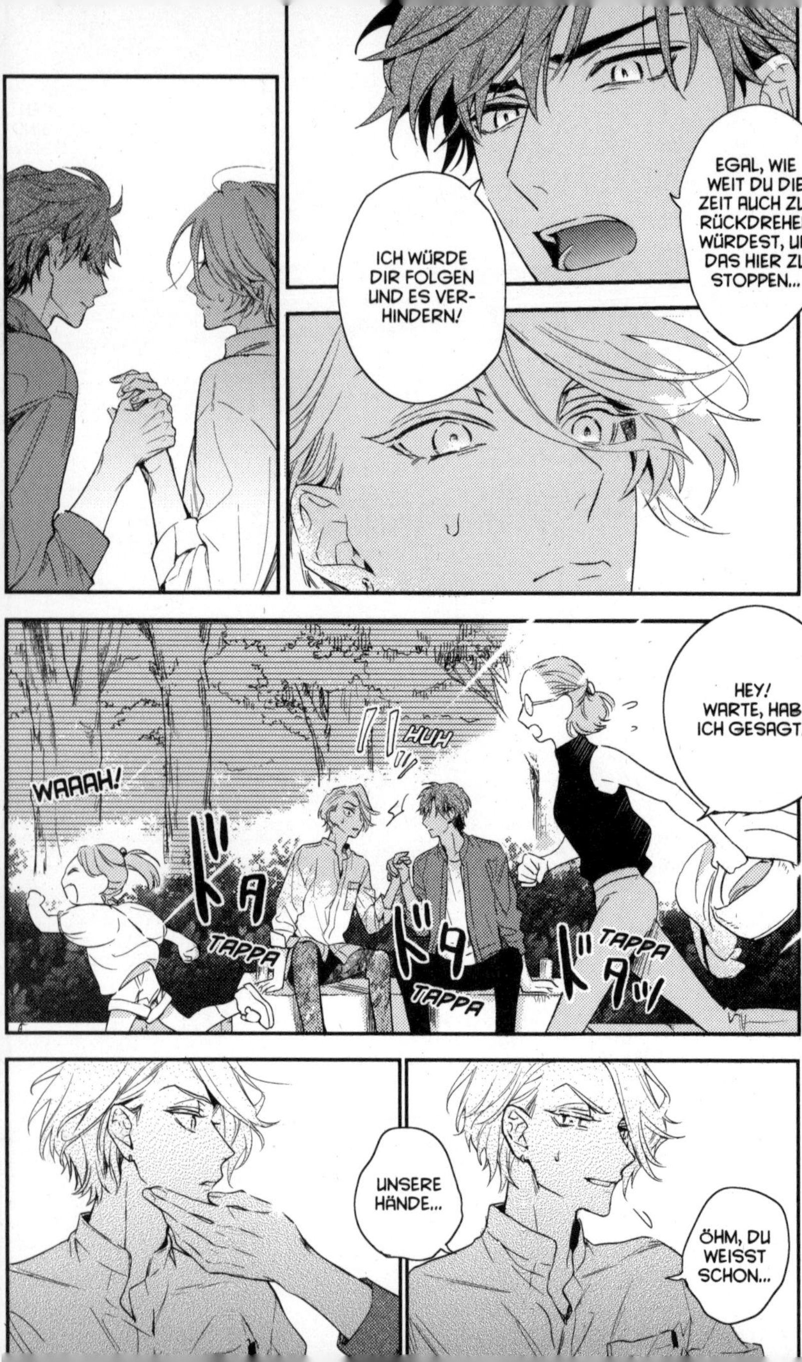
EGAL, WIE WEIT DU DIE ZEIT AUCH ZU-RÜCKDREHEN WÜRDEST, UM DAS HIER ZU STOPPEN...
ICH WÜRDE DIR FOLGEN UND ES VER-HINDERN!
HEY! WARTE, HAB ICH GESAGT!
HUH
WAAAH!
TAPPA
TAPPA
TAPPA
UNSERE HÄNDE...
ÖHM, DU WEISST SCHON...

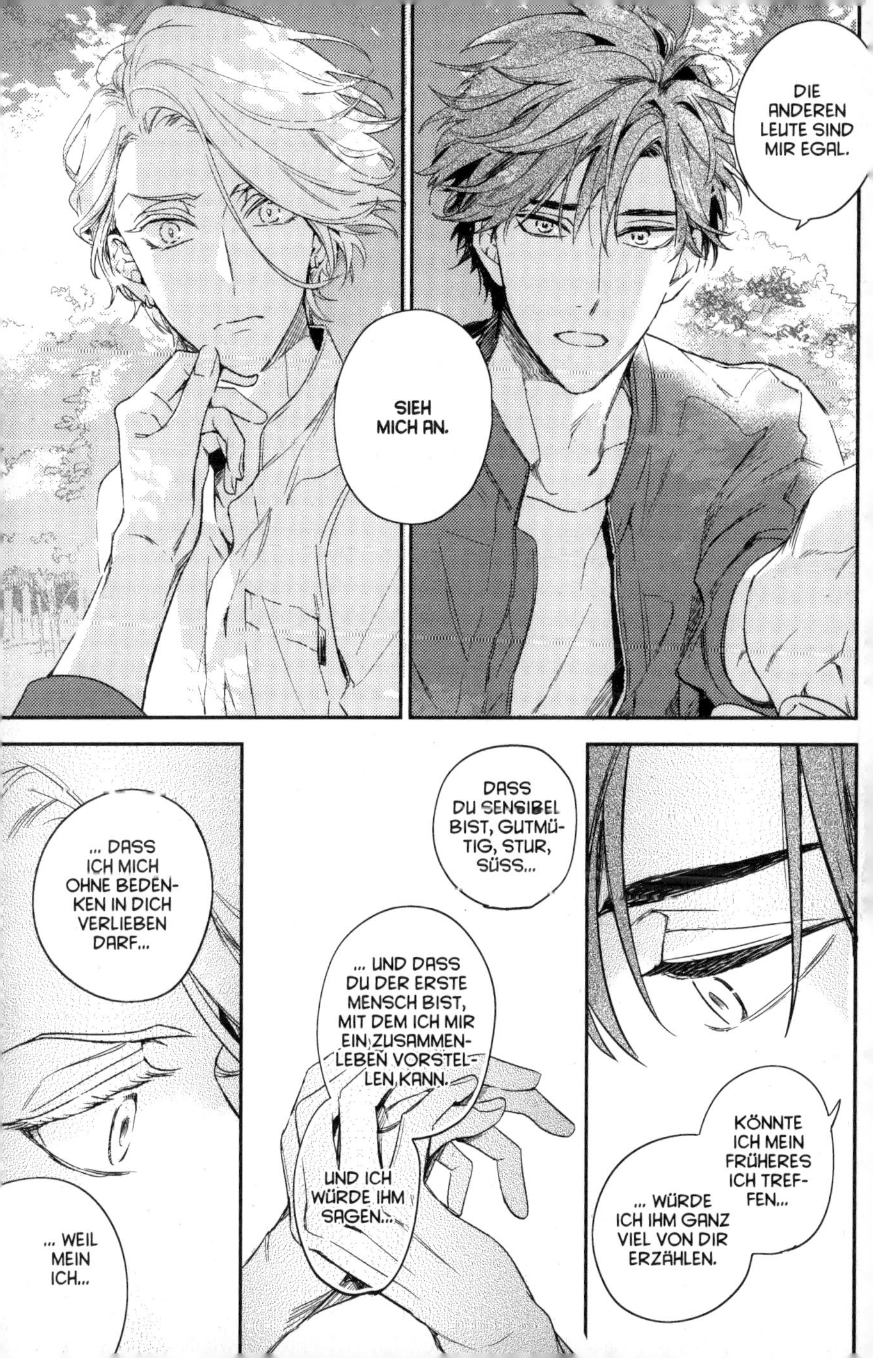
DIE ANDEREN LEUTE SIND MIR EGAL.
SIEH MICH AN.
DASS DU SENSIBEL BIST, GUTMÜTIG, STUR, SÜSS...
... DASS ICH MICH OHNE BEDENKEN IN DICH VERLIEBEN DARF...
... UND DASS DU DER ERSTE MENSCH BIST, MIT DEM ICH MIR EIN ZUSAMMENLEBEN VORSTELLEN KANN.
KÖNNTE ICH MEIN FRÜHERES ICH TREFFEN...
... WÜRDE ICH IHM GANZ VIEL VON DIR ERZÄHLEN.
UND ICH WÜRDE IHM SAGEN...
... WEIL MEIN ICH...

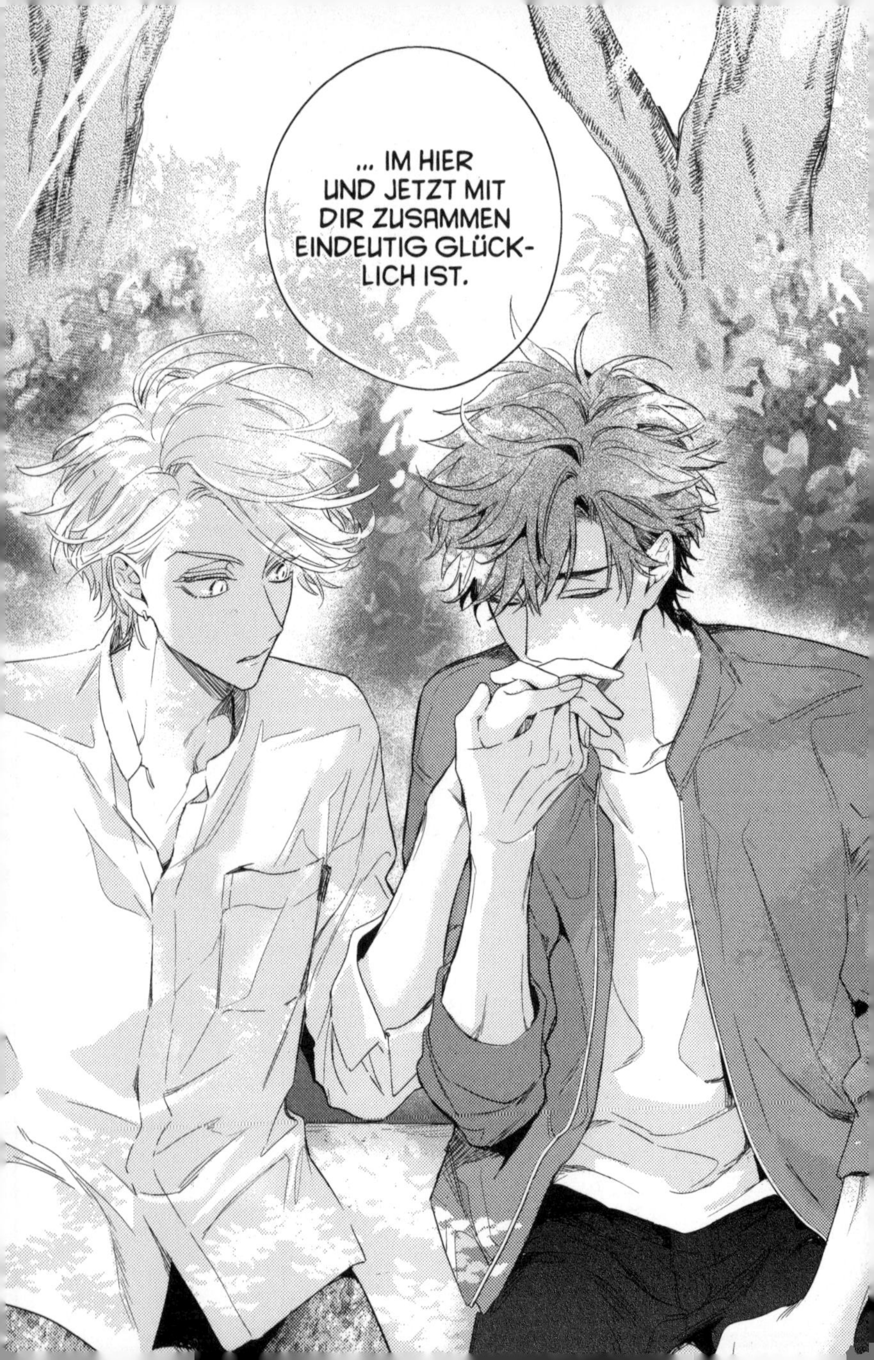
... IM HIER UND JETZT MIT DIR ZUSAMMEN EINDEUTIG GLÜCKLICH IST.

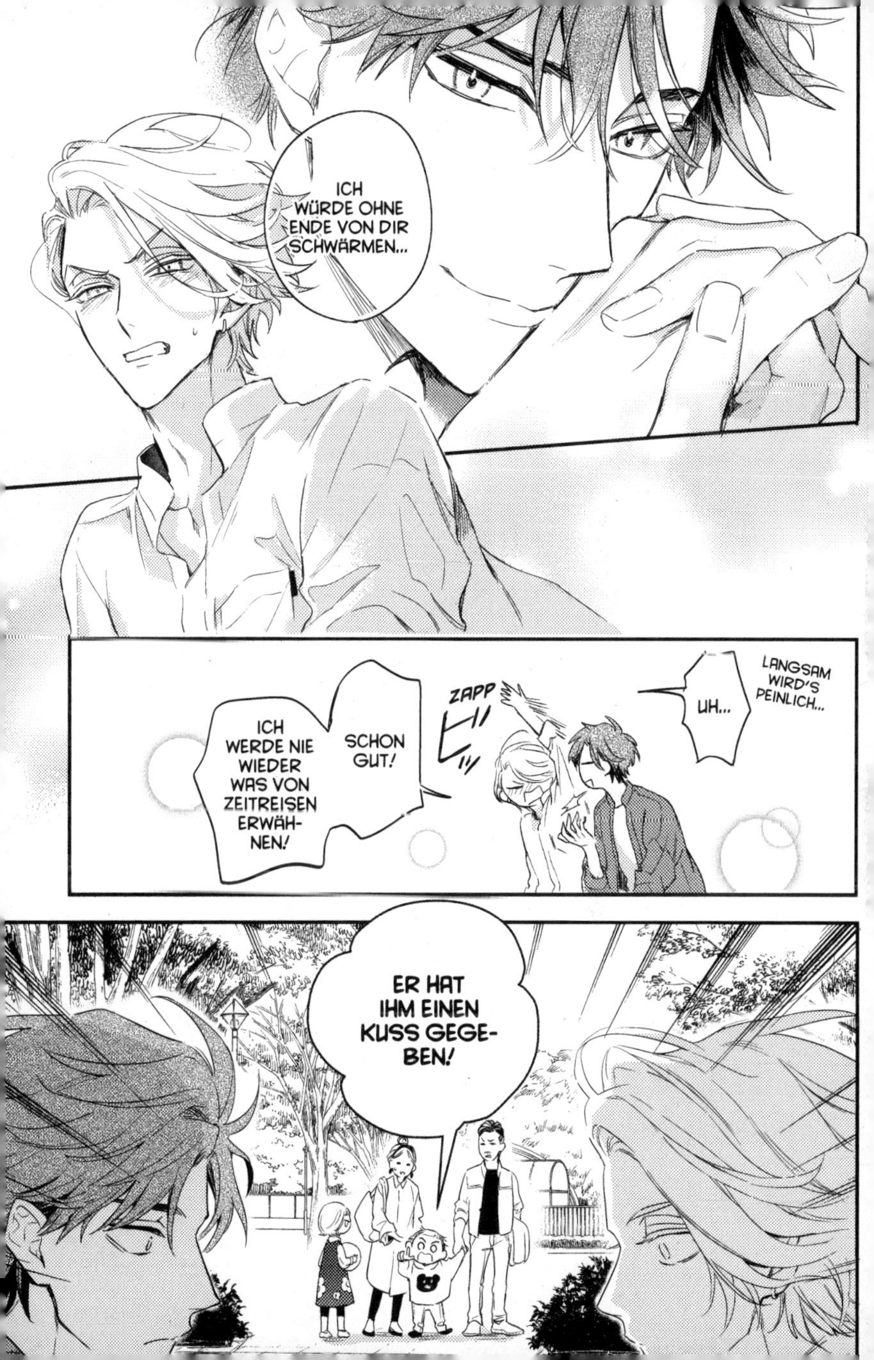
ICH WÜRDE OHNE ENDE VON DIR SCHWÄRMEN...
LANGSAM WIRD'S PEINLICH...
UH...
ZAPP
SCHON GUT!
ICH WERDE NIE WIEDER WAS VON ZEITREISEN ERWÄH-NEN!
ER HAT IHM EINEN KUSS GEGE-BEN!

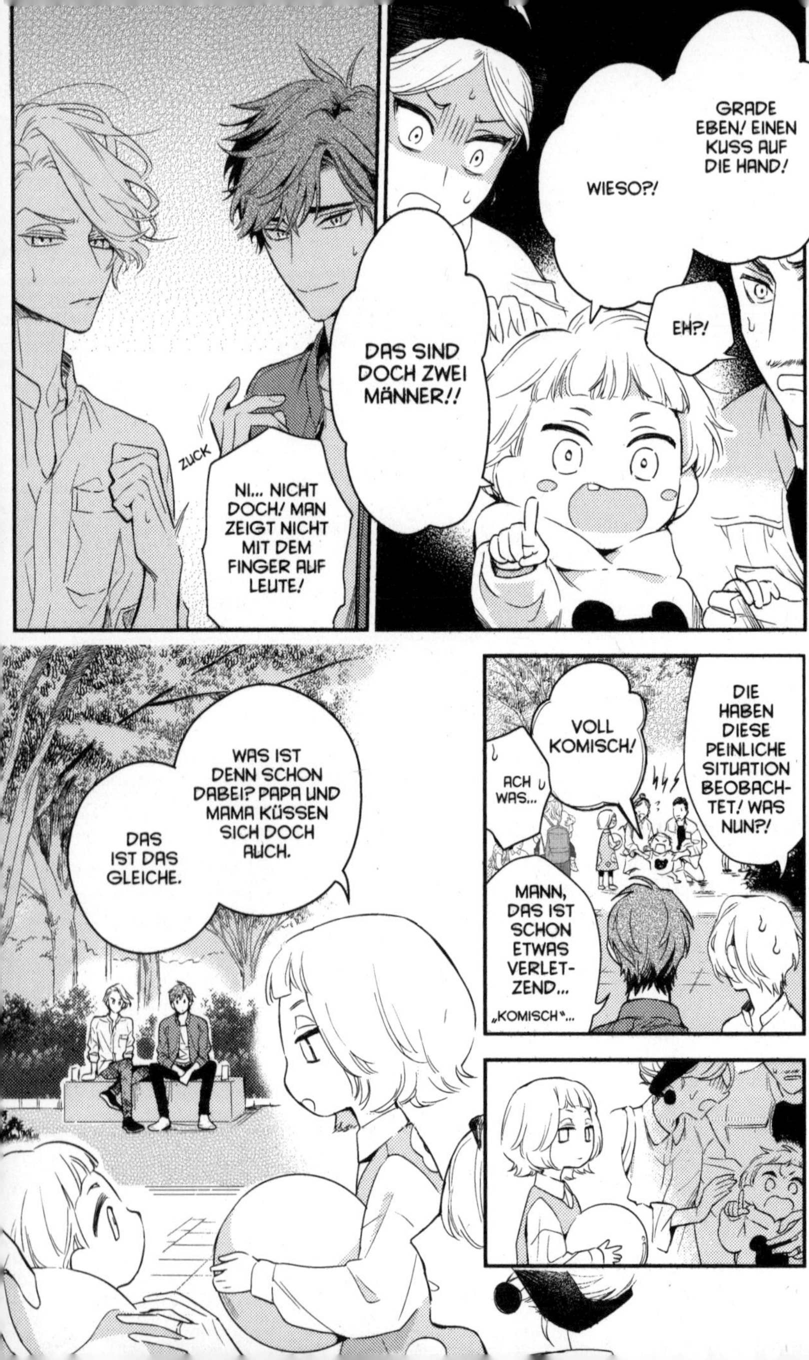
GRADE EBEN! EINEN KUSS AUF DIE HAND!
WIESO?!
EH?!
DAS SIND DOCH ZWEI MÄNNER!!
ZUCK
NI... NICHT DOCH! MAN ZEIGT NICHT MIT DEM FINGER AUF LEUTE!
DIE HABEN DIESE PEINLICHE SITUATION BEOBACHTET! WAS NUN?!
VOLL KOMISCH!
ACH WAS...
MANN, DAS IST SCHON ETWAS VERLETZEND...
„KOMISCH“...
WAS IST DENN SCHON DABEI? PAPA UND MAMA KÜSSEN SICH DOCH AUCH.
DAS IST DAS GLEICHE.

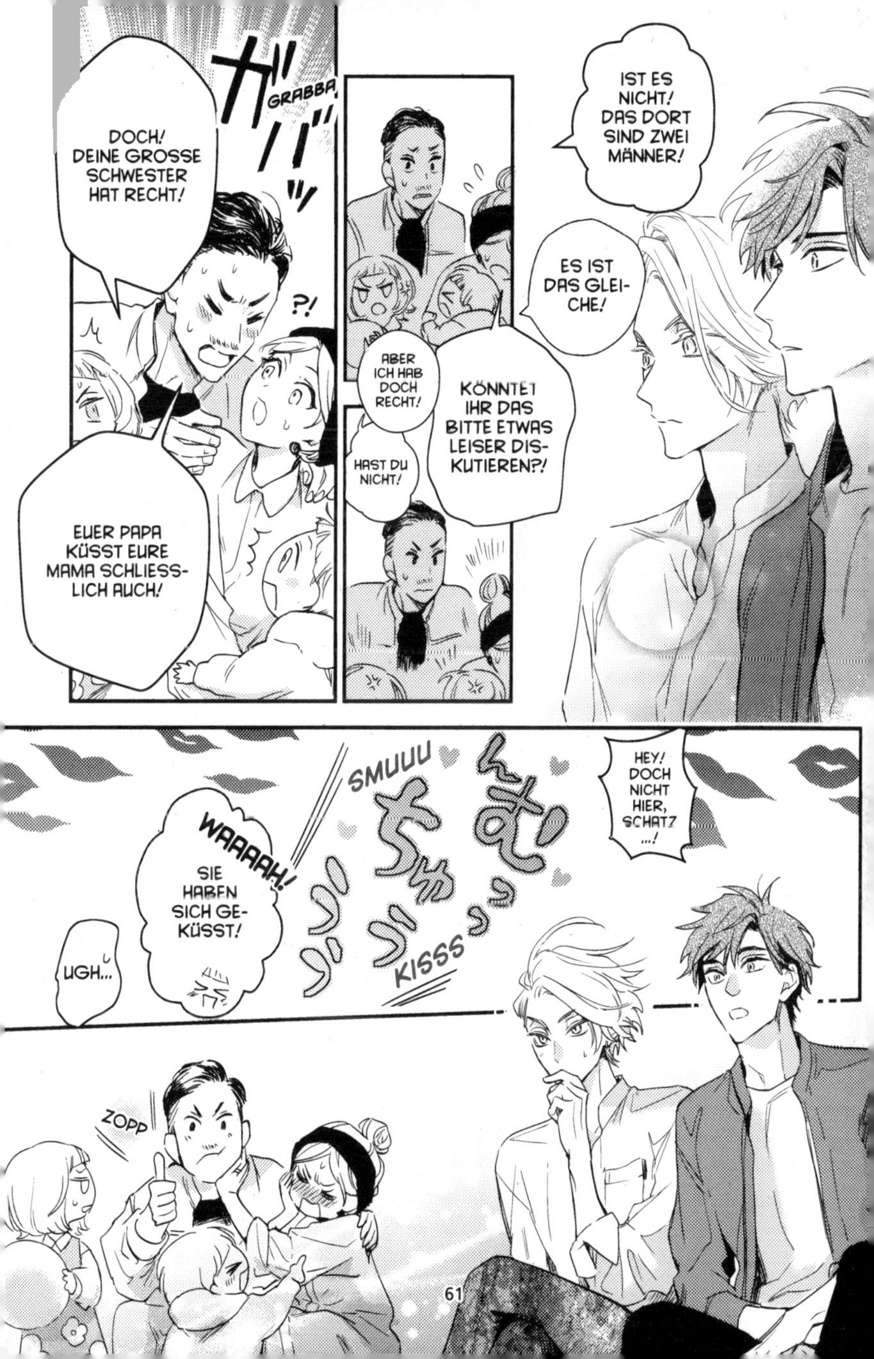

IST ES NICHT! DAS DORT SIND ZWEI MÄNNER!
ES IST DAS GLEI-CHE!
GRABBA
DOCH! DEINE GROSSE SCHWESTER HAT RECHT!
?!
EUER PAPA KÜSST EURE MAMA SCHLIESS-LICH AUCH!
ABER ICH HAB DOCH RECHT!
KÖNNTET IHR DAS BITTE ETWAS LEISER DIS-KUTIEREN?!
HAST DU NICHT!
HEY! DOCH NICHT HIER, SCHATZ ...!
SMUUU
KISSS
WAAAAH!
SIE HABEN SICH GE-KÜSST!
UGH...
ZOPP

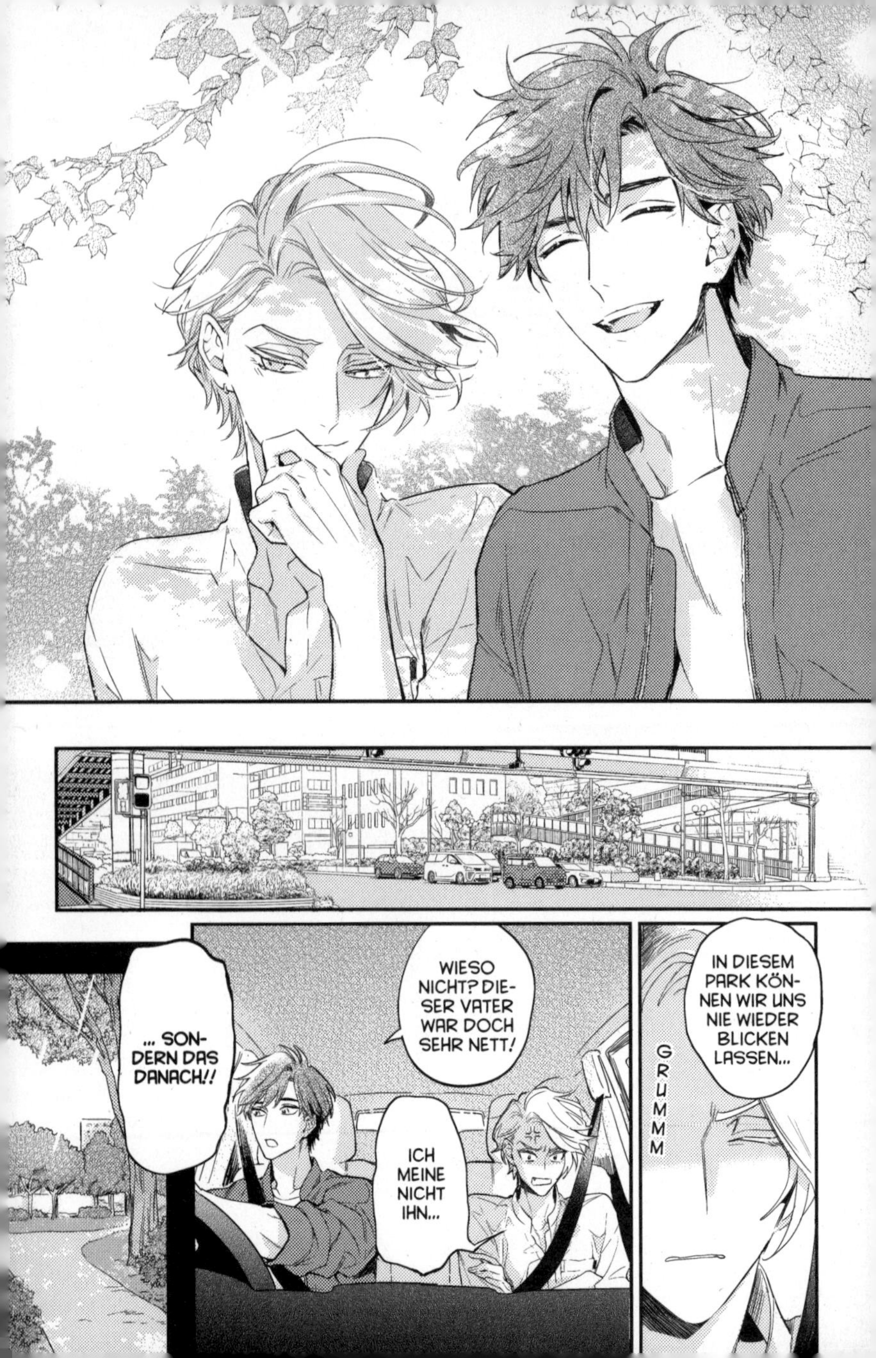
IN DIESEM PARK KÖNNEN WIR UNS NIE WIEDER BLICKEN LASSEN...
GRUMMM
WIESO NICHT? DIESER VATER WAR DOCH SEHR NETT!
ICH MEINE NICHT IHN...
... SONDERN DAS DANACH!!

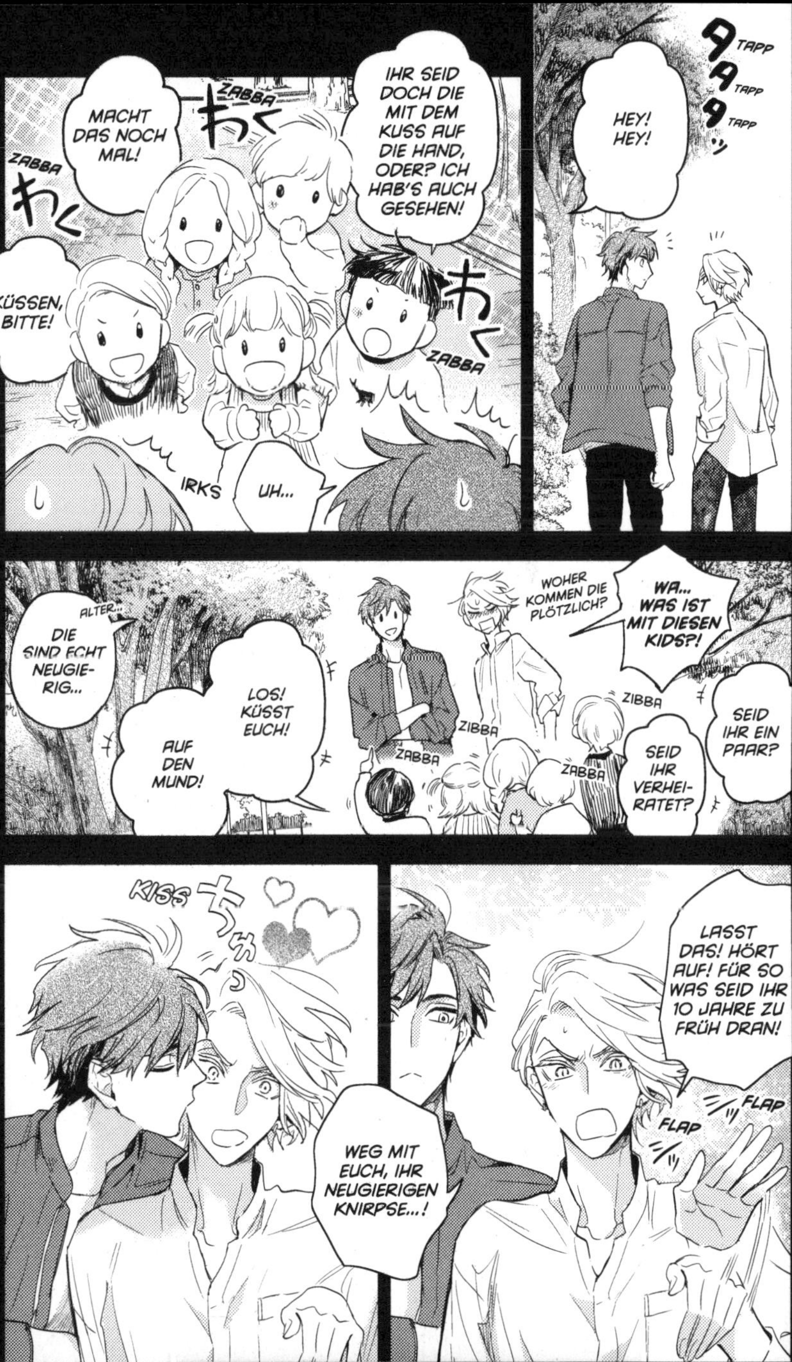
TAPP TAPP TAPP
HEY! HEY!
IHR SEID DOCH DIE MIT DEM KUSS AUF DIE HAND, ODER? ICH HAB'S AUCH GESEHEN!
ZABBA
MACHT DAS NOCH MAL!
ZABBA
KÜSSEN, BITTE!
ZABBA
UH...
IRKS
WA... WAS IST MIT DIESEN KIDS?!
WOHER KOMMEN DIE PLÖTZLICH?
SEID IHR EIN PAAR?
ZIBBA
SEID IHR VERHEIRATET?
ZABBA
ZIBBA
ZABBA
LOS! KÜSST EUCH!
AUF DEN MUND!
ALTER...
DIE SIND ECHT NEUGIERIG...
LASST DAS! HÖRT AUF! FÜR SO WAS SEID IHR 10 JAHRE ZU FRÜH DRAN!
FLAP
FLAP
WEG MIT EUCH, IHR NEUGIERIGEN KNIRPSE...!
KISS

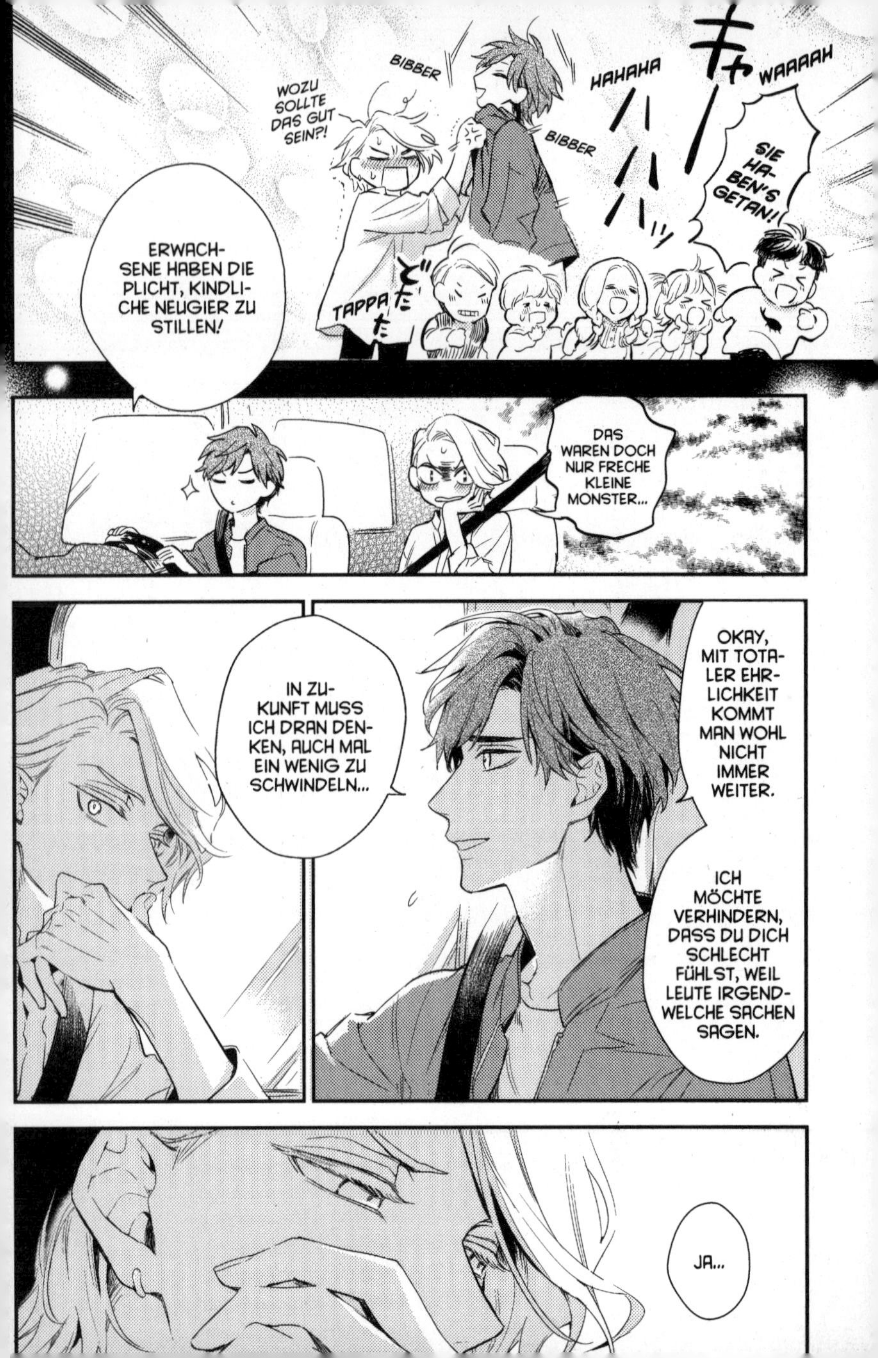
キャー
WAAAAH
SIE HABEN'S GETAN!
ハハハッ
HAHAHA
BIBBER
WOZU SOLLTE DAS GUT SEIN?!
BIBBER
TAPPA
ERWACHSENE HABEN DIE PLICHT, KINDLICHE NEUGIER ZU STILLEN!
DAS WAREN DOCH NUR FRECHE KLEINE MONSTER...
OKAY, MIT TOTALER EHRLICHKEIT KOMMT MAN WOHL NICHT IMMER WEITER.
ICH MÖCHTE VERHINDERN, DASS DU DICH SCHLECHT FÜHLST, WEIL LEUTE IRGENDWELCHE SACHEN SAGEN.
IN ZUKUNFT MUSS ICH DRAN DENKEN, AUCH MAL EIN WENIG ZU SCHWINDELN...
JA...

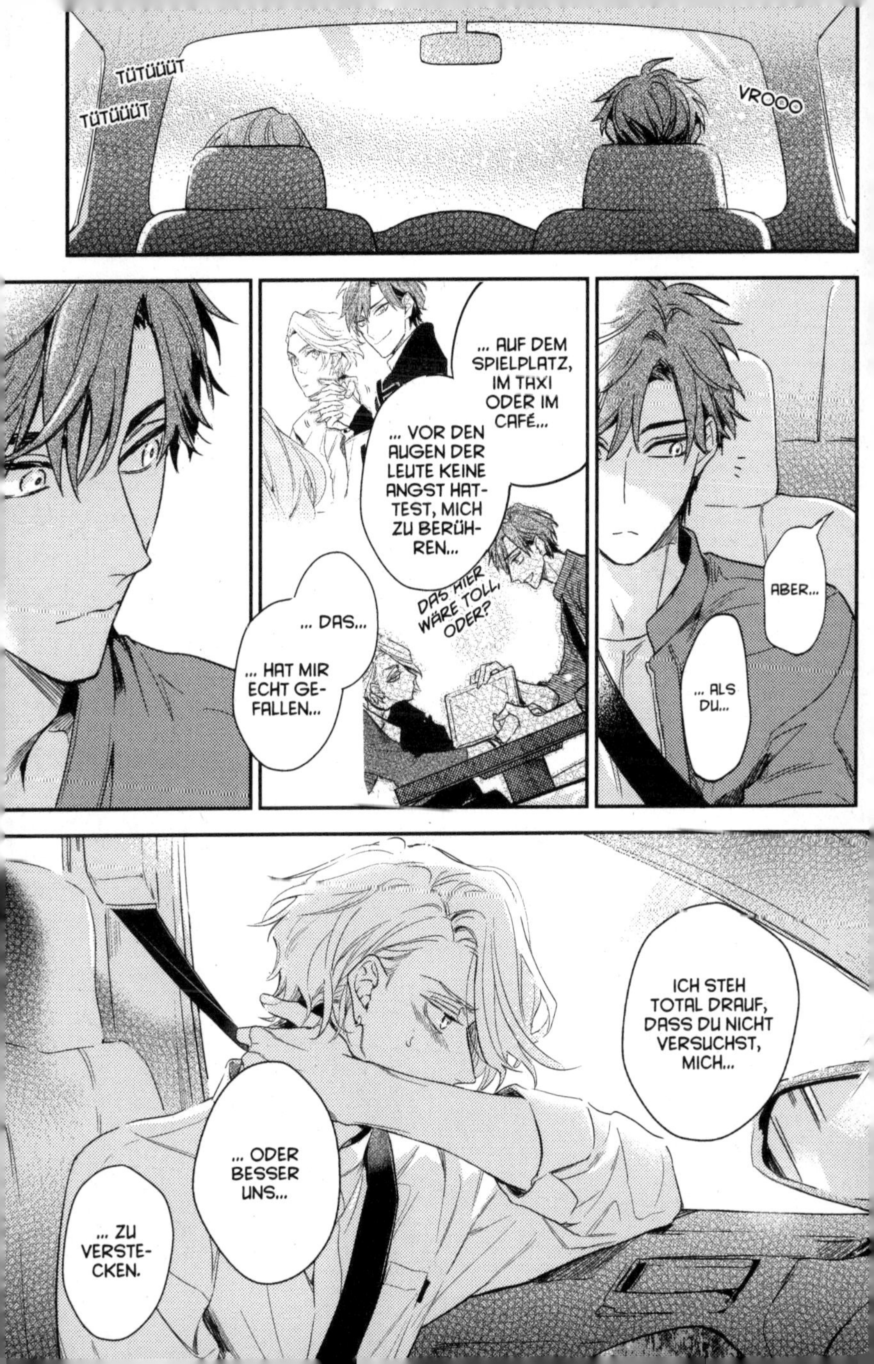
VROOO
TÜTÜÜÜT
TÜTÜÜÜT
ABER...
... ALS DU...
... AUF DEM SPIELPLATZ, IM TAXI ODER IM CAFÉ...
... VOR DEN AUGEN DER LEUTE KEINE ANGST HATTEST, MICH ZU BERÜHREN...
DAS HIER WÄRE TOLL, ODER?
... DAS...
... HAT MIR ECHT GEFALLEN...
ICH STEH TOTAL DRAUF, DASS DU NICHT VERSUCHST, MICH...
... ODER BESSER UNS...
... ZU VERSTECKEN.

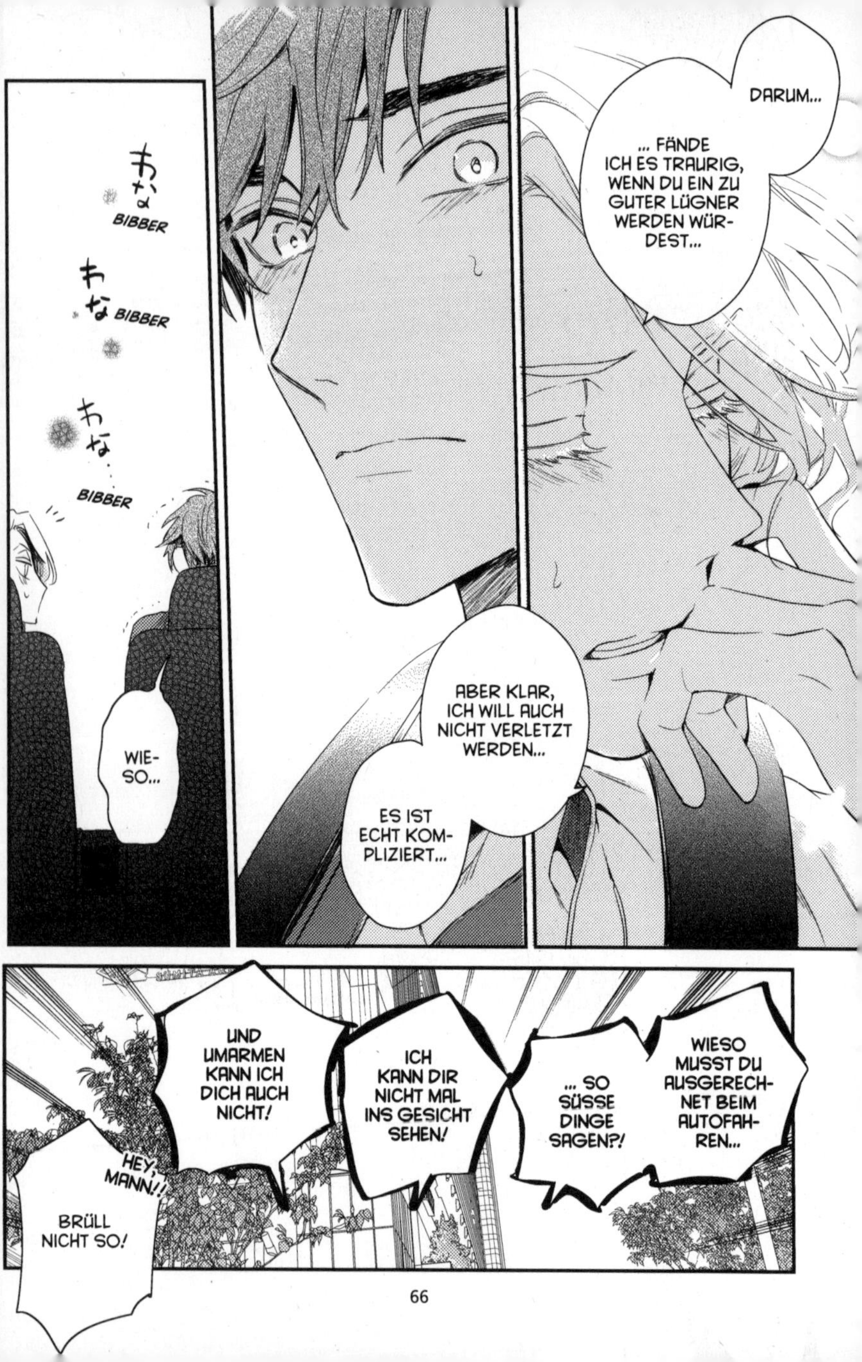
DARUM...
... FÄNDE ICH ES TRAURIG, WENN DU EIN ZU GUTER LÜGNER WERDEN WÜRDEST...
ABER KLAR, ICH WILL AUCH NICHT VERLETZT WERDEN...
ES IST ECHT KOMPLIZIERT...
わな BIBBER
わな BIBBER
わな... BIBBER
WIE-SO...
WIESO MUSST DU AUSGERECHNET BEIM AUTOFAHREN...
... SO SÜSSE DINGE SAGEN?!
ICH KANN DIR NICHT MAL INS GESICHT SEHEN!
UND UMARMEN KANN ICH DICH AUCH NICHT!
HEY, MANN!!
BRÜLL NICHT SO!

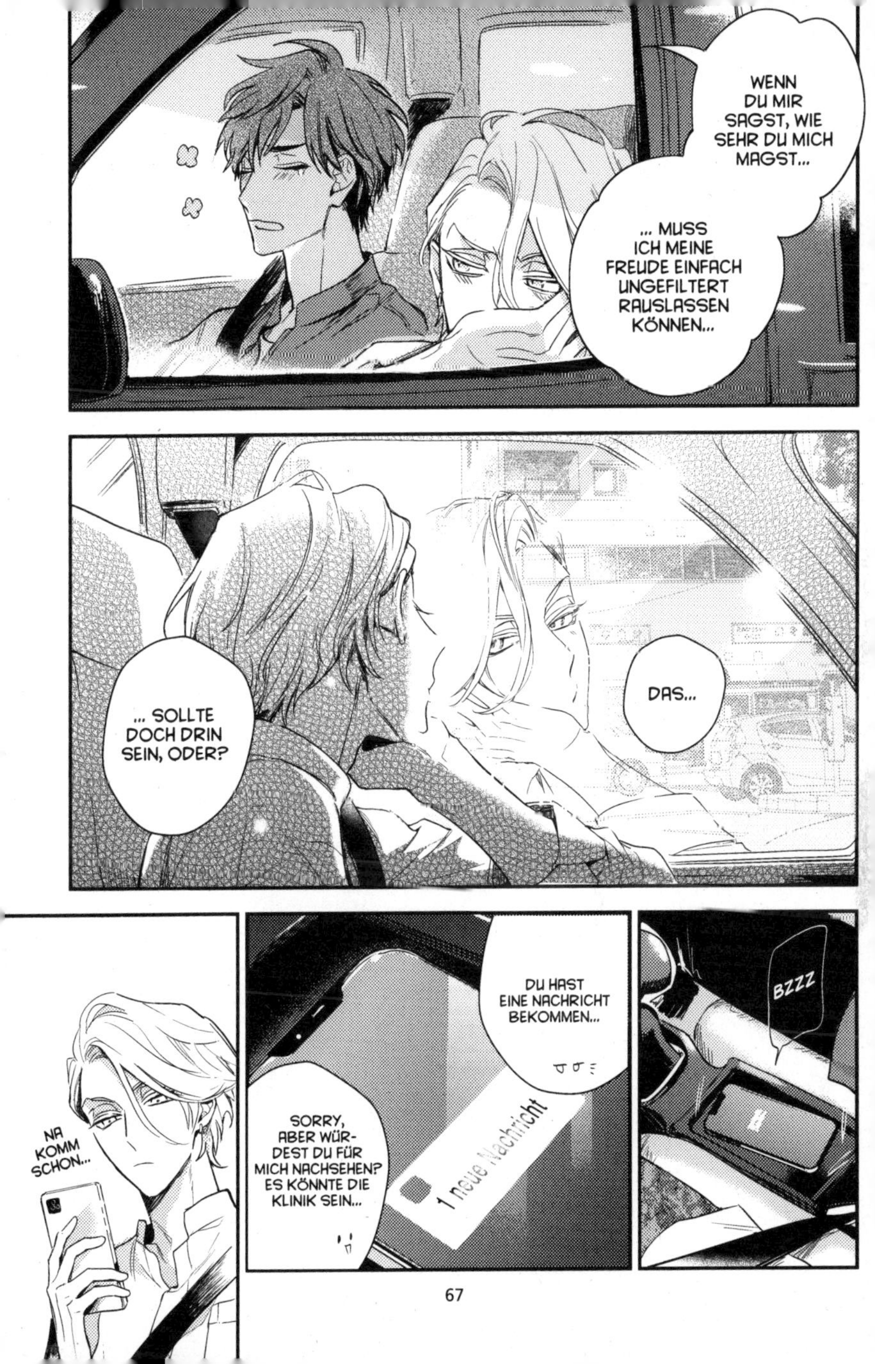
WENN DU MIR SAGST, WIE SEHR DU MICH MAGST...
... MUSS ICH MEINE FREUDE EINFACH UNGEFILTERT RAUSLASSEN KÖNNEN...
DAS...
... SOLLTE DOCH DRIN SEIN, ODER?
BZZZ
DU HAST EINE NACHRICHT BEKOMMEN...
1 neue Nachricht
SORRY, ABER WÜR-DEST DU FÜR MICH NACHSEHEN? ES KÖNNTE DIE KLINIK SEIN...
NA KOMM SCHON...

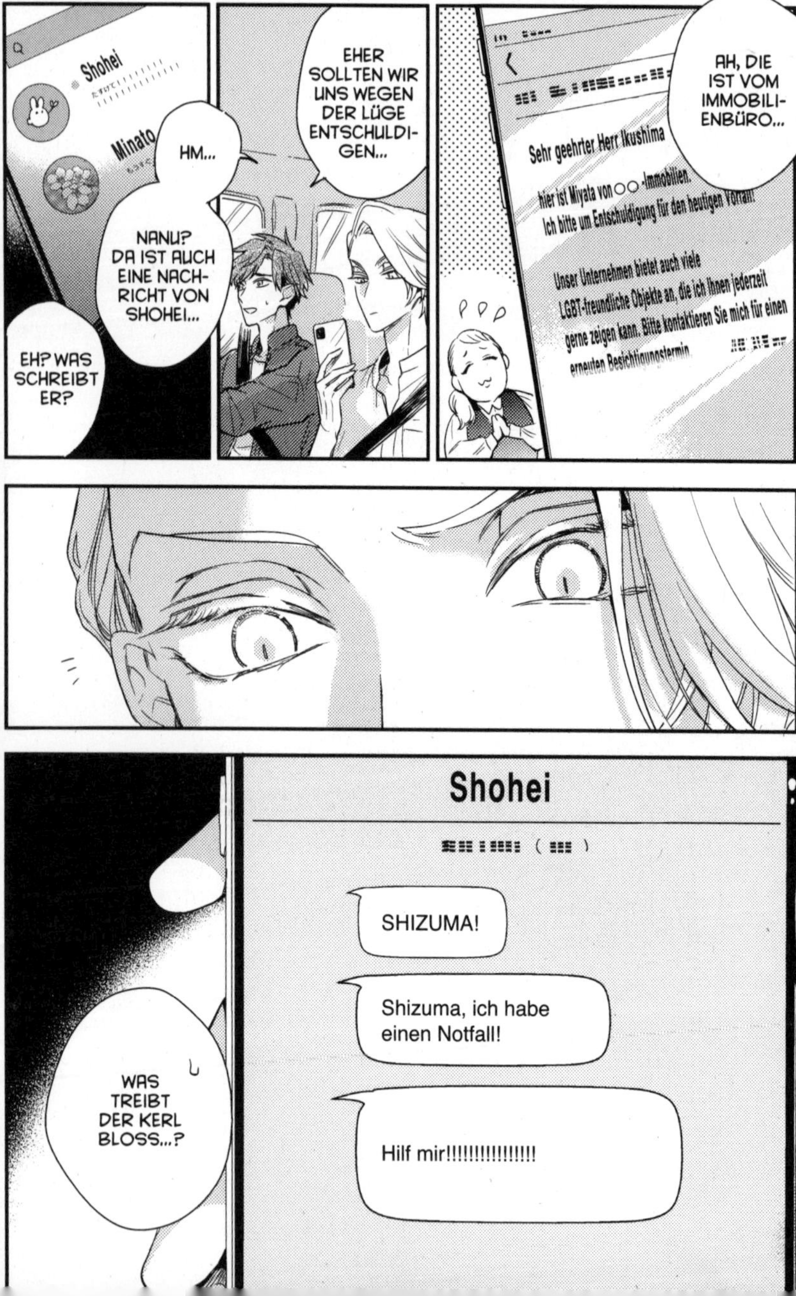

AH, DIE IST VOM IMMOBILIENBÜRO...
Sehr geehrter Herr Ikushima
hier ist Miyata von ○○-Immobilien.
Ich bitte um Entschuldigung für den heutigen Vorfall!
Unser Unternehmen bietet auch viele LGBT-freundliche Objekte an, die ich Ihnen jederzeit gerne zeigen kann. Bitte kontaktieren Sie mich für einen erneuten Besichtigungstermin.
EHER SOLLTEN WIR UNS WEGEN DER LÜGE ENTSCHULDIGEN...
HM...
Shohei
Minato
NANU? DA IST AUCH EINE NACHRICHT VON SHOHEI...
EH? WAS SCHREIBT ER?
Shohei
SHIZUMA!
Shizuma, ich habe einen Notfall!
Hilf mir!!!!!!!!!!!!!!!
WAS TREIBT DER KERL BLOSS...?

therapy game: re

# CASE 21

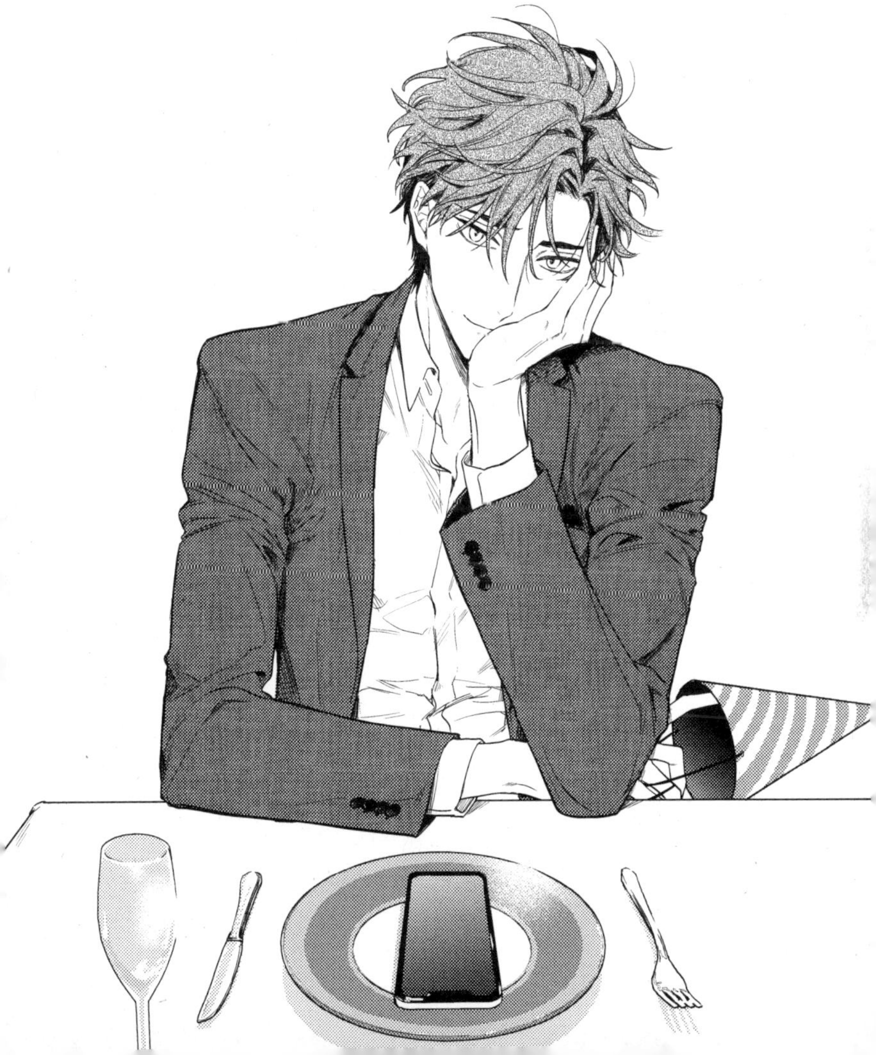

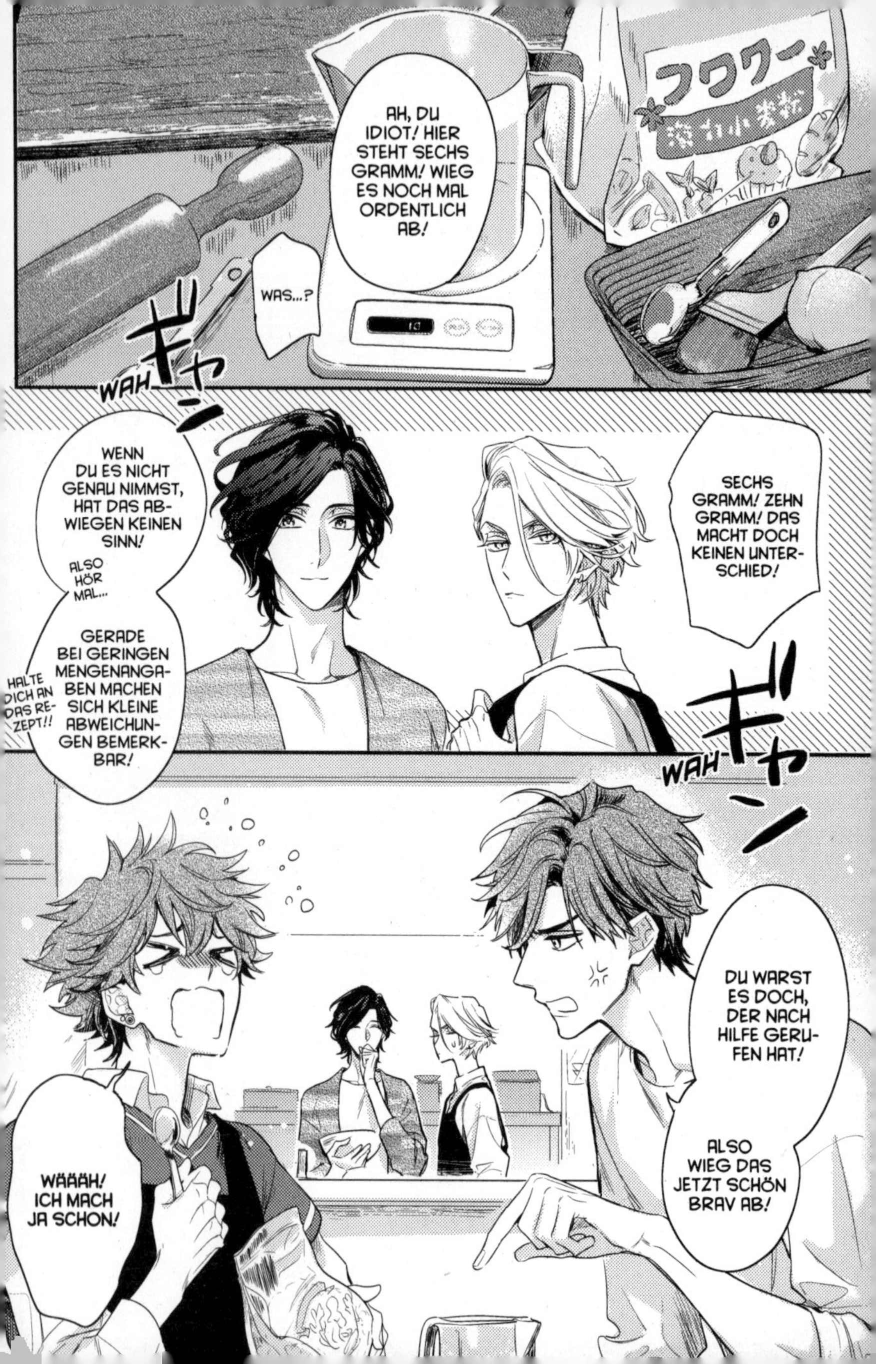
AH, DU IDIOT! HIER STEHT SECHS GRAMM! WIEG ES NOCH MAL ORDENTLICH AB!
WAS...?
WAH
SECHS GRAMM! ZEHN GRAMM! DAS MACHT DOCH KEINEN UNTERSCHIED!
WENN DU ES NICHT GENAU NIMMST, HAT DAS ABWIEGEN KEINEN SINN!
ALSO HÖR MAL...
GERADE BEI GERINGEN MENGENANGABEN MACHEN SICH KLEINE ABWEICHUNGEN BEMERKBAR!
HALTE DICH AN DAS REZEPT!!
WAH
DU WARST ES DOCH, DER NACH HILFE GERUFEN HAT!
ALSO WIEG DAS JETZT SCHÖN BRAV AB!
WÄÄÄH! ICH MACH JA SCHON!

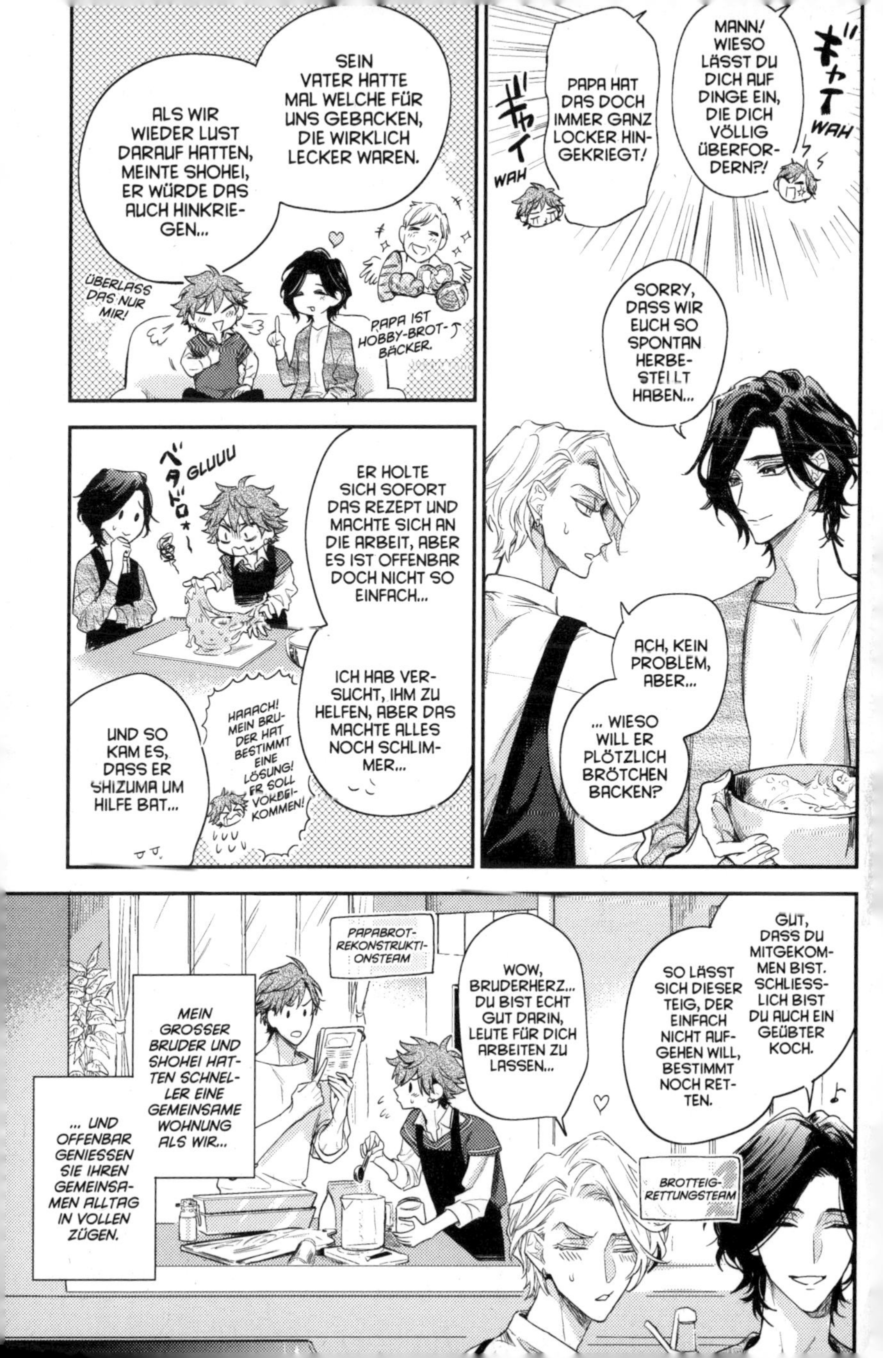
MANN! WIESO LÄSST DU DICH AUF DINGE EIN, DIE DICH VÖLLIG ÜBERFORDERN?!
WAH
PAPA HAT DAS DOCH IMMER GANZ LOCKER HINGEKRIEGT!
WAH
SORRY, DASS WIR EUCH SO SPONTAN HERBESTELLT HABEN...
ACH, KEIN PROBLEM, ABER...
... WIESO WILL ER PLÖTZLICH BRÖTCHEN BACKEN?
SEIN VATER HATTE MAL WELCHE FÜR UNS GEBACKEN, DIE WIRKLICH LECKER WAREN.
ALS WIR WIEDER LUST DARAUF HATTEN, MEINTE SHOHEI, ER WÜRDE DAS AUCH HINKRIEGEN...
PAPA IST HOBBY-BROTBÄCKER.
ÜBERLASS DAS NUR MIR!
ER HOLTE SICH SOFORT DAS REZEPT UND MACHTE SICH AN DIE ARBEIT, ABER ES IST OFFENBAR DOCH NICHT SO EINFACH...
GLUUU
ICH HAB VERSUCHT, IHM ZU HELFEN, ABER DAS MACHTE ALLES NOCH SCHLIMMER...
HAAAACH! MEIN BRUDER HAT BESTIMMT EINE LÖSUNG! ER SOLL VORBEIKOMMEN!
UND SO KAM ES, DASS ER SHIZUMA UM HILFE BAT...
GUT, DASS DU MITGEKOMMEN BIST. SCHLIESSLICH BIST DU AUCH EIN GEÜBTER KOCH.
SO LÄSST SICH DIESER TEIG, DER EINFACH NICHT AUFGEHEN WILL, BESTIMMT NOCH RETTEN.
BROTTEIG-RETTUNGSTEAM
WOW, BRUDERHERZ... DU BIST ECHT GUT DARIN, LEUTE FÜR DICH ARBEITEN ZU LASSEN...
PAPABROT-REKONSTRUKTIONSTEAM
MEIN GROSSER BRUDER UND SHOHEI HATTEN SCHNELLER EINE GEMEINSAME WOHNUNG ALS WIR...
... UND OFFENBAR GENIESSEN SIE IHREN GEMEINSAMEN ALLTAG IN VOLLEN ZÜGEN.

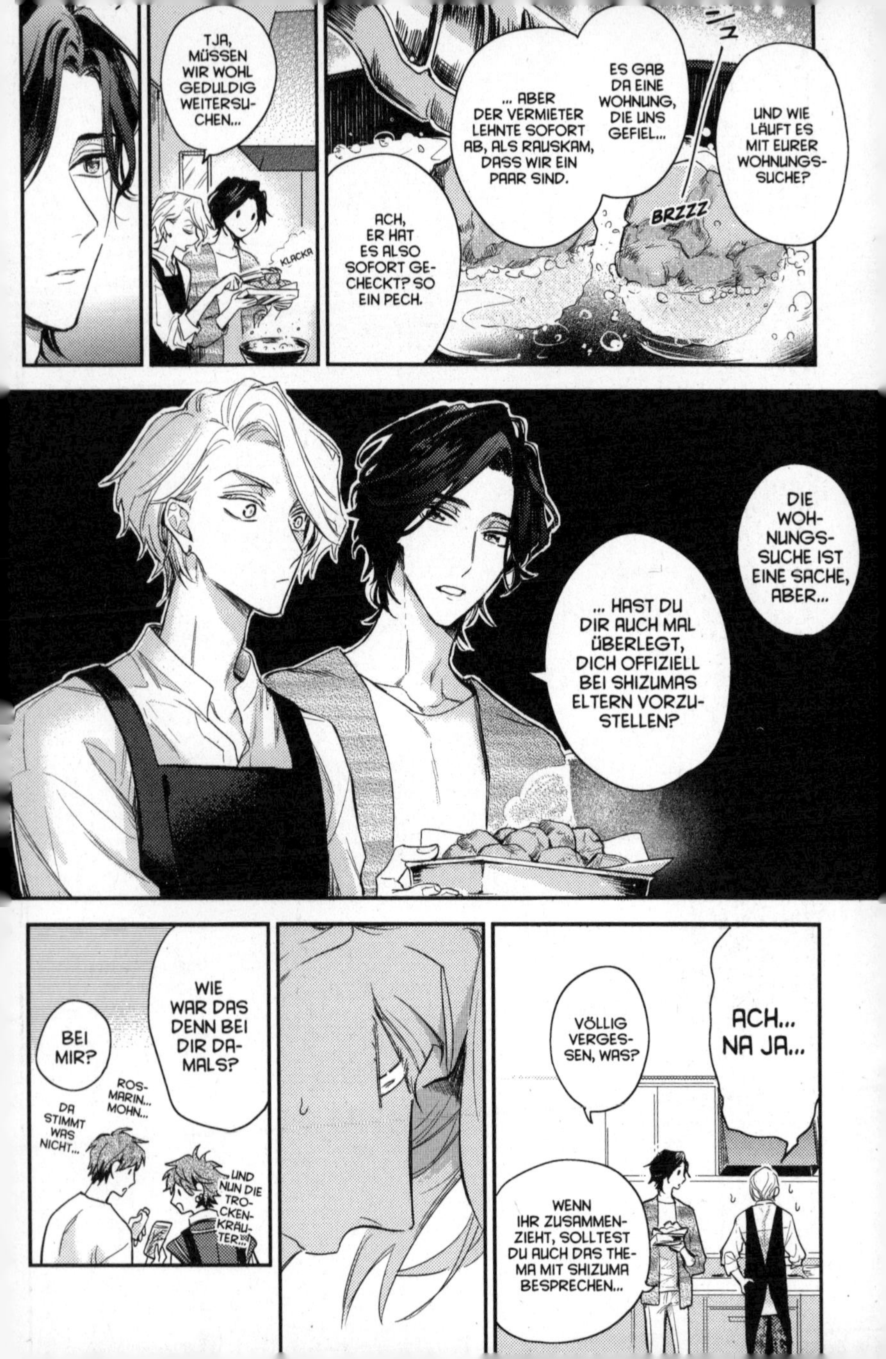
UND WIE LÄUFT ES MIT EURER WOHNUNGSSUCHE?
BRZZZ
ES GAB DA EINE WOHNUNG, DIE UNS GEFIEL...
... ABER DER VERMIETER LEHNTE SOFORT AB, ALS RAUSKAM, DASS WIR EIN PAAR SIND.
ACH, ER HAT ES ALSO SOFORT GECHECKT? SO EIN PECH.
TJA, MÜSSEN WIR WOHL GEDULDIG WEITERSUCHEN...
KLACKA
DIE WOHNUNGSSUCHE IST EINE SACHE, ABER...
... HAST DU DIR AUCH MAL ÜBERLEGT, DICH OFFIZIELL BEI SHIZUMAS ELTERN VORZUSTELLEN?
ACH... NA JA...
VÖLLIG VERGESSEN, WAS?
WENN IHR ZUSAMMENZIEHT, SOLLTEST DU AUCH DAS THEMA MIT SHIZUMA BESPRECHEN...
WIE WAR DAS DENN BEI DIR DAMALS?
BEI MIR?
ROSMARIN... MOHN...
UND NUN DIE TROCKENKRÄUTER...
DA STIMMT WAS NICHT...

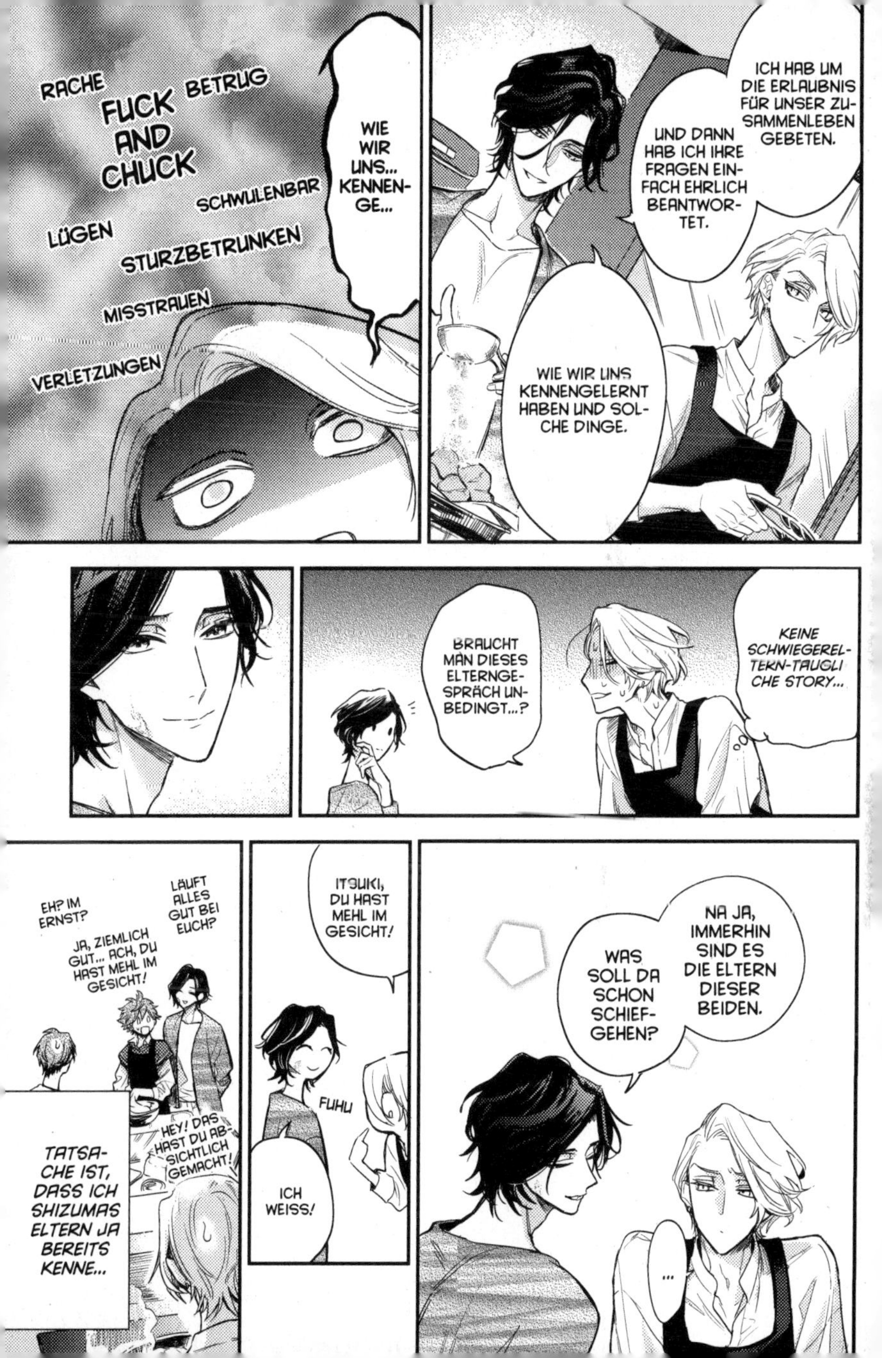

ICH HAB UM DIE ERLAUBNIS FÜR UNSER ZUSAMMENLEBEN GEBETEN.
UND DANN HAB ICH IHRE FRAGEN EINFACH EHRLICH BEANTWORTET.
WIE WIR UNS KENNENGELERNT HABEN UND SOLCHE DINGE.
WIE WIR UNS... KENNENGE...
RACHE
FUCK AND CHUCK
BETRUG
SCHWULENBAR
LÜGEN
STURZBETRUNKEN
MISSTRAUEN
VERLETZUNGEN
KEINE SCHWIEGERELTERN-TAUGLICHE STORY...
BRAUCHT MAN DIESES ELTERNGESPRÄCH UNBEDINGT...?
NA JA, IMMERHIN SIND ES DIE ELTERN DIESER BEIDEN.
WAS SOLL DA SCHON SCHIEFGEHEN?
...
ITSUKI, DU HAST MEHL IM GESICHT!
FUHU
ICH WEISS!
LÄUFT ALLES GUT BEI EUCH?
EH? IM ERNST?
JA, ZIEMLICH GUT... ACH, DU HAST MEHL IM GESICHT!
HEY! DAS HAST DU ABSICHTLICH GEMACHT!
TATSACHE IST, DASS ICH SHIZUMAS ELTERN JA BEREITS KENNE...

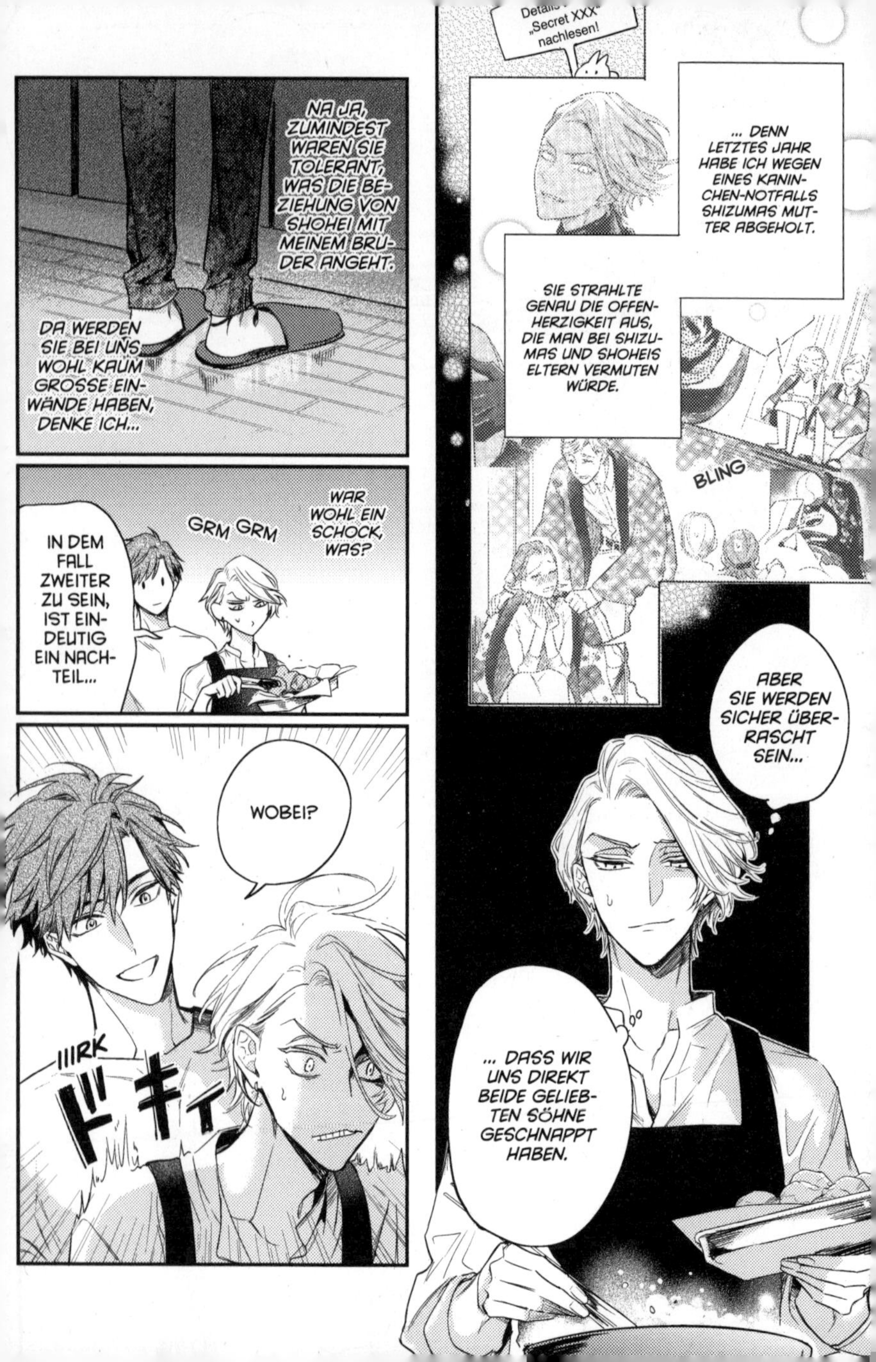

NA JA, ZUMINDEST WAREN SIE TOLERANT, WAS DIE BEZIEHUNG VON SHOHEI MIT MEINEM BRUDER ANGEHT.
DA WERDEN SIE BEI UNS WOHL KAUM GROSSE EINWÄNDE HABEN, DENKE ICH...
WAR WOHL EIN SCHOCK, WAS?
GRM GRM
IN DEM FALL ZWEITER ZU SEIN, IST EINDEUTIG EIN NACHTEIL...
WOBEI?
IIIRK
ドキィ
„Secret XXX" nachlesen!
... DENN LETZTES JAHR HABE ICH WEGEN EINES KANINCHEN-NOTFALLS SHIZUMAS MUTTER ABGEHOLT.
SIE STRAHLTE GENAU DIE OFFENHERZIGKEIT AUS, DIE MAN BEI SHIZUMAS UND SHOHEIS ELTERN VERMUTEN WÜRDE.
BLING
ABER SIE WERDEN SICHER ÜBERRASCHT SEIN...
... DASS WIR UNS DIREKT BEIDE GELIEBTEN SÖHNE GESCHNAPPT HABEN.

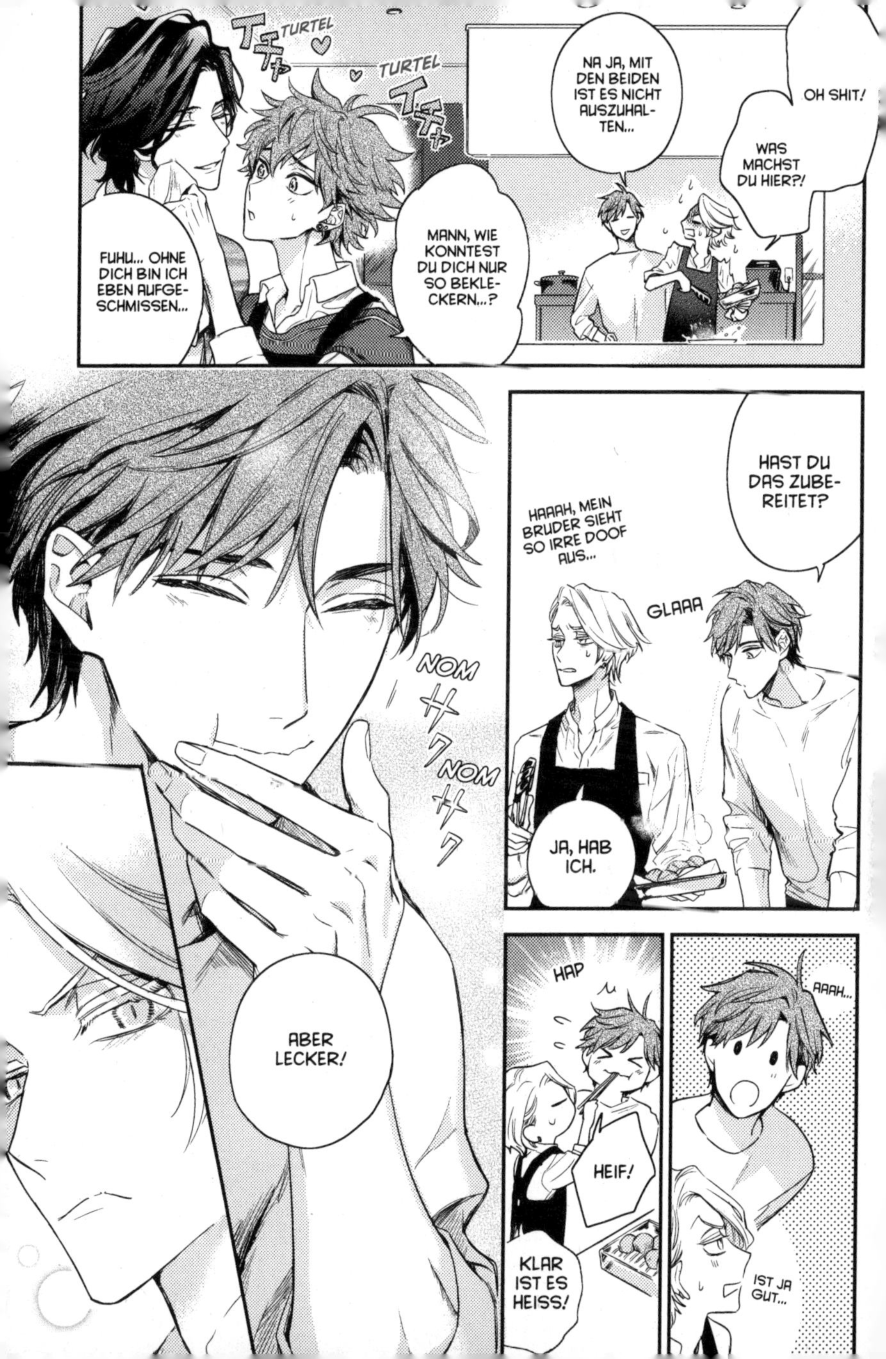
OH SHIT!
WAS MACHST DU HIER?!
NA JA, MIT DEN BEIDEN IST ES NICHT AUSZUHAL-TEN...
TURTEL
TURTEL
MANN, WIE KONNTEST DU DICH NUR SO BEKLE-CKERN...?
FUHU... OHNE DICH BIN ICH EBEN AUFGE-SCHMISSEN...
HAST DU DAS ZUBE-REITET?
GLAAA
HAAAH, MEIN BRUDER SIEHT SO IRRE DOOF AUS...
JA, HAB ICH.
AAAH...
IST JA GUT...
HAP
HEIF!
KLAR IST ES HEISS!
NOM
NOM
ABER LECKER!

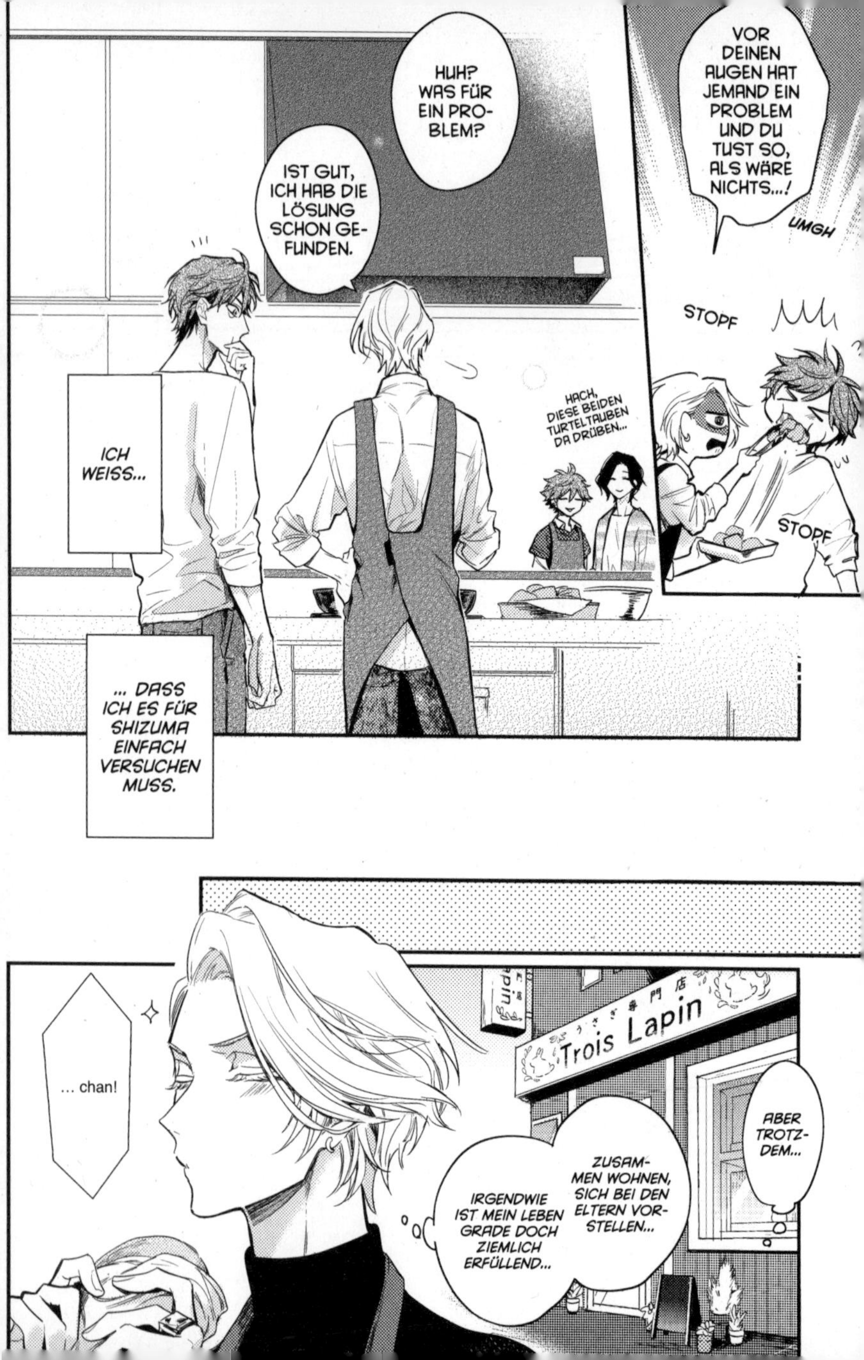
VOR DEINEN AUGEN HAT JEMAND EIN PROBLEM UND DU TUST SO, ALS WÄRE NICHTS...!
UMGH
STOPF
STOPF
HUH? WAS FÜR EIN PROBLEM?
IST GUT, ICH HAB DIE LÖSUNG SCHON GEFUNDEN.
HACH, DIESE BEIDEN TURTELTAUBEN DA DRÜBEN...
ICH WEISS...
... DASS ICH ES FÜR SHIZUMA EINFACH VERSUCHEN MUSS.
Trois Lapin
ABER TROTZDEM...
ZUSAMMEN WOHNEN, SICH BEI DEN ELTERN VORSTELLEN...
IRGENDWIE IST MEIN LEBEN GRADE DOCH ZIEMLICH ERFÜLLEND...
... chan!

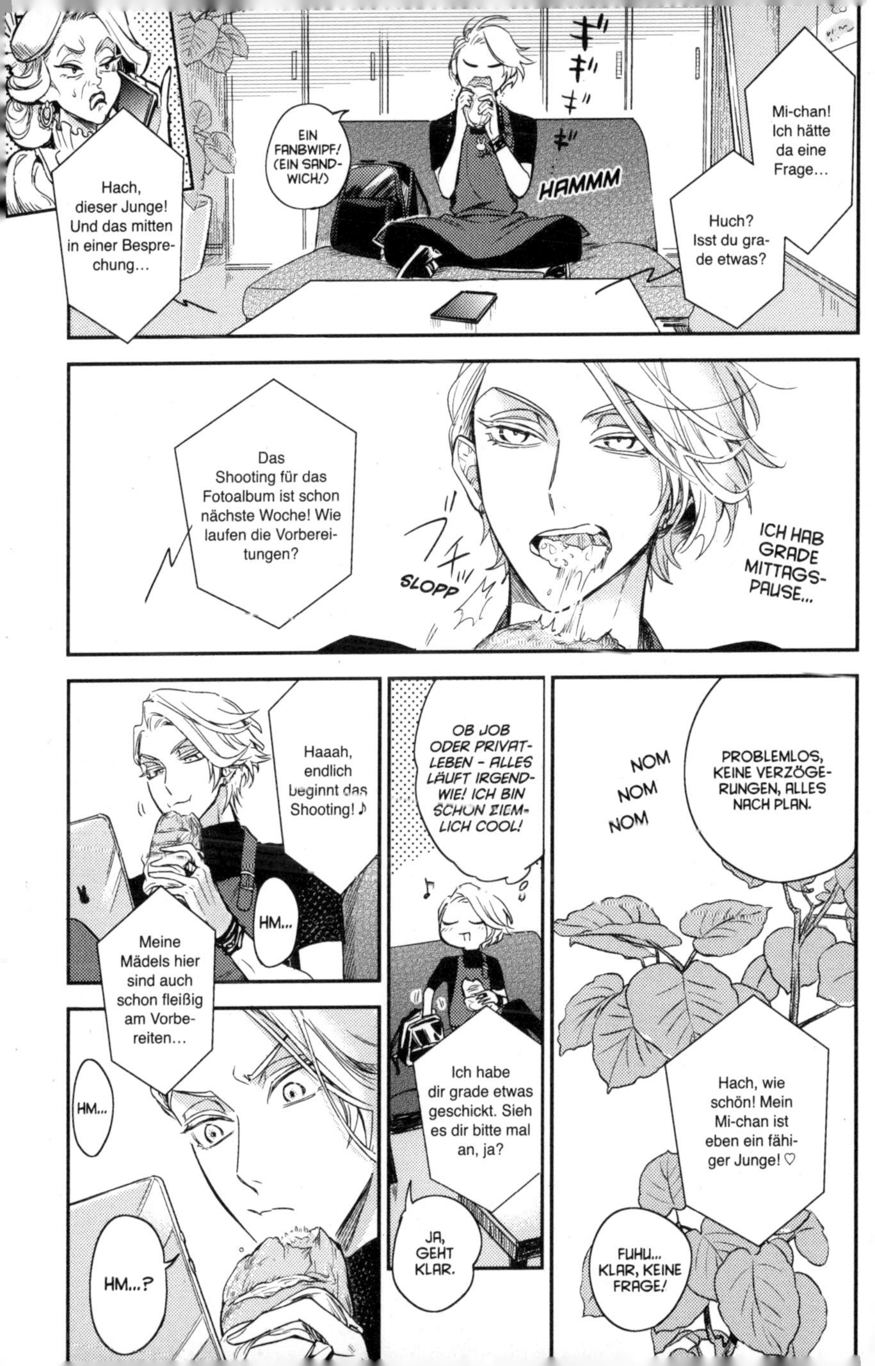
Mi-chan! Ich hätte da eine Frage…
Huch? Isst du grade etwas?
HAMMM
EIN FANBWIPF! (EIN SANDWICH!)
Hach, dieser Junge! Und das mitten in einer Besprechung…
Das Shooting für das Fotoalbum ist schon nächste Woche! Wie laufen die Vorbereitungen?
ICH HAB GRADE MITTAGSPAUSE…
SLOPP
PROBLEMLOS, KEINE VERZÖGERUNGEN, ALLES NACH PLAN.
NOM NOM NOM
OB JOB ODER PRIVATLEBEN – ALLES LÄUFT IRGENDWIE! ICH BIN SCHON ZIEMLICH COOL!
Haaah, endlich beginnt das Shooting! ♪
HM…
Meine Mädels hier sind auch schon fleißig am Vorbereiten…
HM…
Hach, wie schön! Mein Mi-chan ist eben ein fähiger Junge! ♡
FUHU… KLAR, KEINE FRAGE!
Ich habe dir grade etwas geschickt. Sieh es dir bitte mal an, ja?
JA, GEHT KLAR.
HM…?

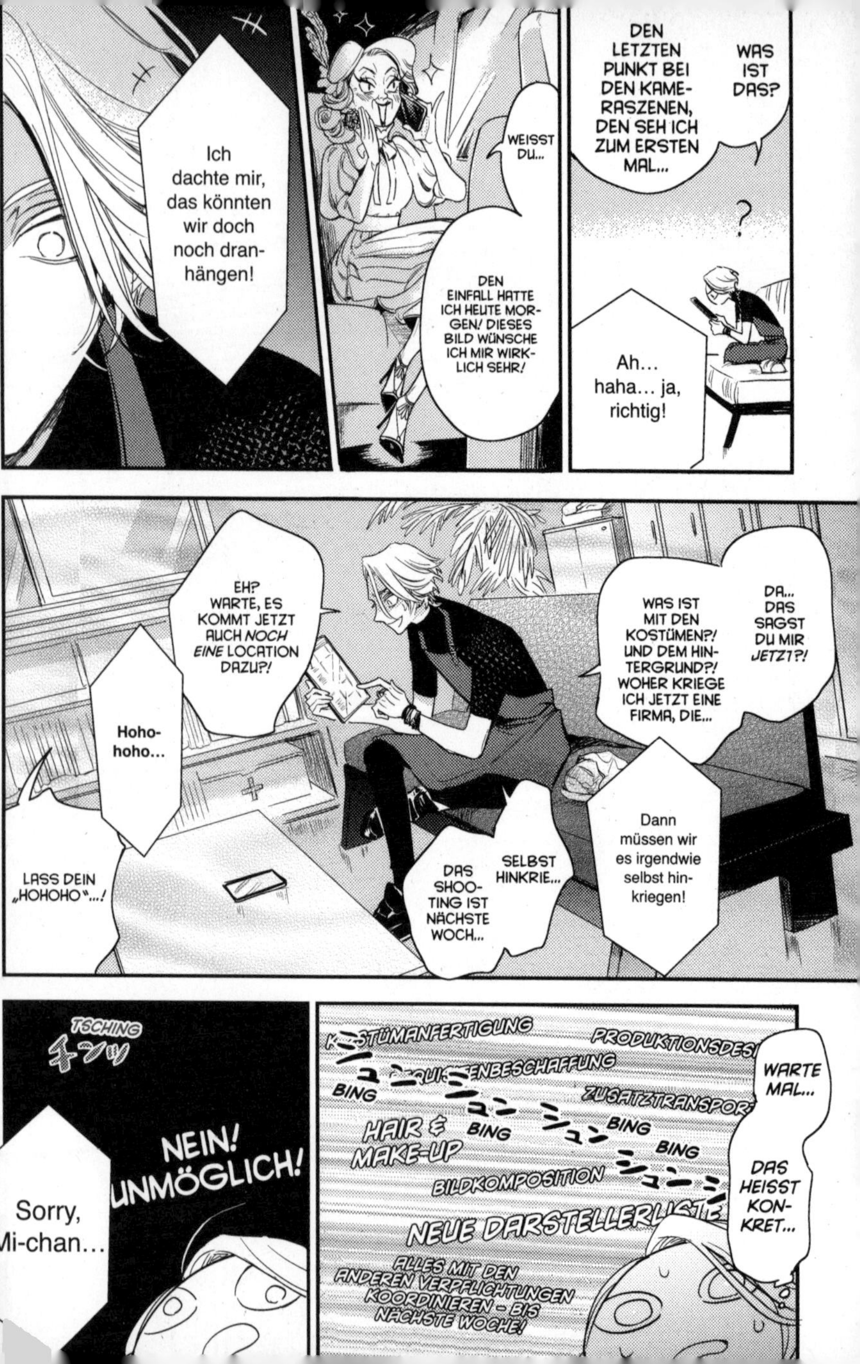
WAS IST DAS?
DEN LETZTEN PUNKT BEI DEN KAMERASZENEN, DEN SEH ICH ZUM ERSTEN MAL...
?
Ah… haha… ja, richtig!
WEISST DU...
DEN EINFALL HATTE ICH HEUTE MORGEN! DIESES BILD WÜNSCHE ICH MIR WIRKLICH SEHR!
Ich dachte mir, das könnten wir doch noch dranhängen!
DA... DAS SAGST DU MIR *JETZT*?!
WAS IST MIT DEN KOSTÜMEN?! UND DEM HINTERGRUND?! WOHER KRIEGE ICH JETZT EINE FIRMA, DIE...
Dann müssen wir es irgendwie selbst hinkriegen!
SELBST HINKRIE...
DAS SHOOTING IST NÄCHSTE WOCH...
EH? WARTE, ES KOMMT JETZT AUCH *NOCH EINE* LOCATION DAZU?!
Hohohoho…
LASS DEIN „HOHOHO“...!
WARTE MAL...
DAS HEISST KONKRET...
PRODUKTIONSDESI
ZUSATZTRANSPORT
BING
HAIR & MAKE-UP
BILDKOMPOSITION
NEUE DARSTELLERLISTE
ALLES MIT DEN ANDEREN VERPFLICHTUNGEN KOORDINIEREN – BIS NÄCHSTE WOCHE!
TSCHING
NEIN! UNMÖGLICH!
Sorry, Mi-chan…

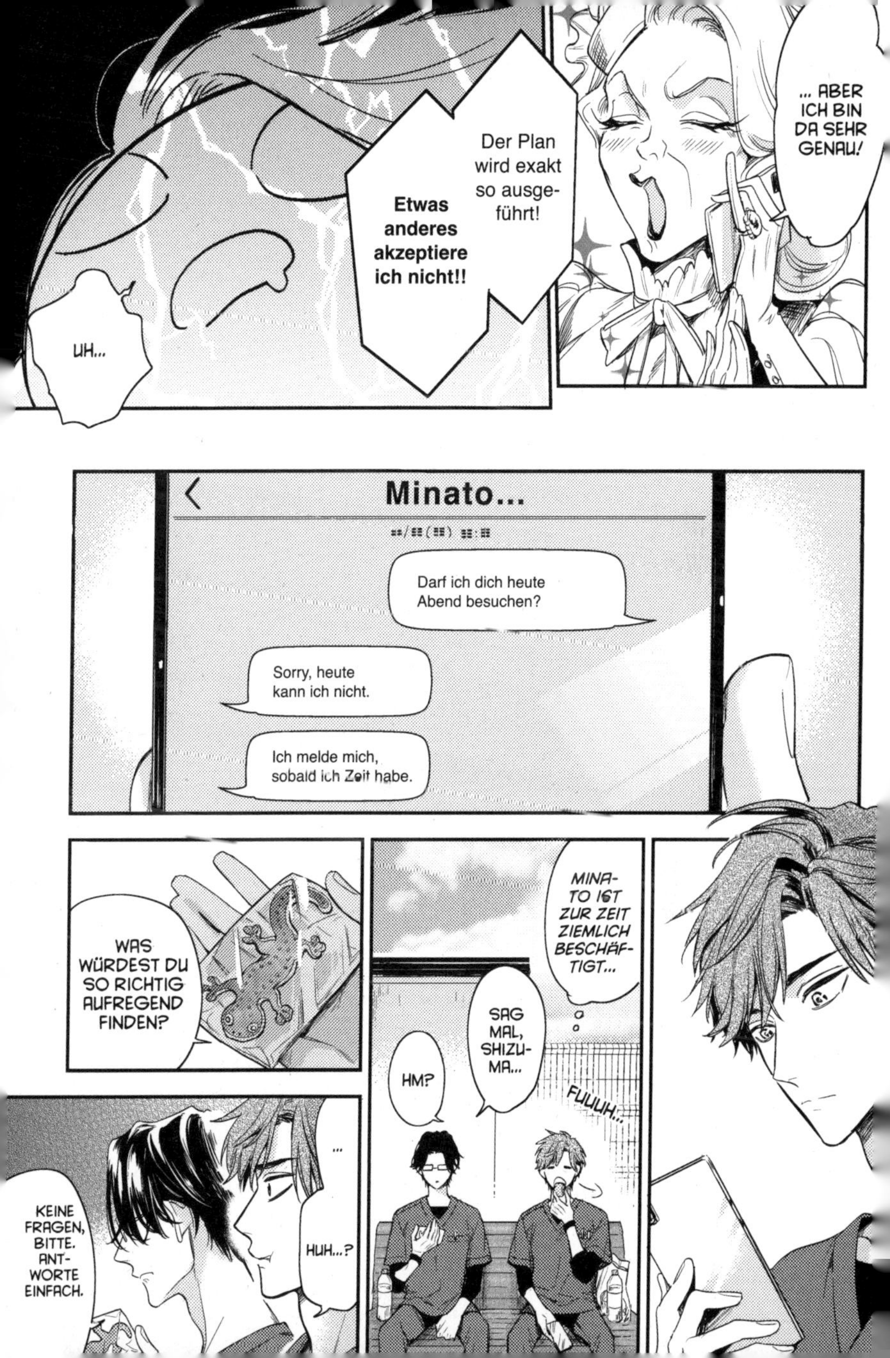
... ABER ICH BIN DA SEHR GENAU!
Der Plan wird exakt so ausgeführt!
**Etwas anderes akzeptiere ich nicht!!**
UH...
Minato...
Darf ich dich heute Abend besuchen?
Sorry, heute kann ich nicht.
Ich melde mich, sobald ich Zeit habe.
MINATO IST ZUR ZEIT ZIEMLICH BESCHÄFTIGT...
FUUUH...
SAG MAL, SHIZUMA...
HM?
WAS WÜRDEST DU SO RICHTIG AUFREGEND FINDEN?
...
HUH...?
KEINE FRAGEN, BITTE. ANTWORTE EINFACH.

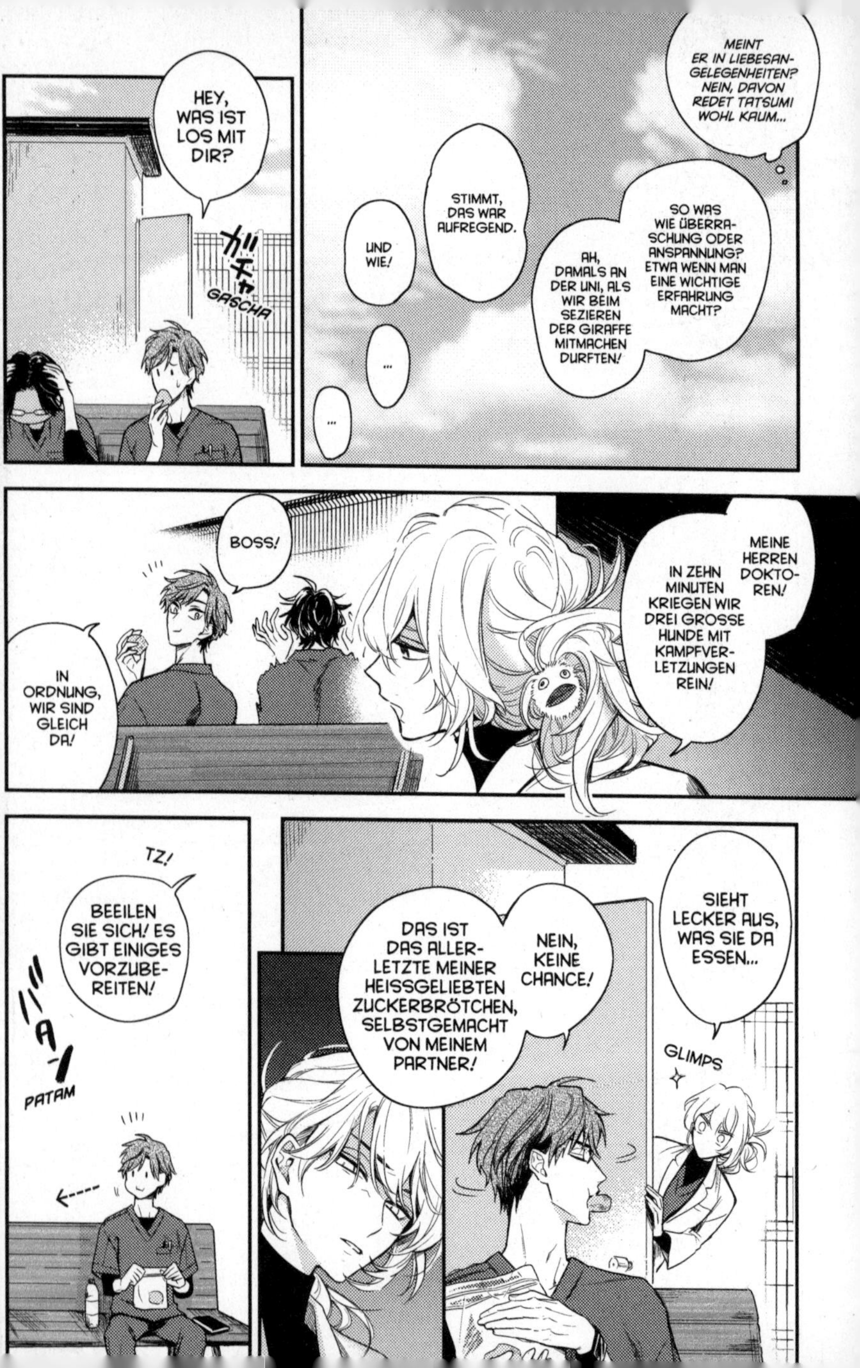

SO WAS WIE ÜBERRASCHUNG ODER ANSPANNUNG? ETWA WENN MAN EINE WICHTIGE ERFAHRUNG MACHT?
MEINT ER IN LIEBESANGELEGENHEITEN? NEIN, DAVON REDET TATSUMI WOHL KAUM...
AH, DAMALS AN DER UNI, ALS WIR BEIM SEZIEREN DER GIRAFFE MITMACHEN DURFTEN!
STIMMT, DAS WAR AUFREGEND.
UND WIE!
...
...
GASCHA
HEY, WAS IST LOS MIT DIR?
MEINE HERREN DOKTOREN!
IN ZEHN MINUTEN KRIEGEN WIR DREI GROSSE HUNDE MIT KAMPFVERLETZUNGEN REIN!
BOSS!
IN ORDNUNG, WIR SIND GLEICH DA!
SIEHT LECKER AUS, WAS SIE DA ESSEN...
GLIMPS
NEIN, KEINE CHANCE!
DAS IST DAS ALLERLETZTE MEINER HEISSGELIEBTEN ZUCKERBRÖTCHEN, SELBSTGEMACHT VON MEINEM PARTNER!
TZ!
BEEILEN SIE SICH! ES GIBT EINIGES VORZUBEREITEN!
PATAM

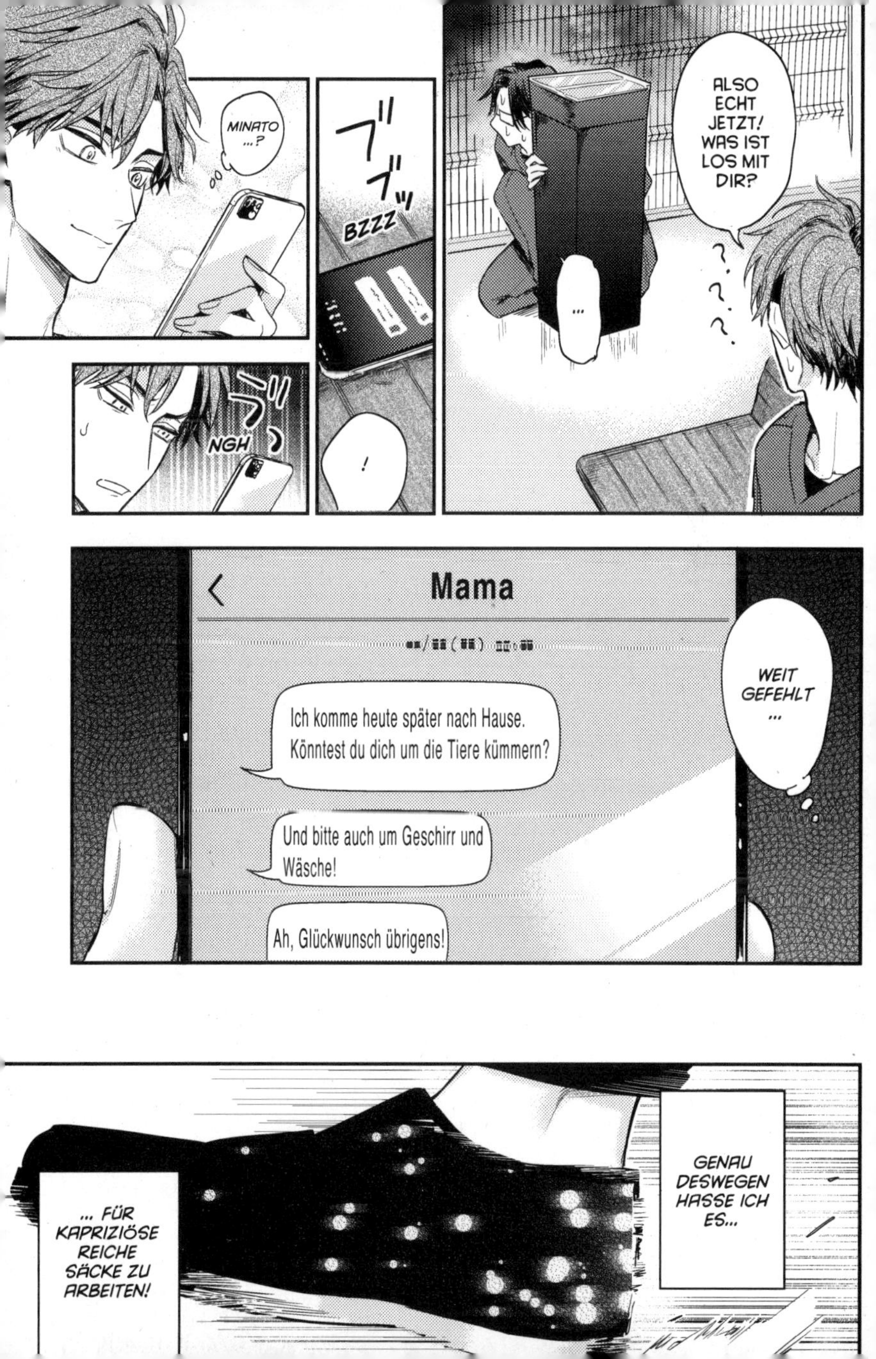

Also echt jetzt! Was ist los mit dir?
...
BZZZ
!
Minato ...?
NGH
Weit gefehlt ...
Mama
Ich komme heute später nach Hause. Könntest du dich um die Tiere kümmern?
Und bitte auch um Geschirr und Wäsche!
Ah, Glückwunsch übrigens!
Genau deswegen hasse ich es...
... für kapriziöse reiche Säcke zu arbeiten!

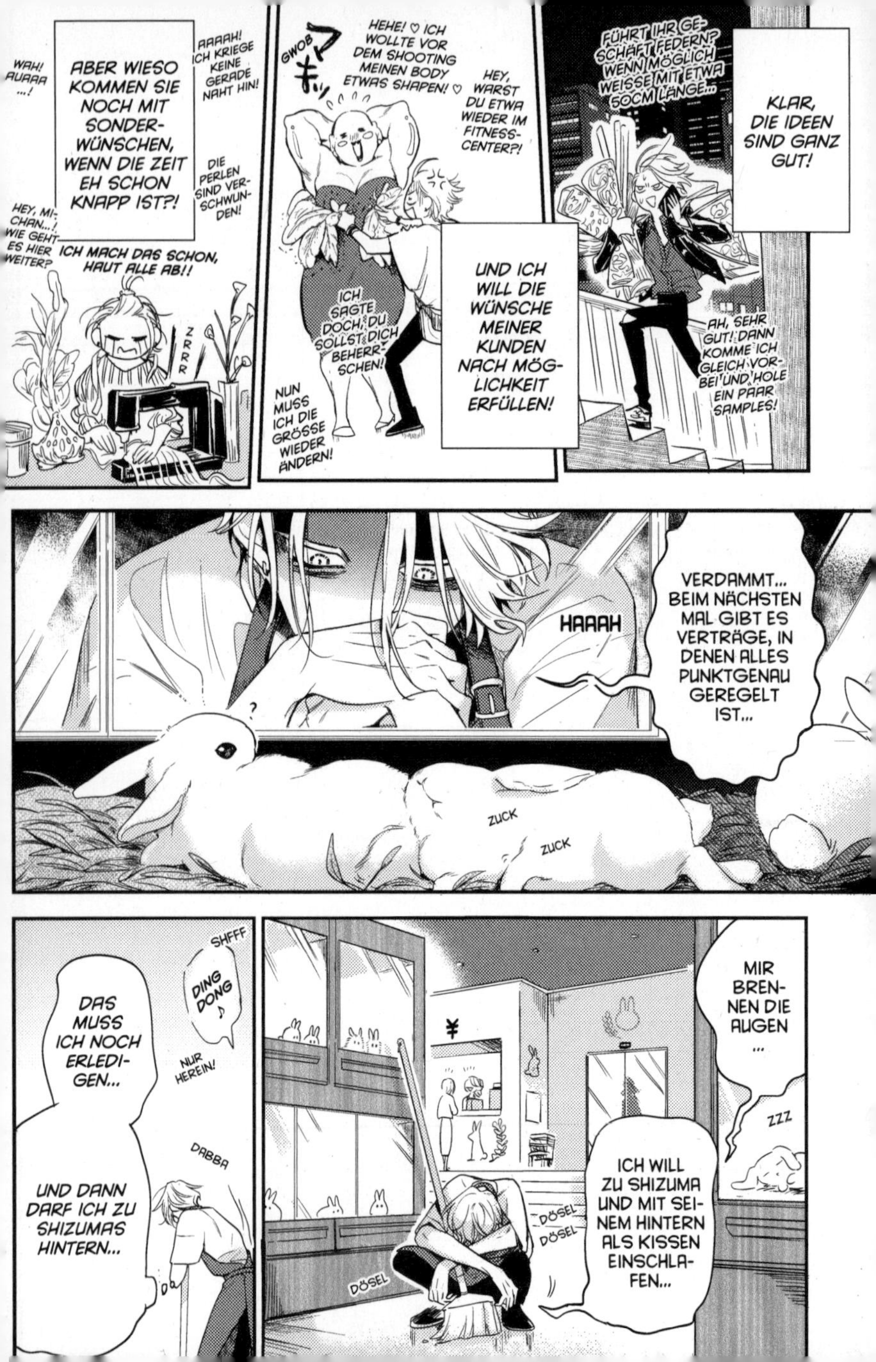
FÜHRT IHR GESCHÄFT FEDERN? WENN MÖGLICH WEISSE MIT ETWA 50CM LÄNGE...
KLAR, DIE IDEEN SIND GANZ GUT!
AH, SEHR GUT! DANN KOMME ICH GLEICH VORBEI UND HOLE EIN PAAR SAMPLES!
UND ICH WILL DIE WÜNSCHE MEINER KUNDEN NACH MÖGLICHKEIT ERFÜLLEN!
HEY, WARST DU ETWA WIEDER IM FITNESSCENTER?!
HEHE! ♡ ICH WOLLTE VOR DEM SHOOTING MEINEN BODY ETWAS SHAPEN! ♡
GWOB
ICH SAGTE DOCH, DU SOLLST DICH BEHERRSCHEN!
NUN MUSS ICH DIE GRÖSSE WIEDER ÄNDERN!
ABER WIESO KOMMEN SIE NOCH MIT SONDERWÜNSCHEN, WENN DIE ZEIT EH SCHON KNAPP IST?!
AAAAH! ICH KRIEGE KEINE GERADE NAHT HIN!
WAH! AUAAA...!
DIE PERLEN SIND VERSCHWUNDEN!
HEY, MICHAN...! WIE GEHT ES HIER WEITER?
ICH MACH DAS SCHON, HAUT ALLE AB!!
ZRRR
VERDAMMT... BEIM NÄCHSTEN MAL GIBT ES VERTRÄGE, IN DENEN ALLES PUNKTGENAU GEREGELT IST...
HAAAH
?
ZUCK
ZUCK
MIR BRENNEN DIE AUGEN ...
ZZZ
ICH WILL ZU SHIZUMA UND MIT SEINEM HINTERN ALS KISSEN EINSCHLAFEN...
DÖSEL
DÖSEL
DÖSEL
SHFFF
DING DONG ♪
NUR HEREIN!
DAS MUSS ICH NOCH ERLEDIGEN...
DABBA
UND DANN DARF ICH ZU SHIZUMAS HINTERN...

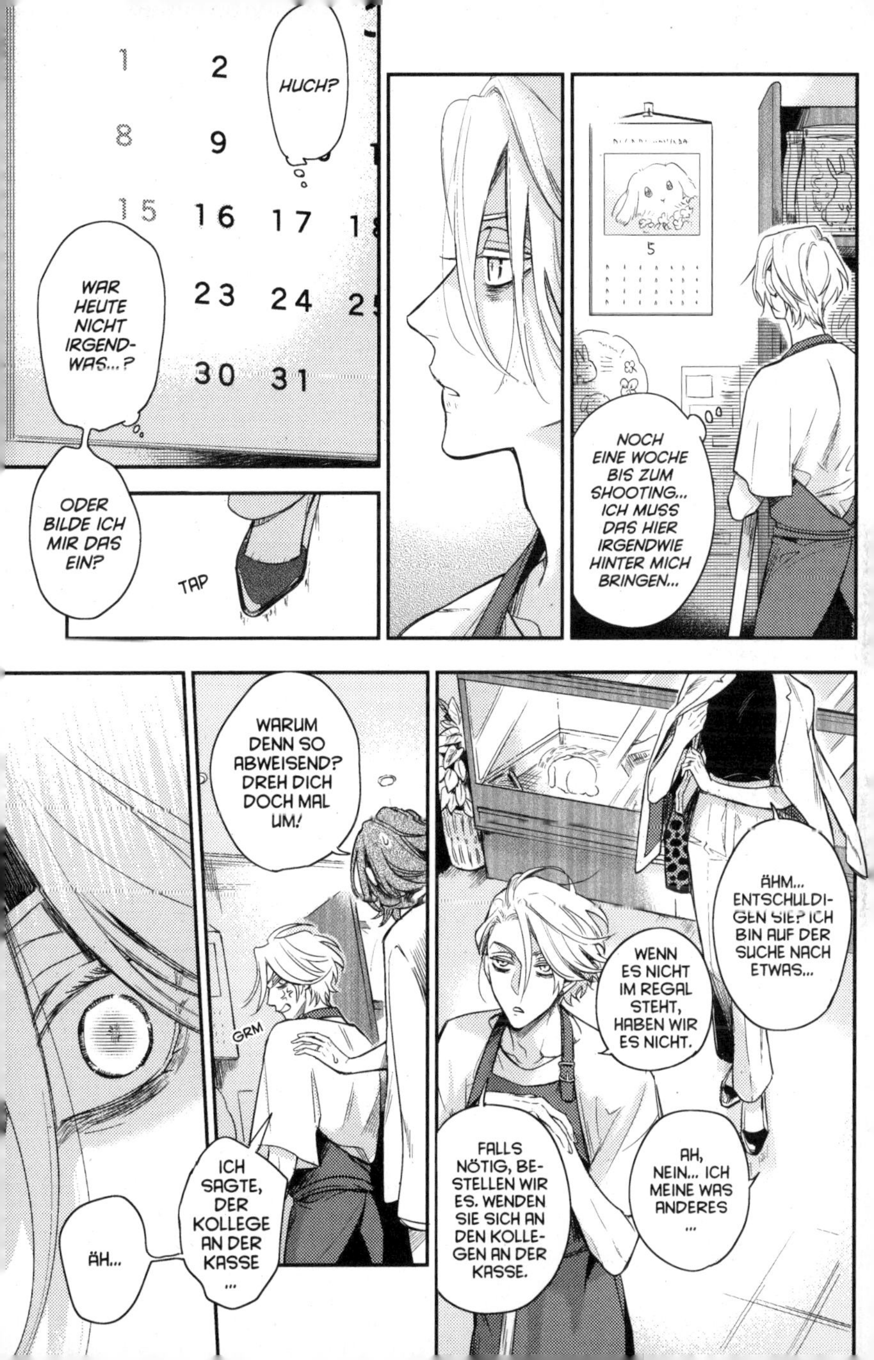

NOCH EINE WOCHE BIS ZUM SHOOTING... ICH MUSS DAS HIER IRGENDWIE HINTER MICH BRINGEN...
HUCH?
WAR HEUTE NICHT IRGEND-WAS...?
ODER BILDE ICH MIR DAS EIN?
TAP
ÄHM... ENTSCHULDI-GEN SIE? ICH BIN AUF DER SUCHE NACH ETWAS...
WENN ES NICHT IM REGAL STEHT, HABEN WIR ES NICHT.
AH, NEIN... ICH MEINE WAS ANDERES ...
FALLS NÖTIG, BE-STELLEN WIR ES. WENDEN SIE SICH AN DEN KOLLE-GEN AN DER KASSE.
WARUM DENN SO ABWEISEND? DREH DICH DOCH MAL UM!
GRM
ICH SAGTE, DER KOLLEGE AN DER KASSE ...
ÄH...

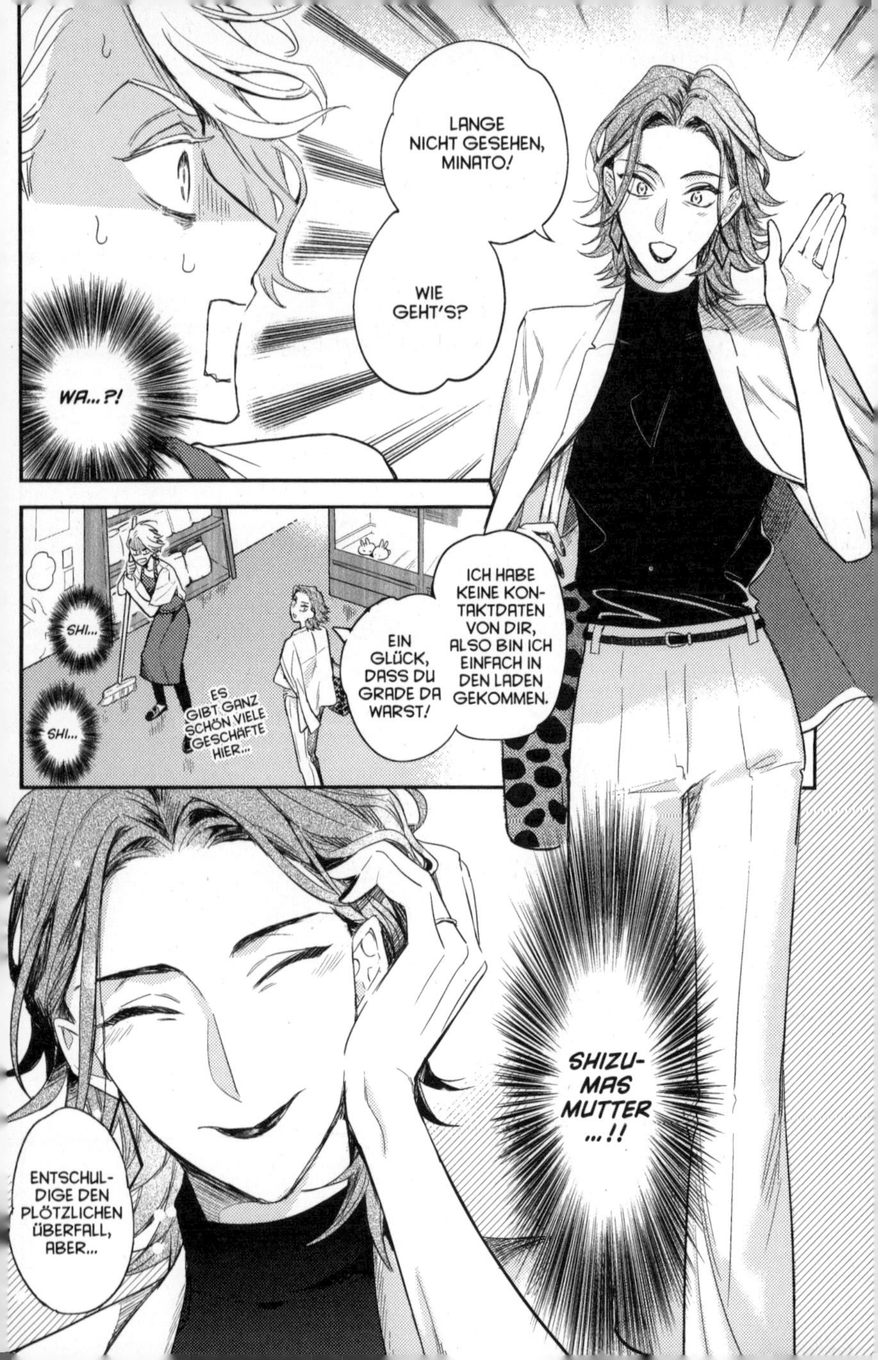

LANGE NICHT GESEHEN, MINATO!
WIE GEHT'S?
WA...?!
ICH HABE KEINE KONTAKTDATEN VON DIR, ALSO BIN ICH EINFACH IN DEN LADEN GEKOMMEN.
EIN GLÜCK, DASS DU GRADE DA WARST!
ES GIBT GANZ SCHÖN VIELE GESCHÄFTE HIER...
SHI...
SHI...
SHIZUMAS MUTTER ...!!
ENTSCHULDIGE DEN PLÖTZLICHEN ÜBERFALL, ABER...

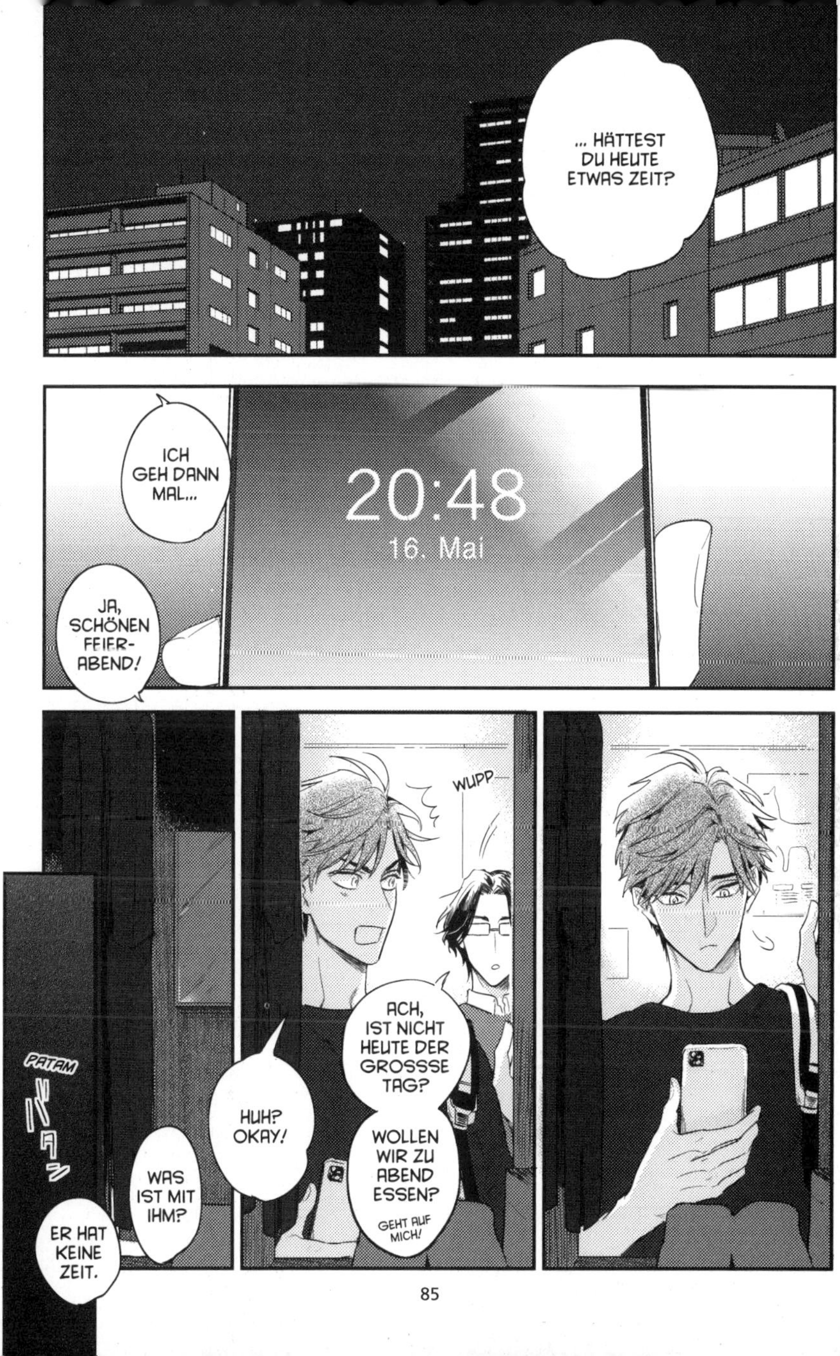

... HÄTTEST DU HEUTE ETWAS ZEIT?
20:48
16. Mai
ICH GEH DANN MAL...
JA, SCHÖNEN FEIER-ABEND!
WUPP
ACH, IST NICHT HEUTE DER GROSSSE TAG?
WOLLEN WIR ZU ABEND ESSEN?
GEHT AUF MICH!
HUH? OKAY!
WAS IST MIT IHM?
ER HAT KEINE ZEIT.
PATAM

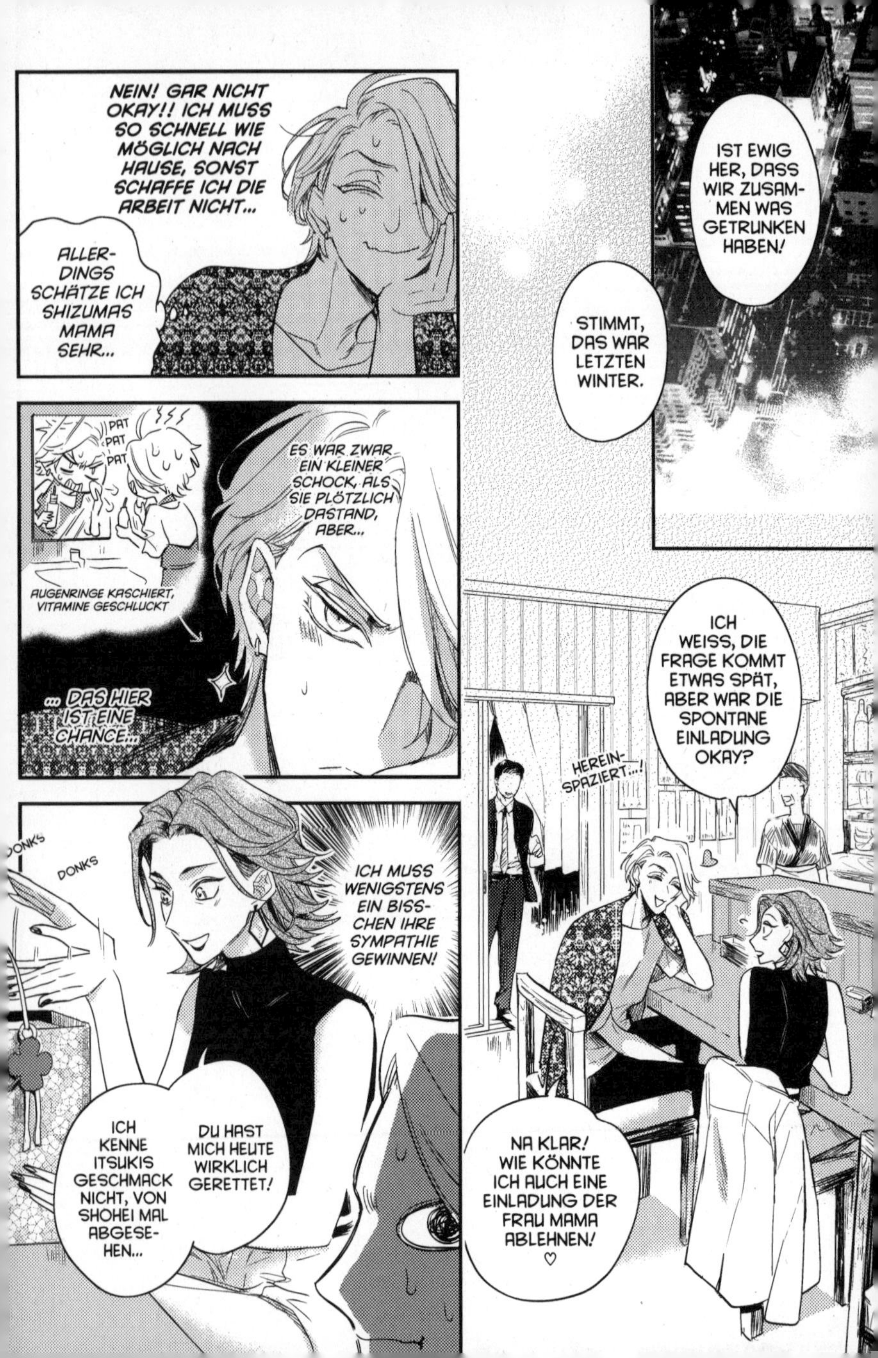
IST EWIG HER, DASS WIR ZUSAMMEN WAS GETRUNKEN HABEN!
STIMMT, DAS WAR LETZTEN WINTER.
ICH WEISS, DIE FRAGE KOMMT ETWAS SPÄT, ABER WAR DIE SPONTANE EINLADUNG OKAY?
HEREIN-SPAZIERT...!
NA KLAR! WIE KÖNNTE ICH AUCH EINE EINLADUNG DER FRAU MAMA ABLEHNEN! ♡
NEIN! GAR NICHT OKAY!! ICH MUSS SO SCHNELL WIE MÖGLICH NACH HAUSE, SONST SCHAFFE ICH DIE ARBEIT NICHT...
ALLERDINGS SCHÄTZE ICH SHIZUMAS MAMA SEHR...
ES WAR ZWAR EIN KLEINER SCHOCK, ALS SIE PLÖTZLICH DASTAND, ABER...
PAT PAT PAT
AUGENRINGE KASCHIERT, VITAMINE GESCHLUCKT
... DAS HIER IST EINE CHANCE...
ICH MUSS WENIGSTENS EIN BISSCHEN IHRE SYMPATHIE GEWINNEN!
DONKS
DONKS
DU HAST MICH HEUTE WIRKLICH GERETTET!
ICH KENNE ITSUKIS GESCHMACK NICHT, VON SHOHEI MAL ABGESEHEN...

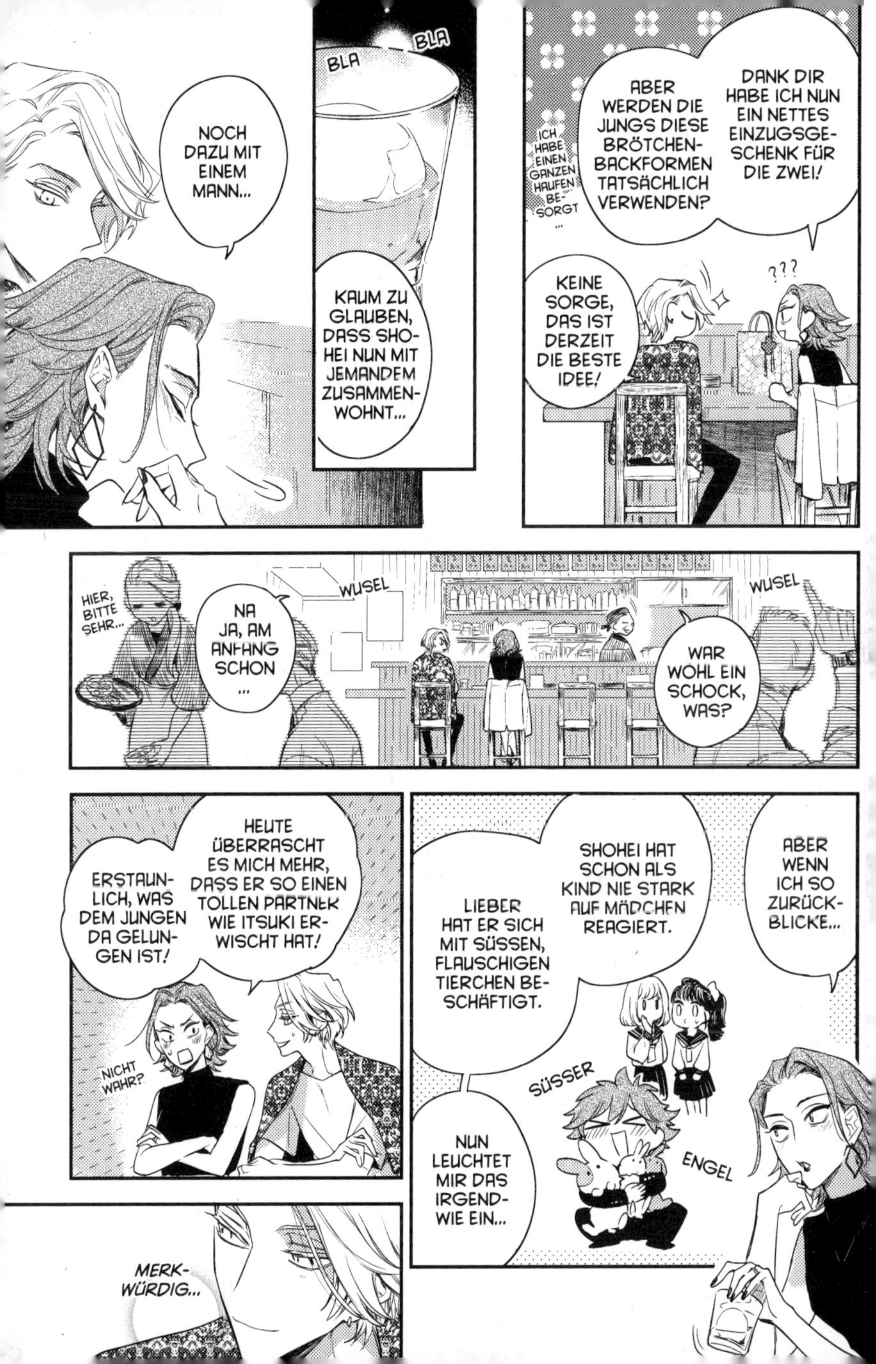
DANK DIR HABE ICH NUN EIN NETTES EINZUGSGESCHENK FÜR DIE ZWEI!
ABER WERDEN DIE JUNGS DIESE BRÖTCHENBACKFORMEN TATSÄCHLICH VERWENDEN?
ICH HABE EINEN GANZEN HAUFEN BESORGT ...
???
KEINE SORGE, DAS IST DERZEIT DIE BESTE IDEE!
BLA
BLA
KAUM ZU GLAUBEN, DASS SHOHEI NUN MIT JEMANDEM ZUSAMMENWOHNT...
NOCH DAZU MIT EINEM MANN...
WUSEL
WAR WOHL EIN SCHOCK, WAS?
NA JA, AM ANFANG SCHON ...
HIER, BITTE SEHR...
WUSEL
ABER WENN ICH SO ZURÜCKBLICKE...
SHOHEI HAT SCHON ALS KIND NIE STARK AUF MÄDCHEN REAGIERT.
LIEBER HAT ER SICH MIT SÜSSEN, FLAUSCHIGEN TIERCHEN BESCHÄFTIGT.
SÜSSER
ENGEL
NUN LEUCHTET MIR DAS IRGENDWIE EIN...
HEUTE ÜBERRASCHT ES MICH MEHR, DASS ER SO EINEN TOLLEN PARTNER WIE ITSUKI ERWISCHT HAT!
ERSTAUNLICH, WAS DEM JUNGEN DA GELUNGEN IST!
NICHT WAHR?
MERKWÜRDIG...

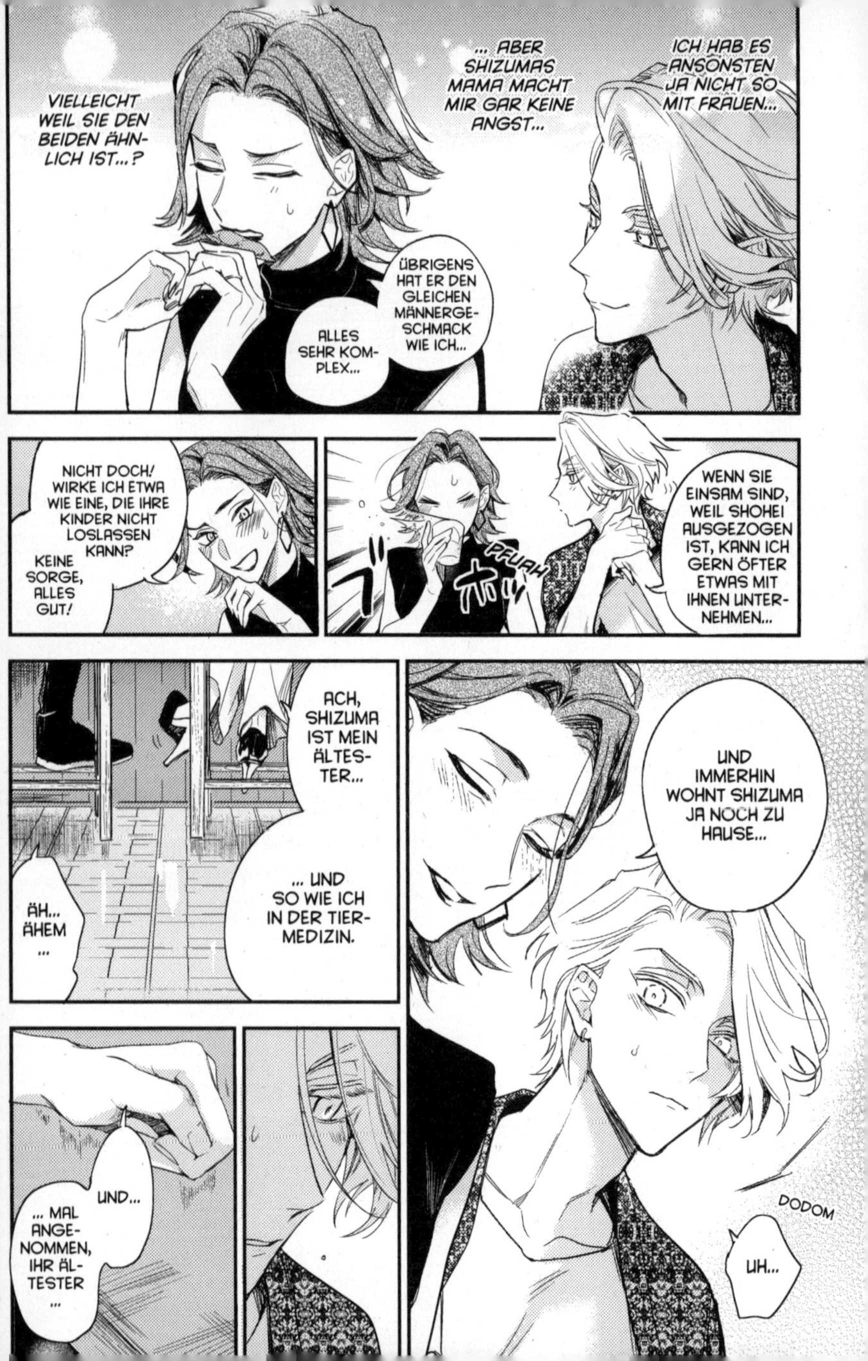
ICH HAB ES ANSONSTEN JA NICHT SO MIT FRAUEN...
... ABER SHIZUMAS MAMA MACHT MIR GAR KEINE ANGST...
VIELLEICHT WEIL SIE DEN BEIDEN ÄHNLICH IST...?
ÜBRIGENS HAT ER DEN GLEICHEN MÄNNERGESCHMACK WIE ICH...
ALLES SEHR KOMPLEX...
WENN SIE EINSAM SIND, WEIL SHOHEI AUSGEZOGEN IST, KANN ICH GERN ÖFTER ETWAS MIT IHNEN UNTERNEHMEN...
PFUAH
NICHT DOCH! WIRKE ICH ETWA WIE EINE, DIE IHRE KINDER NICHT LOSLASSEN KANN?
KEINE SORGE, ALLES GUT!
UND IMMERHIN WOHNT SHIZUMA JA NOCH ZU HAUSE...
ACH, SHIZUMA IST MEIN ÄLTESTER...
... UND SO WIE ICH IN DER TIERMEDIZIN.
ÄH... ÄHEM ...
DODOM
UH...
UND...
... MAL ANGENOMMEN, IHR ÄLTESTER ...

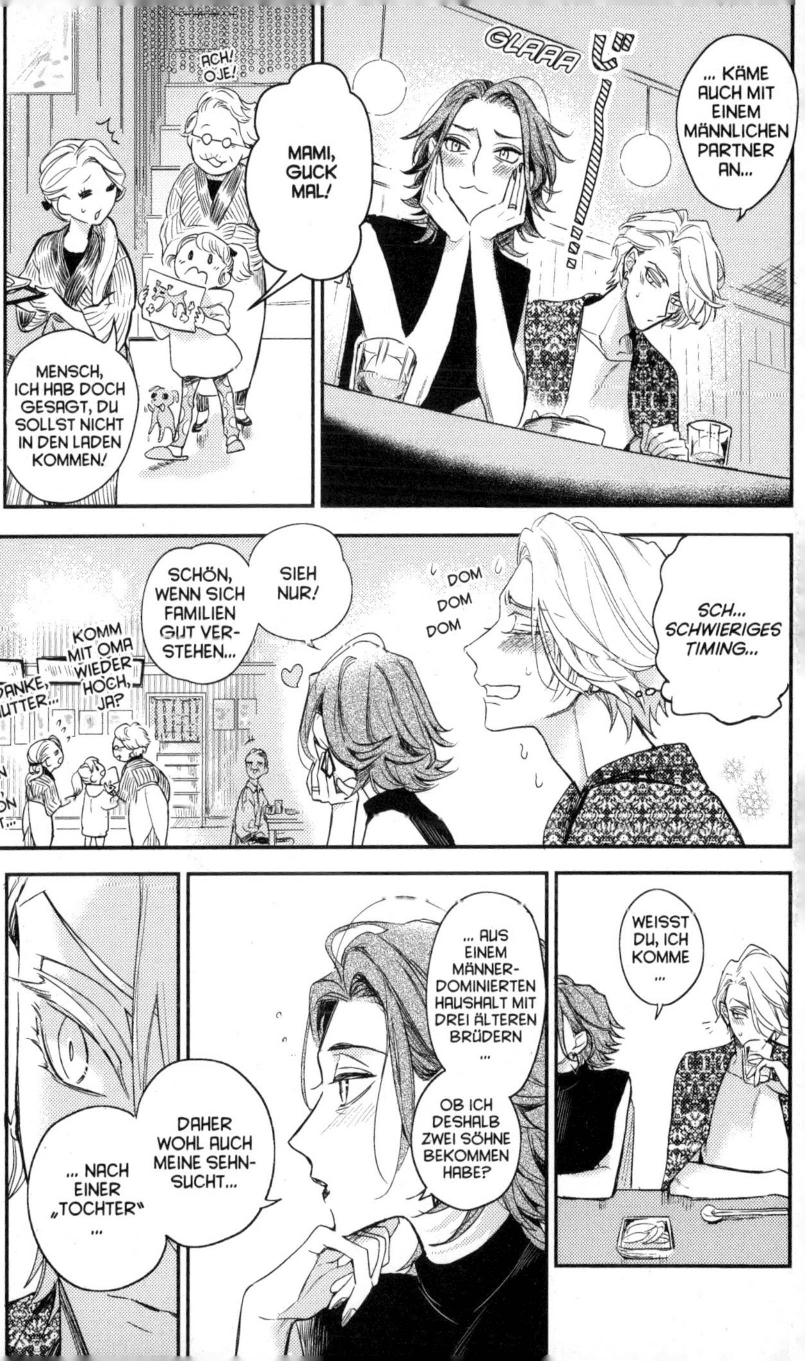

... KÄME AUCH MIT EINEM MÄNNLICHEN PARTNER AN...
GLAAA L'
MAMI, GUCK MAL!
ACH! OJE!
MENSCH, ICH HAB DOCH GESAGT, DU SOLLST NICHT IN DEN LADEN KOMMEN!
SCH... SCHWIERIGES TIMING...
DOM DOM DOM
SIEH NUR!
SCHÖN, WENN SICH FAMILIEN GUT VERSTEHEN...
KOMM MIT OMA WIEDER HOCH, JA?
DANKE, MUTTER...
SCHON GUT, SCHON GUT...
WEISST DU, ICH KOMME ...
... AUS EINEM MÄNNERDOMINIERTEN HAUSHALT MIT DREI ÄLTEREN BRÜDERN ...
OB ICH DESHALB ZWEI SÖHNE BEKOMMEN HABE?
DAHER WOHL AUCH MEINE SEHNSUCHT...
... NACH EINER „TOCHTER“ ...

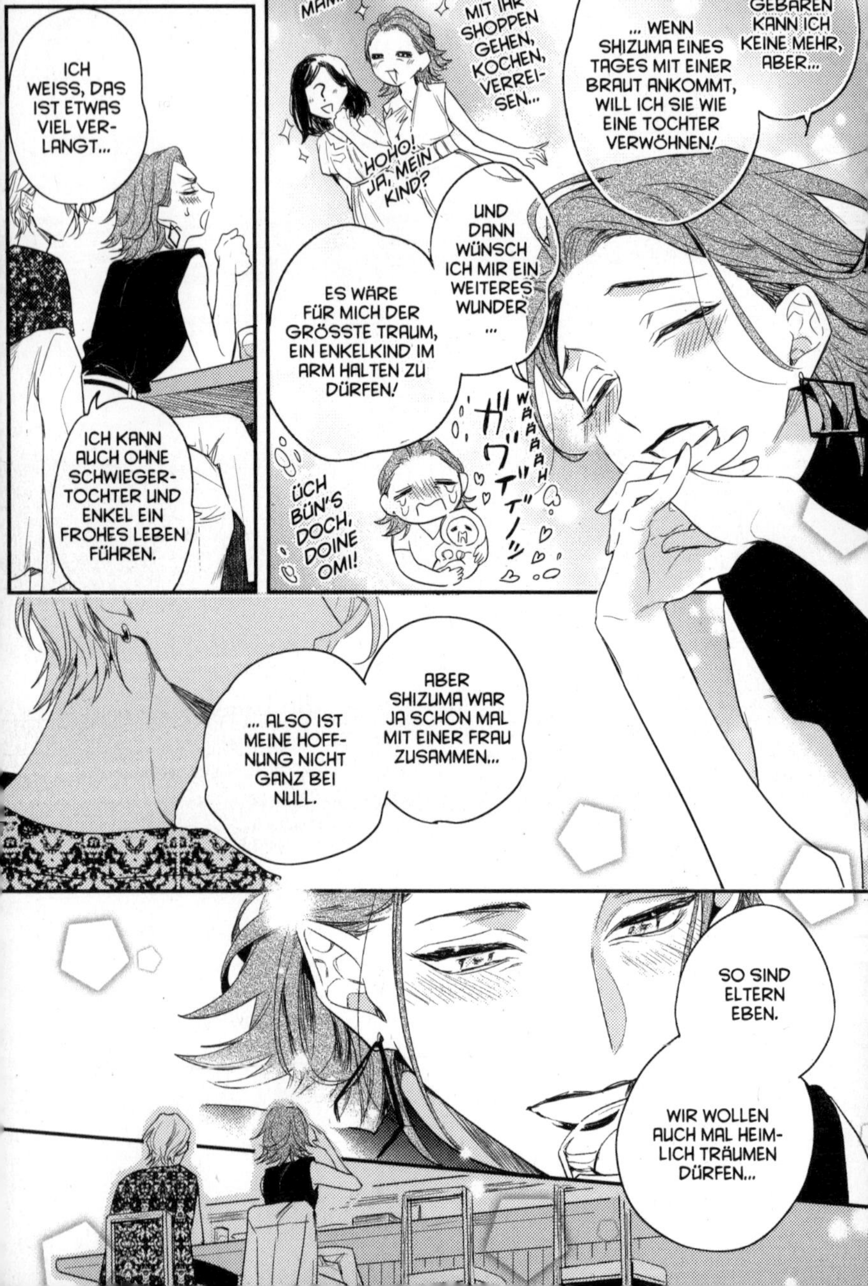
GEBÄREN KANN ICH KEINE MEHR, ABER...
... WENN SHIZUMA EINES TAGES MIT EINER BRAUT ANKOMMT, WILL ICH SIE WIE EINE TOCHTER VERWÖHNEN!
MIT IHR SHOPPEN GEHEN, KOCHEN, VERREISEN...
MAMA!
HOHO! JA, MEIN KIND?
UND DANN WÜNSCH ICH MIR EIN WEITERES WUNDER ...
ES WÄRE FÜR MICH DER GRÖSSTE TRAUM, EIN ENKELKIND IM ARM HALTEN ZU DÜRFEN!
WÄÄÄH
ÜCH BÜN'S DOCH, DOINE OMI!
ICH WEISS, DAS IST ETWAS VIEL VERLANGT...
ICH KANN AUCH OHNE SCHWIEGERTOCHTER UND ENKEL EIN FROHES LEBEN FÜHREN.
ABER SHIZUMA WAR JA SCHON MAL MIT EINER FRAU ZUSAMMEN...
... ALSO IST MEINE HOFFNUNG NICHT GANZ BEI NULL.
SO SIND ELTERN EBEN.
WIR WOLLEN AUCH MAL HEIMLICH TRÄUMEN DÜRFEN...

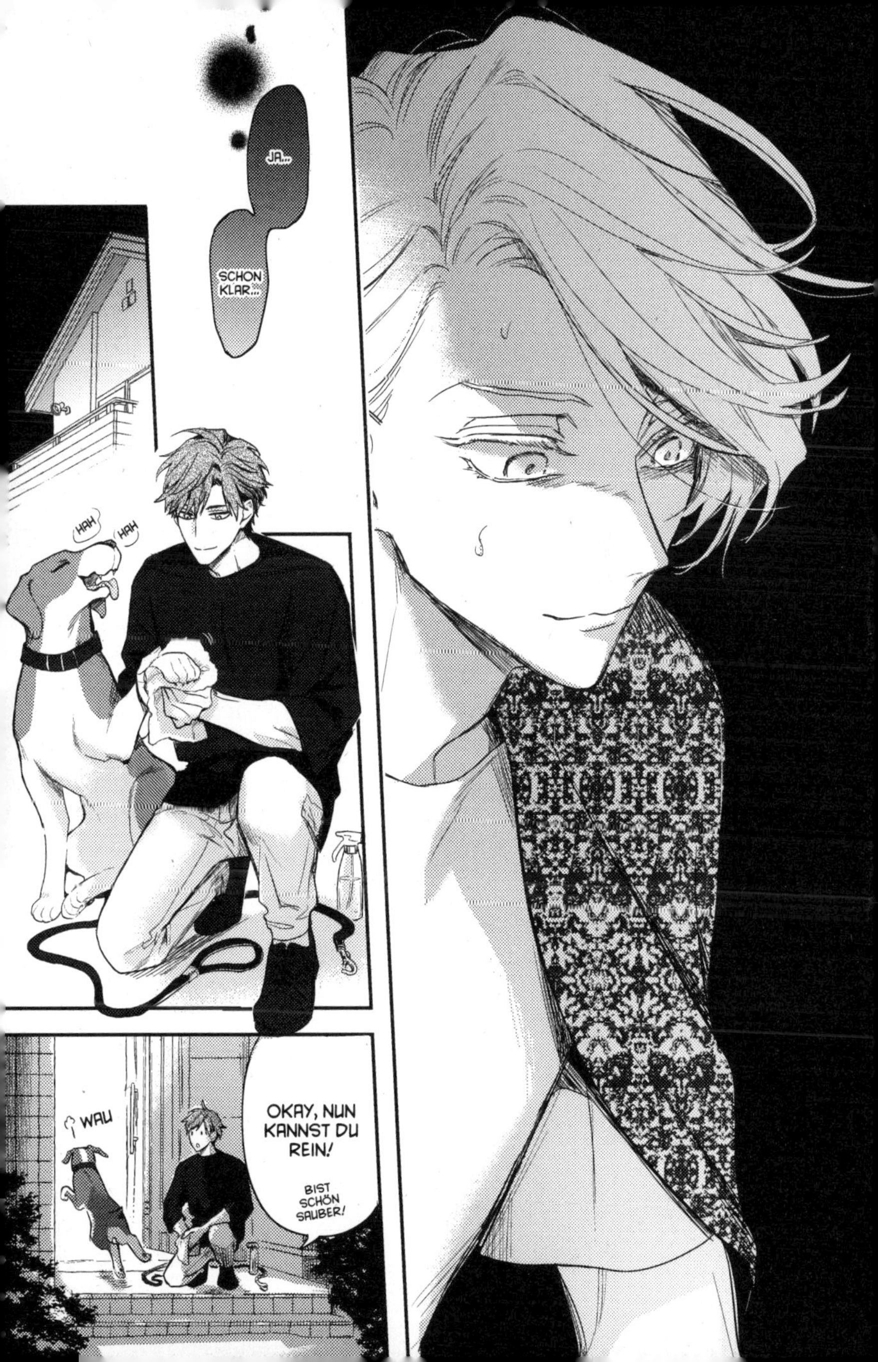
JA...
SCHON KLAR...
HAH
HAH
OKAY, NUN KANNST DU REIN!
BIST SCHÖN SAUBER!
WAU

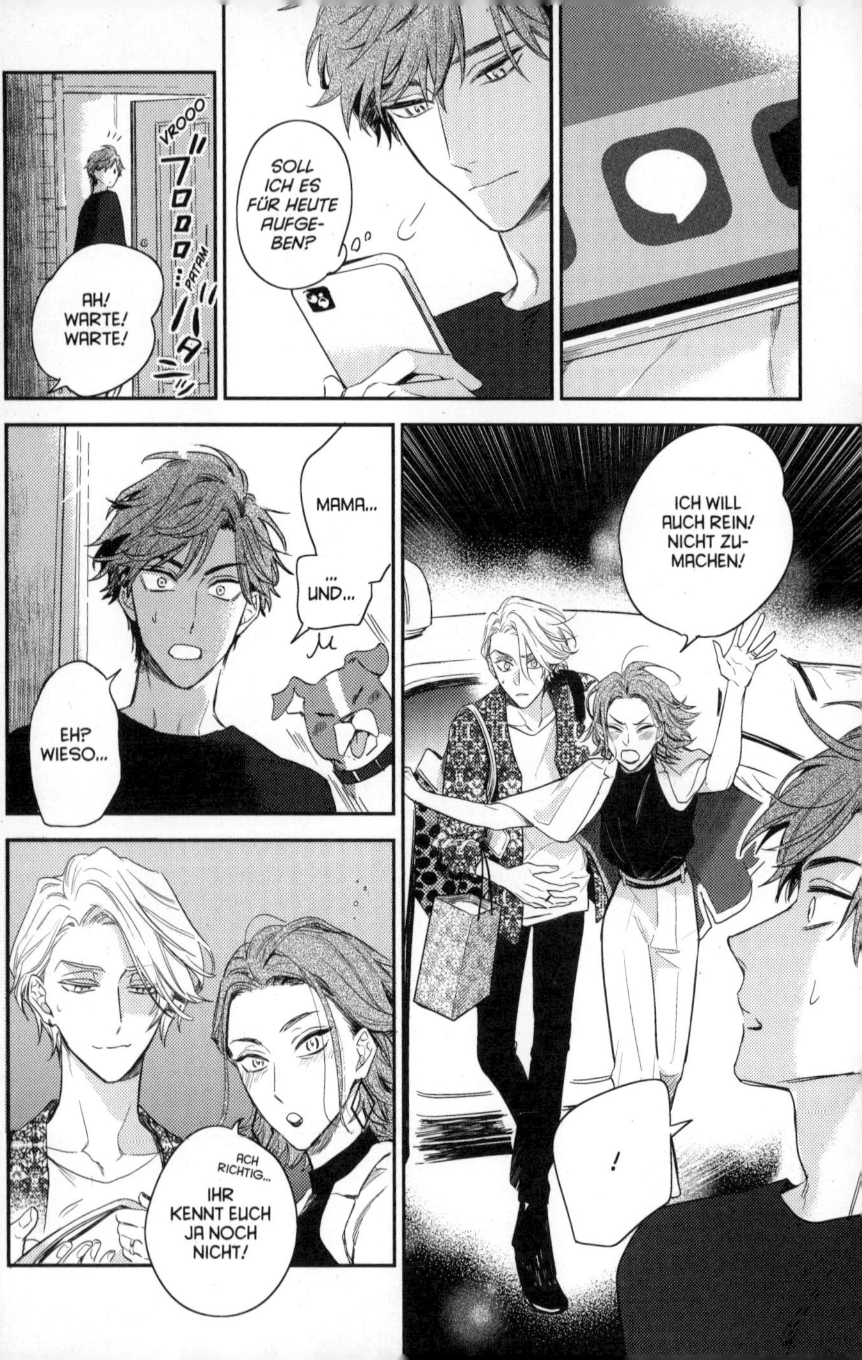

SOLL ICH ES FÜR HEUTE AUFGEBEN?
VROOO
PATAM
AH! WARTE! WARTE!
ICH WILL AUCH REIN! NICHT ZUMACHEN!
!
MAMA...
... UND...
EH? WIESO...
ACH RICHTIG...
IHR KENNT EUCH JA NOCH NICHT!

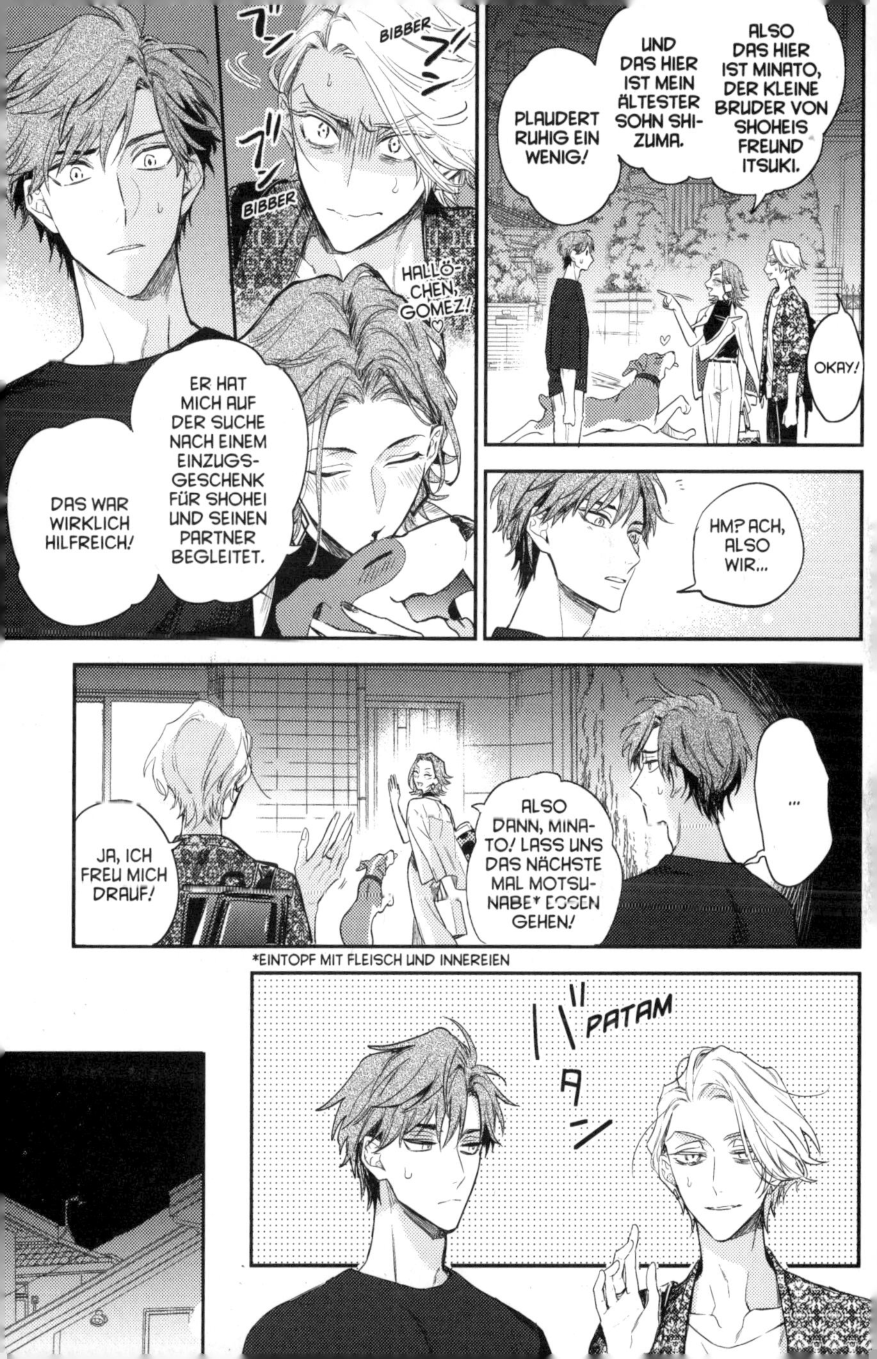
ALSO DAS HIER IST MINATO, DER KLEINE BRUDER VON SHOHEIS FREUND ITSUKI.
UND DAS HIER IST MEIN ÄLTESTER SOHN SHIZUMA.
PLAUDERT RUHIG EIN WENIG!
OKAY!
HM? ACH, ALSO WIR...
BIBBER
BIBBER
HALLÖCHEN, GOMEZ!
ER HAT MICH AUF DER SUCHE NACH EINEM EINZUGSGESCHENK FÜR SHOHEI UND SEINEN PARTNER BEGLEITET.
DAS WAR WIRKLICH HILFREICH!
...
ALSO DANN, MINATO! LASS UNS DAS NÄCHSTE MAL MOTSUNABE* ESSEN GEHEN!
JA, ICH FREU MICH DRAUF!
*EINTOPF MIT FLEISCH UND INNEREIEN
PATAM

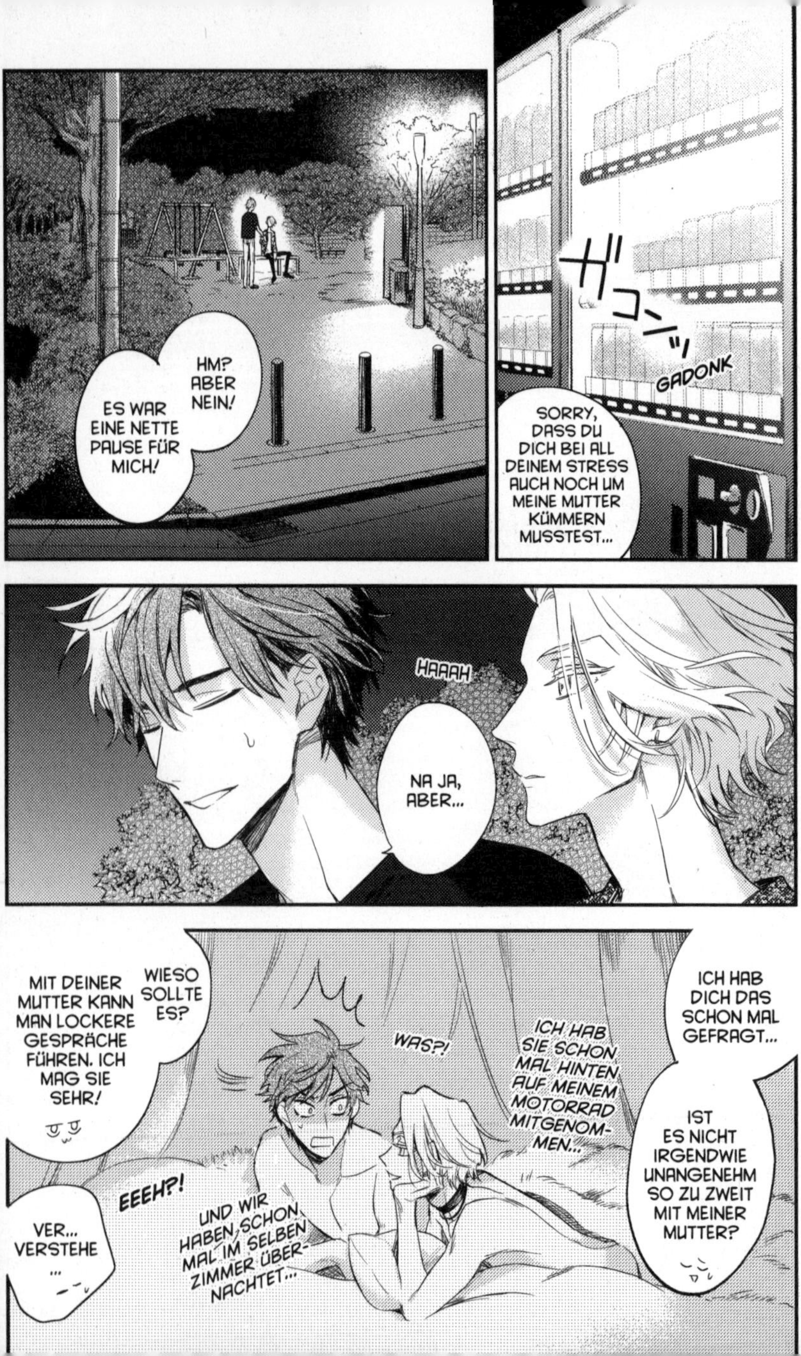
ガコンッ
GADONK
SORRY, DASS DU DICH BEI ALL DEINEM STRESS AUCH NOCH UM MEINE MUTTER KÜMMERN MUSSTEST...
HM? ABER NEIN!
ES WAR EINE NETTE PAUSE FÜR MICH!
HAAAH
NA JA, ABER...
ICH HAB DICH DAS SCHON MAL GEFRAGT...
IST ES NICHT IRGENDWIE UNANGENEHM SO ZU ZWEIT MIT MEINER MUTTER?
WIESO SOLLTE ES?
MIT DEINER MUTTER KANN MAN LOCKERE GESPRÄCHE FÜHREN. ICH MAG SIE SEHR!
ICH HAB SIE SCHON MAL HINTEN AUF MEINEM MOTORRAD MITGENOM-MEN...
WAS?!
UND WIR HABEN SCHON MAL IM SELBEN ZIMMER ÜBER-NACHTET...
EEEH?!
VER... VERSTEHE ...

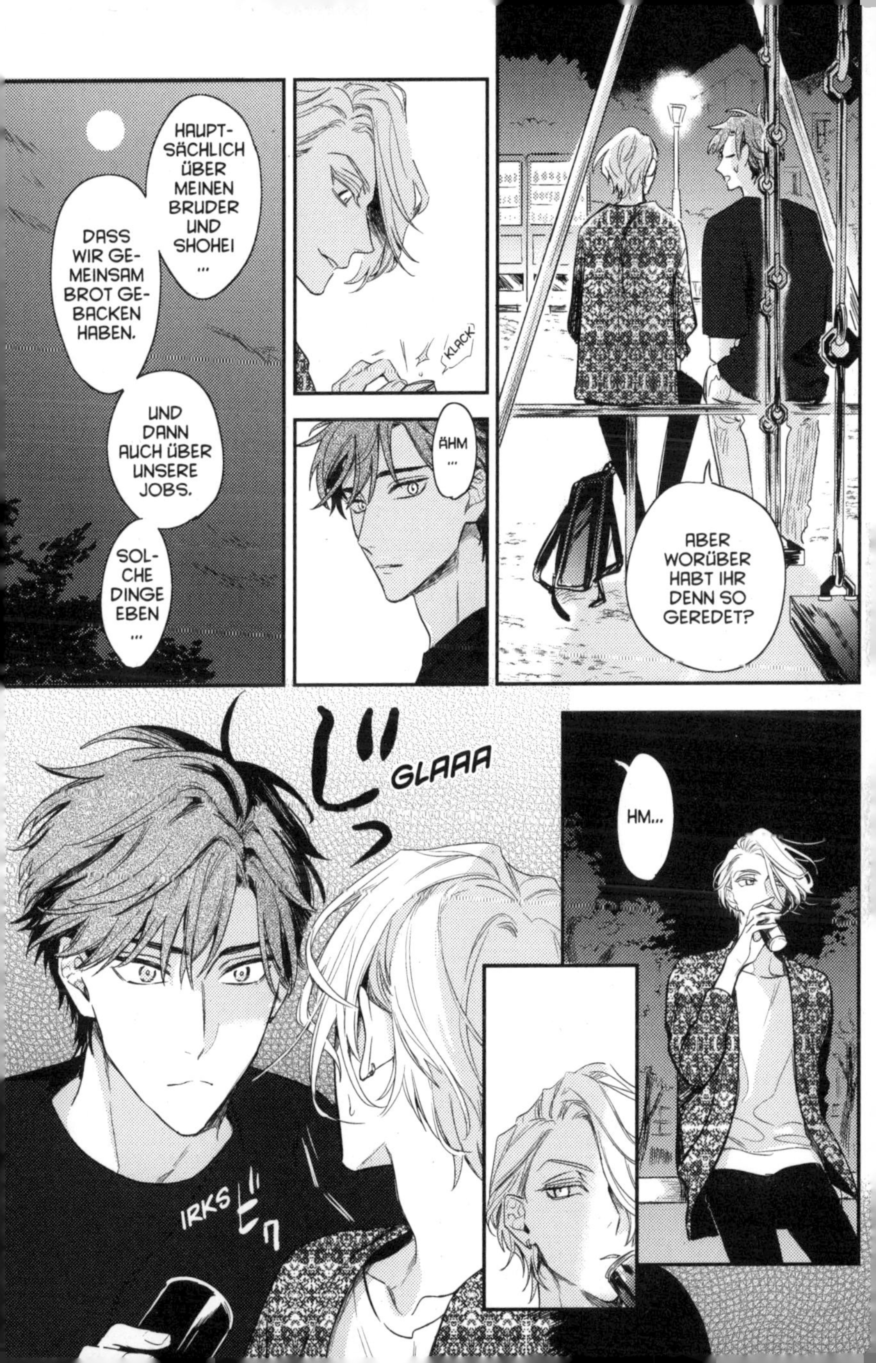

ABER WORÜBER HABT IHR DENN SO GEREDET?
KLACK
HAUPT-SÄCHLICH ÜBER MEINEN BRUDER UND SHOHEI ...
DASS WIR GE-MEINSAM BROT GE-BACKEN HABEN.
ÄHM ...
UND DANN AUCH ÜBER UNSERE JOBS.
SOL-CHE DINGE EBEN ...
HM...
GLAAA
IRKS

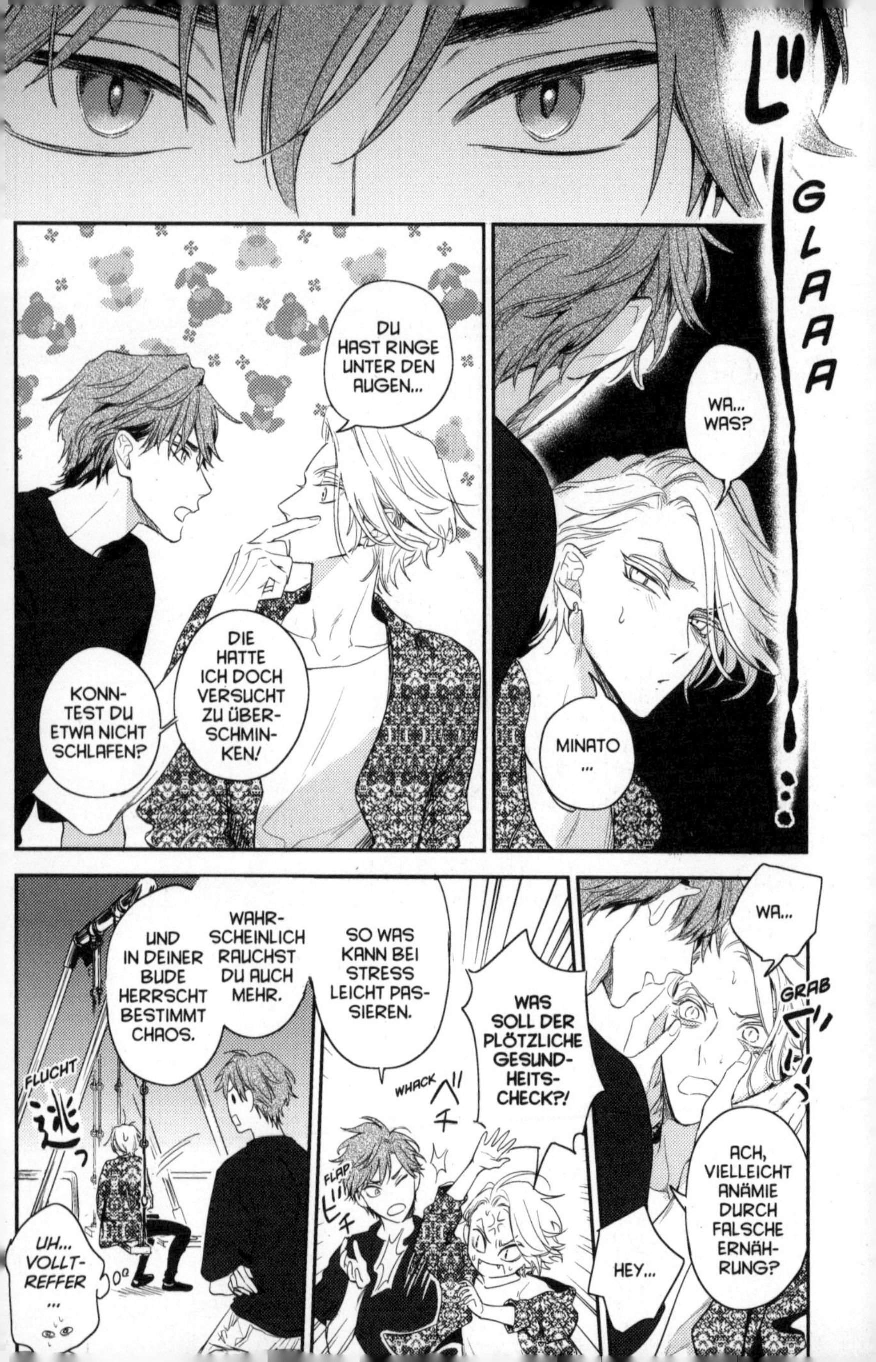

GLAAAA
WA... WAS?
MINATO ...
DU HAST RINGE UNTER DEN AUGEN...
DIE HATTE ICH DOCH VERSUCHT ZU ÜBER-SCHMIN-KEN!
KONN-TEST DU ETWA NICHT SCHLAFEN?
WA...
GRAB
ACH, VIELLEICHT ANÄMIE DURCH FALSCHE ERNÄH-RUNG?
HEY...
SO WAS KANN BEI STRESS LEICHT PAS-SIEREN.
WAS SOLL DER PLÖTZLICHE GESUND-HEITS-CHECK?!
WHACK
FLAP
WAHR-SCHEINLICH RAUCHST DU AUCH MEHR.
UND IN DEINER BUDE HERRSCHT BESTIMMT CHAOS.
FLUCHT
UH... VOLLT-REFFER ...

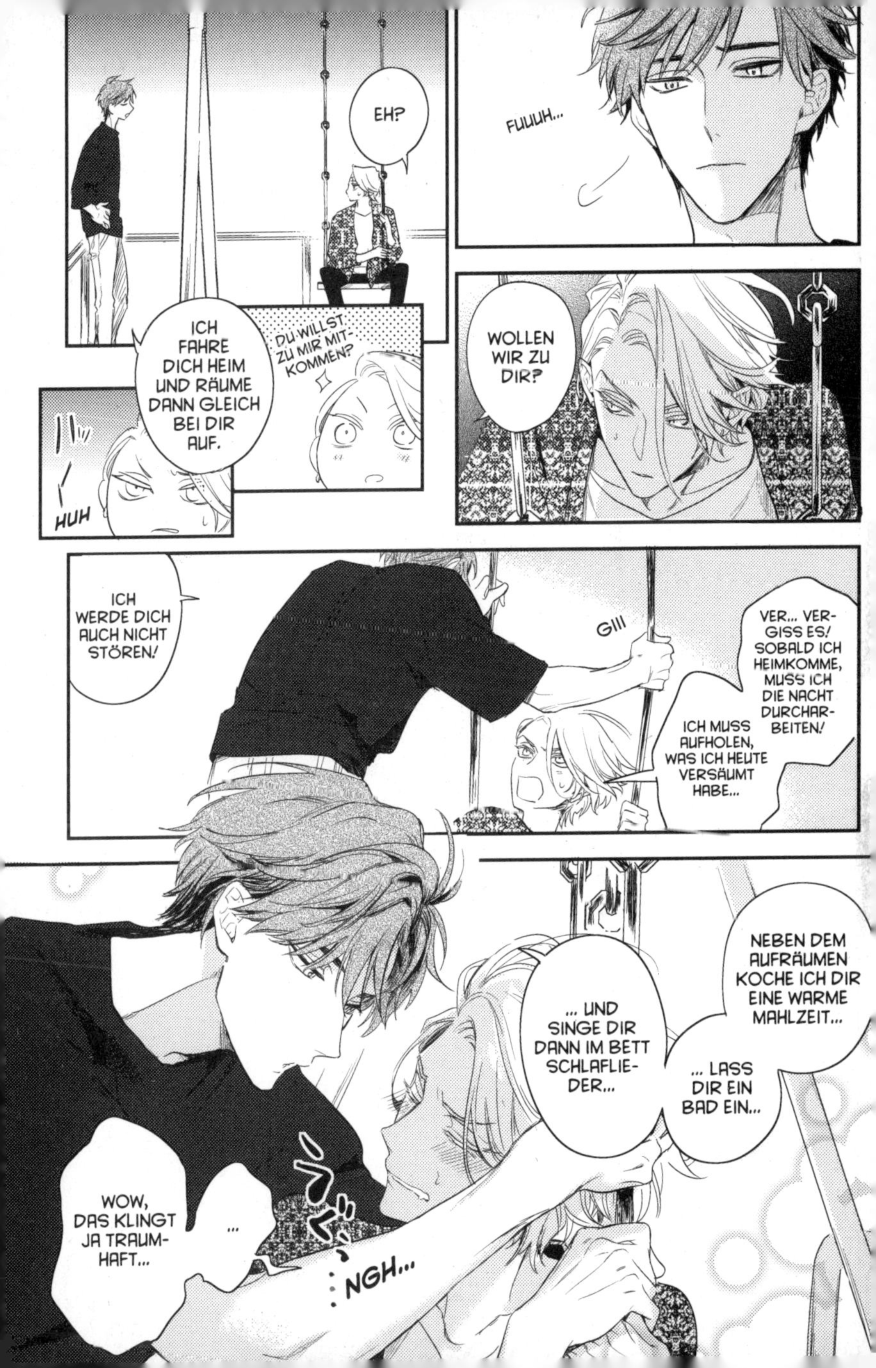
FUUUH...
EH?
WOLLEN WIR ZU DIR?
DU WILLST ZU MIR MIT-KOMMEN?
ICH FAHRE DICH HEIM UND RÄUME DANN GLEICH BEI DIR AUF.
HUH
VER... VER-GISS ES! SOBALD ICH HEIMKOMME, MUSS ICH DIE NACHT DURCHAR-BEITEN!
ICH MUSS AUFHOLEN, WAS ICH HEUTE VERSÄUMT HABE...
GIII
ICH WERDE DICH AUCH NICHT STÖREN!
NEBEN DEM AUFRÄUMEN KOCHE ICH DIR EINE WARME MAHLZEIT...
... LASS DIR EIN BAD EIN...
... UND SINGE DIR DANN IM BETT SCHLAFLIE-DER...
...
WOW, DAS KLINGT JA TRAUM-HAFT...
NGH...

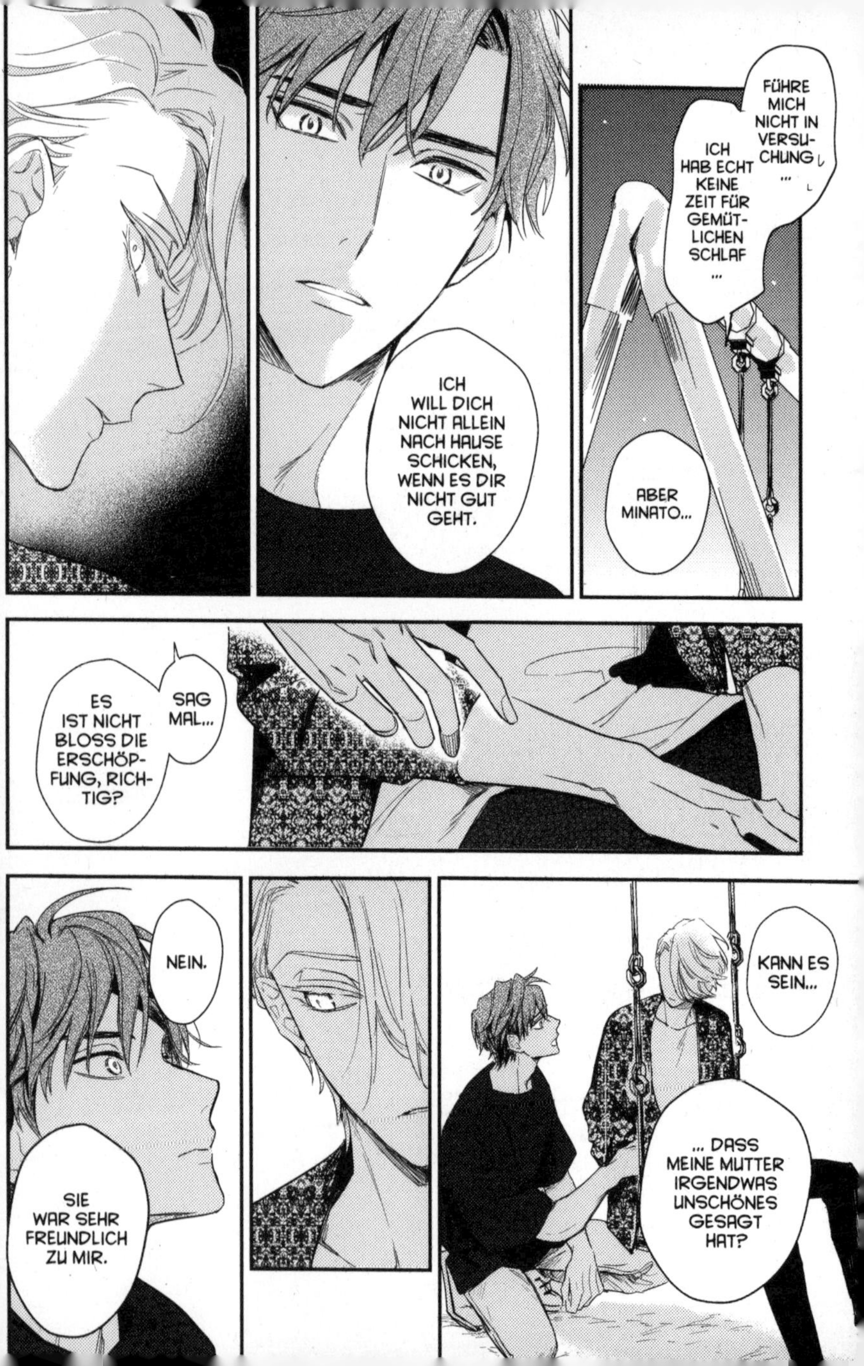
FÜHRE MICH NICHT IN VERSUCHUNG ...
ICH HAB ECHT KEINE ZEIT FÜR GEMÜTLICHEN SCHLAF ...
ABER MINATO...
ICH WILL DICH NICHT ALLEIN NACH HAUSE SCHICKEN, WENN ES DIR NICHT GUT GEHT.
SAG MAL...
ES IST NICHT BLOSS DIE ERSCHÖPFUNG, RICHTIG?
KANN ES SEIN...
... DASS MEINE MUTTER IRGENDWAS UNSCHÖNES GESAGT HAT?
NEIN.
SIE WAR SEHR FREUNDLICH ZU MIR.

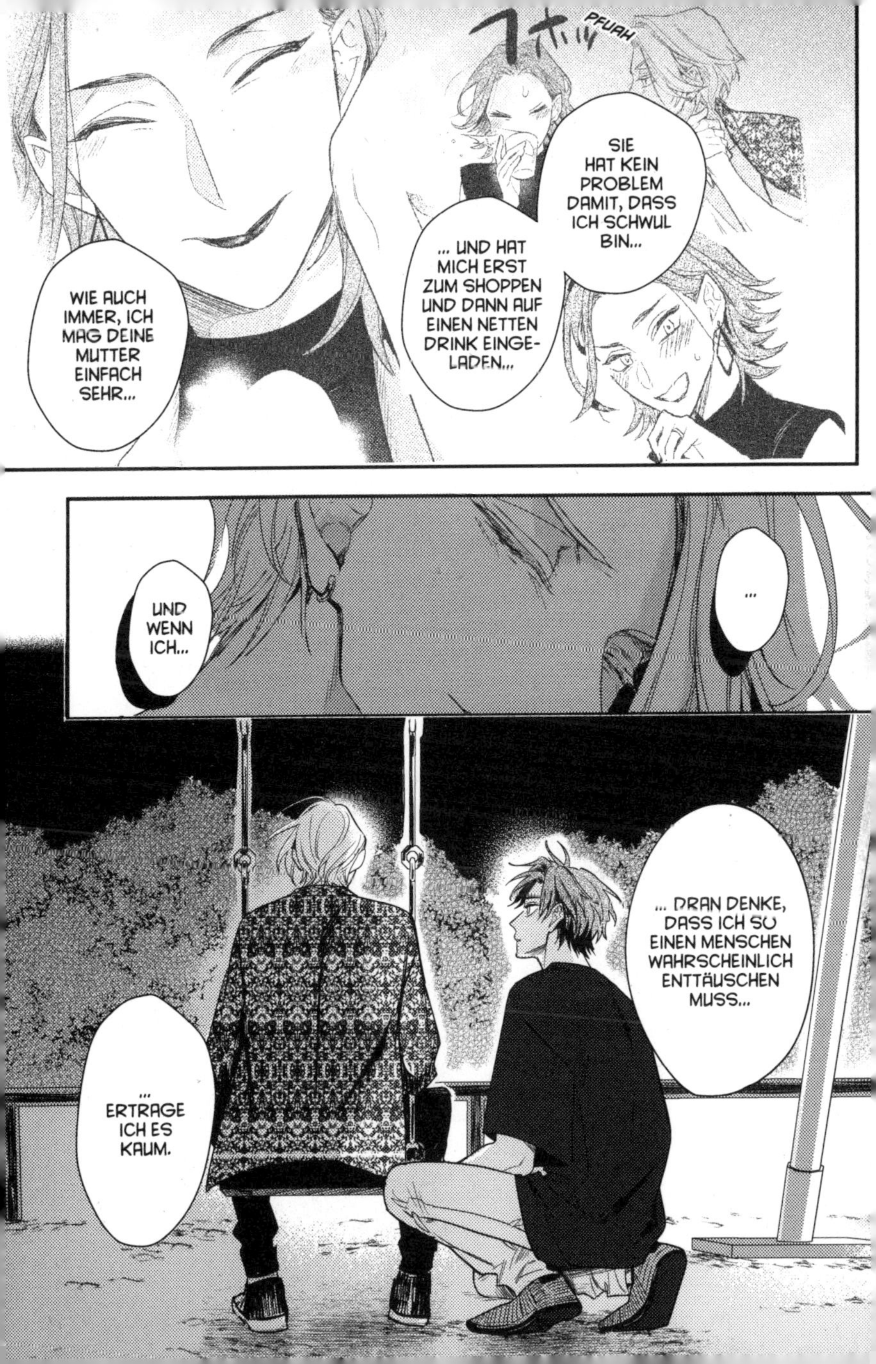
PFUAH
SIE HAT KEIN PROBLEM DAMIT, DASS ICH SCHWUL BIN...
... UND HAT MICH ERST ZUM SHOPPEN UND DANN AUF EINEN NETTEN DRINK EINGE-LADEN...
WIE AUCH IMMER, ICH MAG DEINE MUTTER EINFACH SEHR...
...
UND WENN ICH...
... DRAN DENKE, DASS ICH SO EINEN MENSCHEN WAHRSCHEINLICH ENTTÄUSCHEN MUSS...
... ERTRAGE ICH ES KAUM.

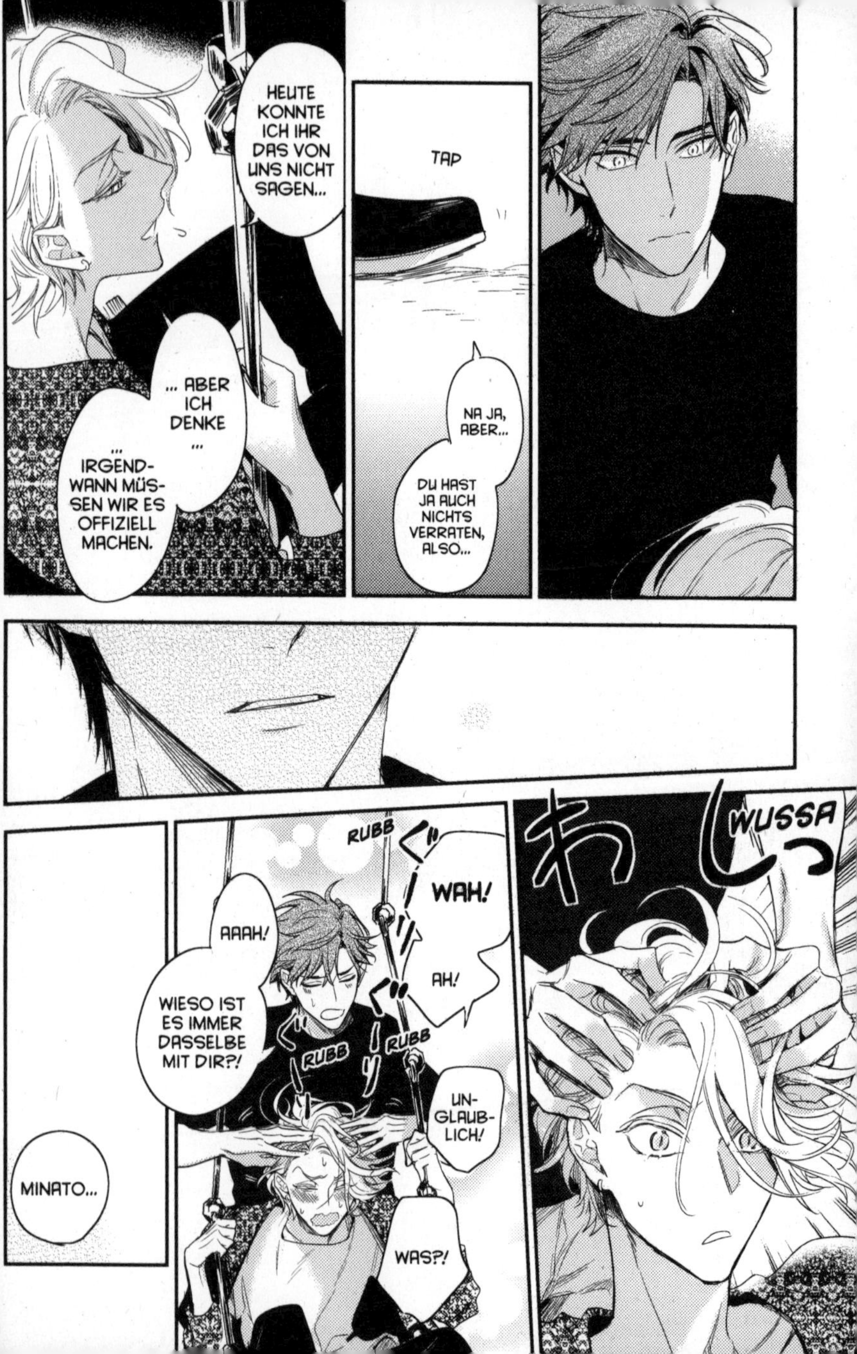

HEUTE KONNTE ICH IHR DAS VON UNS NICHT SAGEN...
... ABER ICH DENKE ...
... IRGENDWANN MÜSSEN WIR ES OFFIZIELL MACHEN.
TAP
NA JA, ABER...
DU HAST JA AUCH NICHTS VERRATEN, ALSO...
MINATO...
わしっ
WUSSA
RUBB
WAH!
AH!
AAAH!
WIESO IST ES IMMER DASSELBE MIT DIR?!
RUBB
RUBB
UNGLAUBLICH!
WAS?!

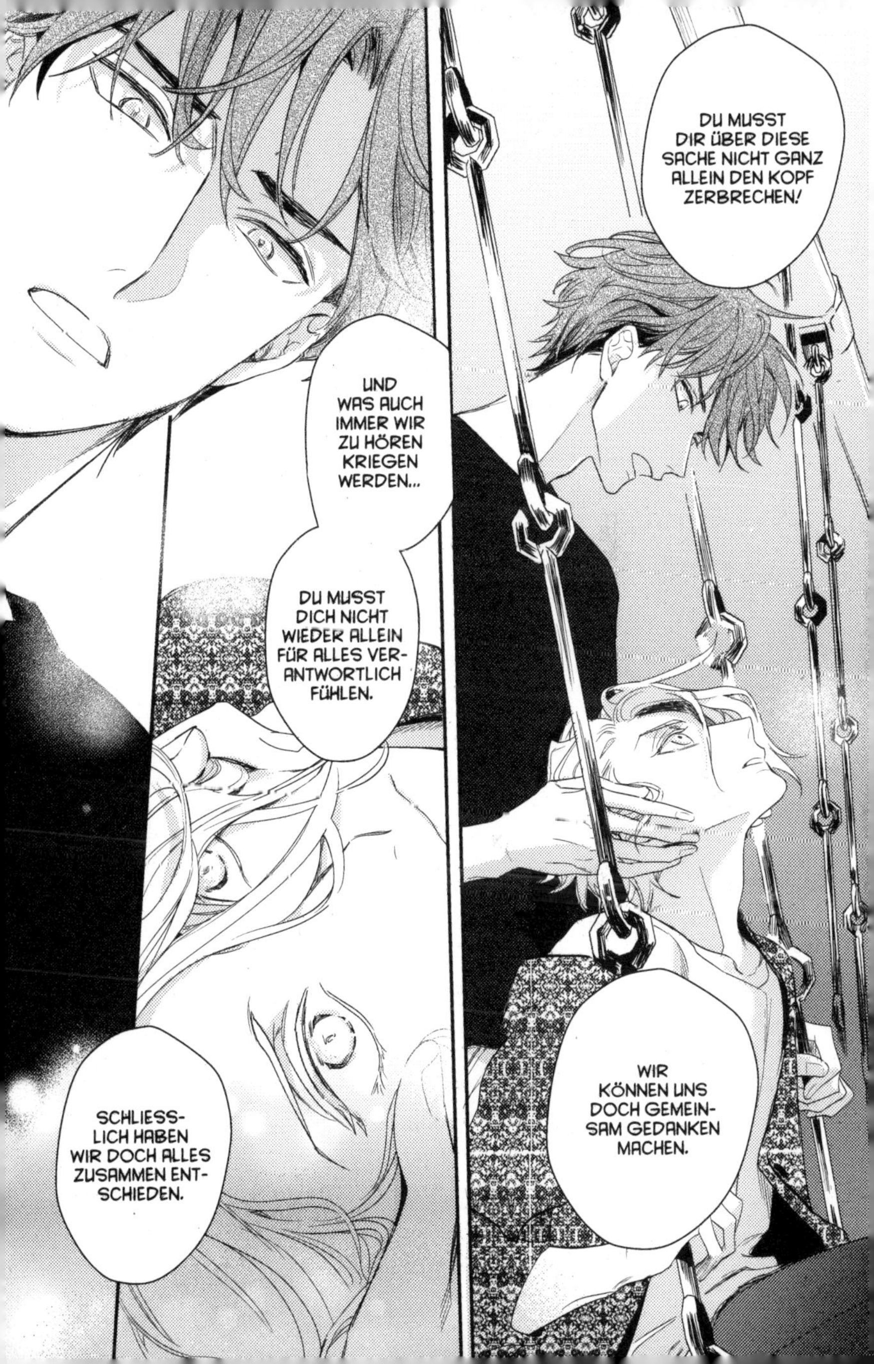
DU MUSST DIR ÜBER DIESE SACHE NICHT GANZ ALLEIN DEN KOPF ZERBRECHEN!
UND WAS AUCH IMMER WIR ZU HÖREN KRIEGEN WERDEN...
DU MUSST DICH NICHT WIEDER ALLEIN FÜR ALLES VER-ANTWORTLICH FÜHLEN.
WIR KÖNNEN UNS DOCH GEMEIN-SAM GEDANKEN MACHEN.
SCHLIESS-LICH HABEN WIR DOCH ALLES ZUSAMMEN ENT-SCHIEDEN.

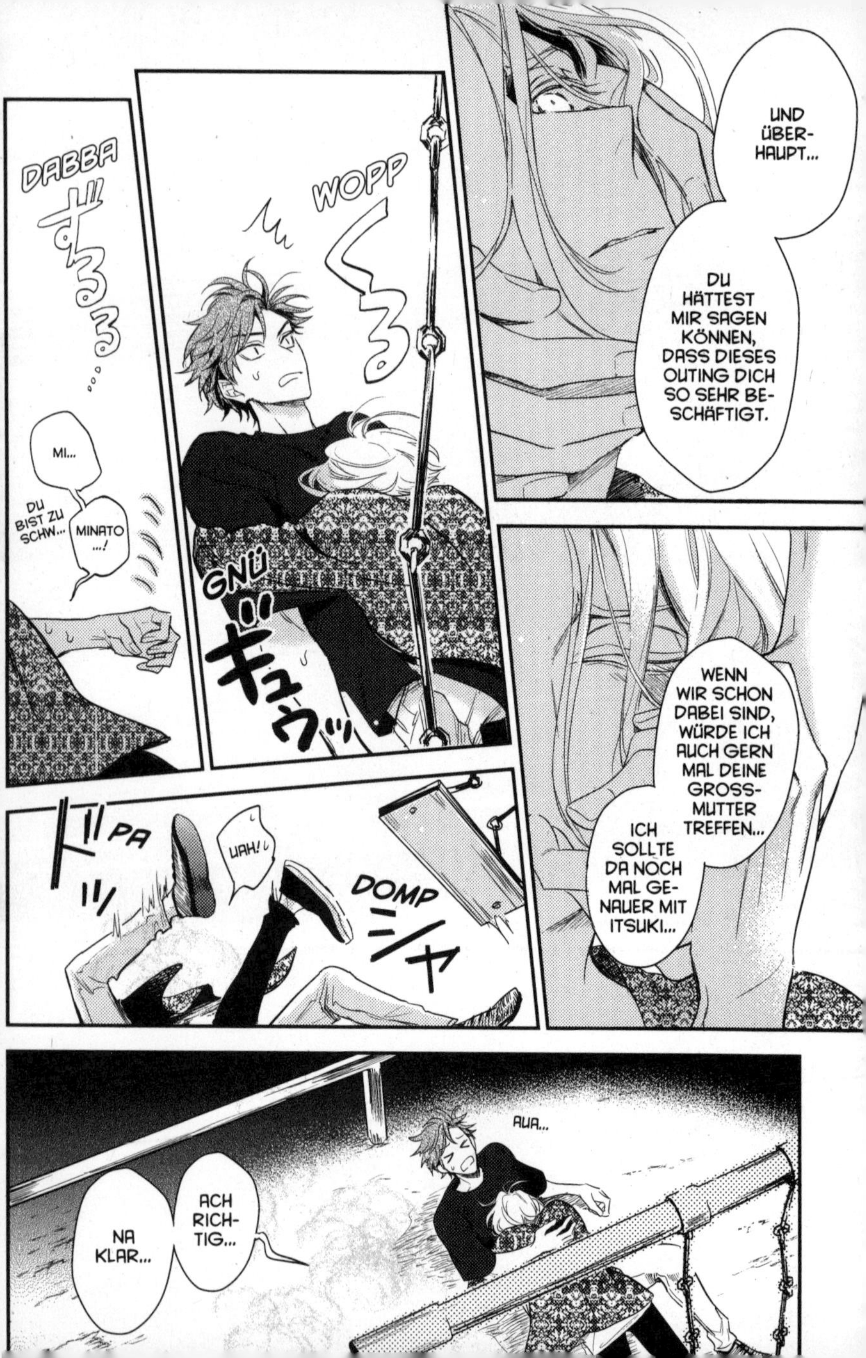
UND ÜBER-HAUPT...
DU HÄTTEST MIR SAGEN KÖNNEN, DASS DIESES OUTING DICH SO SEHR BE-SCHÄFTIGT.
WENN WIR SCHON DABEI SIND, WÜRDE ICH AUCH GERN MAL DEINE GROSS-MUTTER TREFFEN...
ICH SOLLTE DA NOCH MAL GE-NAUER MIT ITSUKI...
WOPP
くる
GNÜ
ギュウッ
DABBA
ずるる
MI...
MINATO ...!
DU BIST ZU SCHW...
DOMP
シャ
UAH!
PA
ドッ
AUA...
ACH RICH-TIG...
NA KLAR...

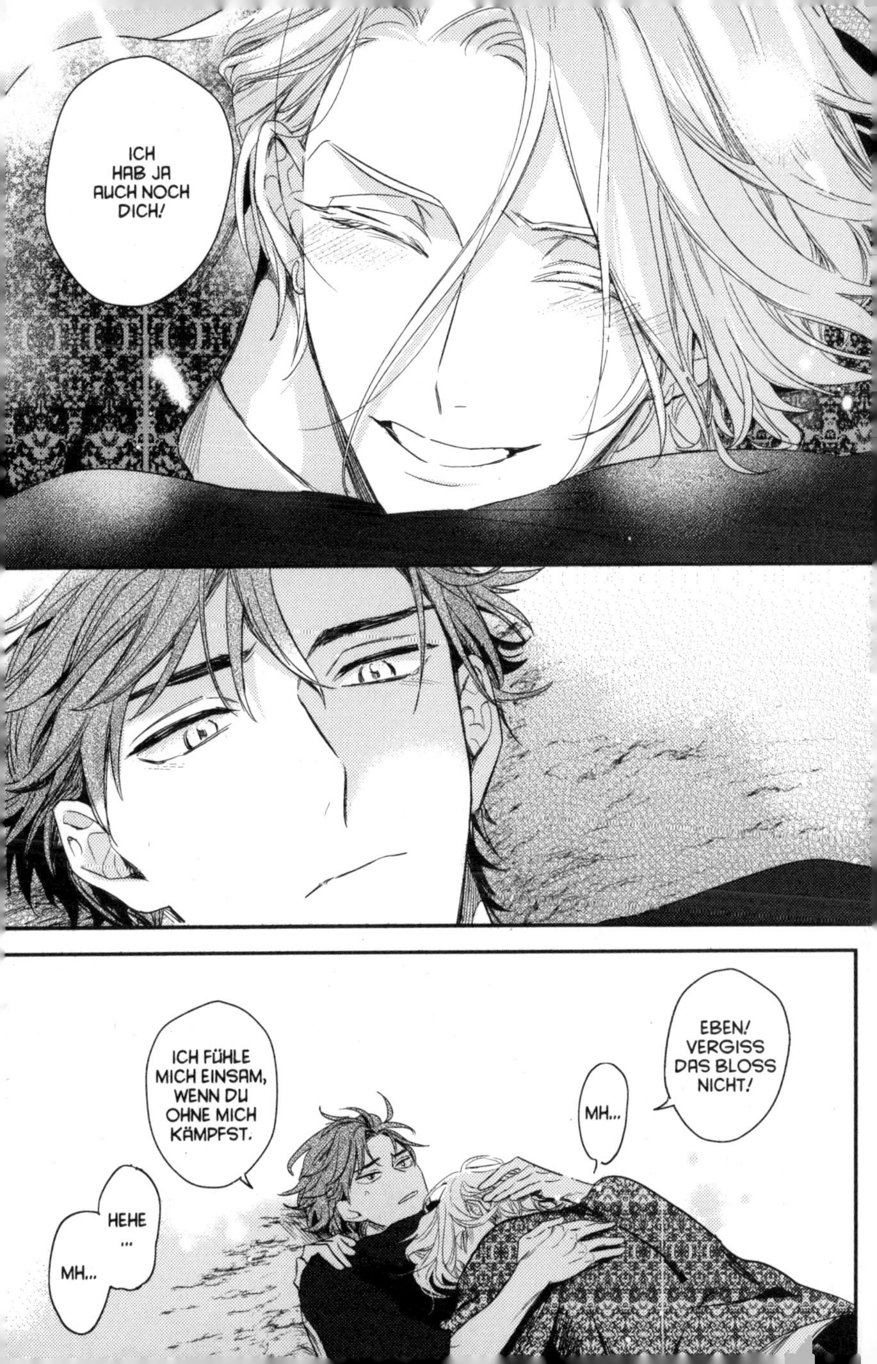
ICH HAB JA AUCH NOCH DICH!
EBEN! VERGISS DAS BLOSS NICHT!
MH...
ICH FÜHLE MICH EINSAM, WENN DU OHNE MICH KÄMPFST.
HEHE ...
MH...

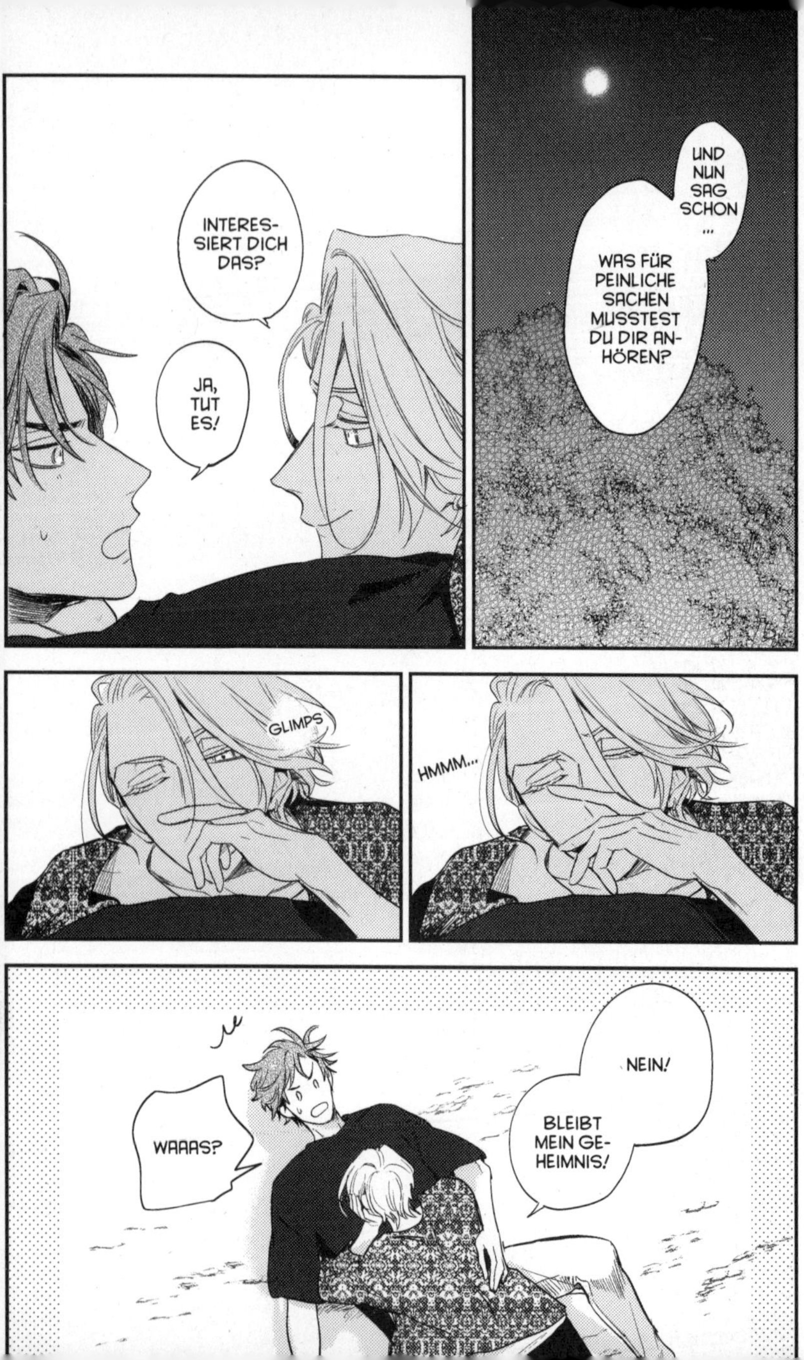
UND NUN SAG SCHON ...
WAS FÜR PEINLICHE SACHEN MUSSTEST DU DIR ANHÖREN?
INTERESSIERT DICH DAS?
JA, TUT ES!
HMMM...
GLIMPS
NEIN!
BLEIBT MEIN GEHEIMNIS!
WAAAS?

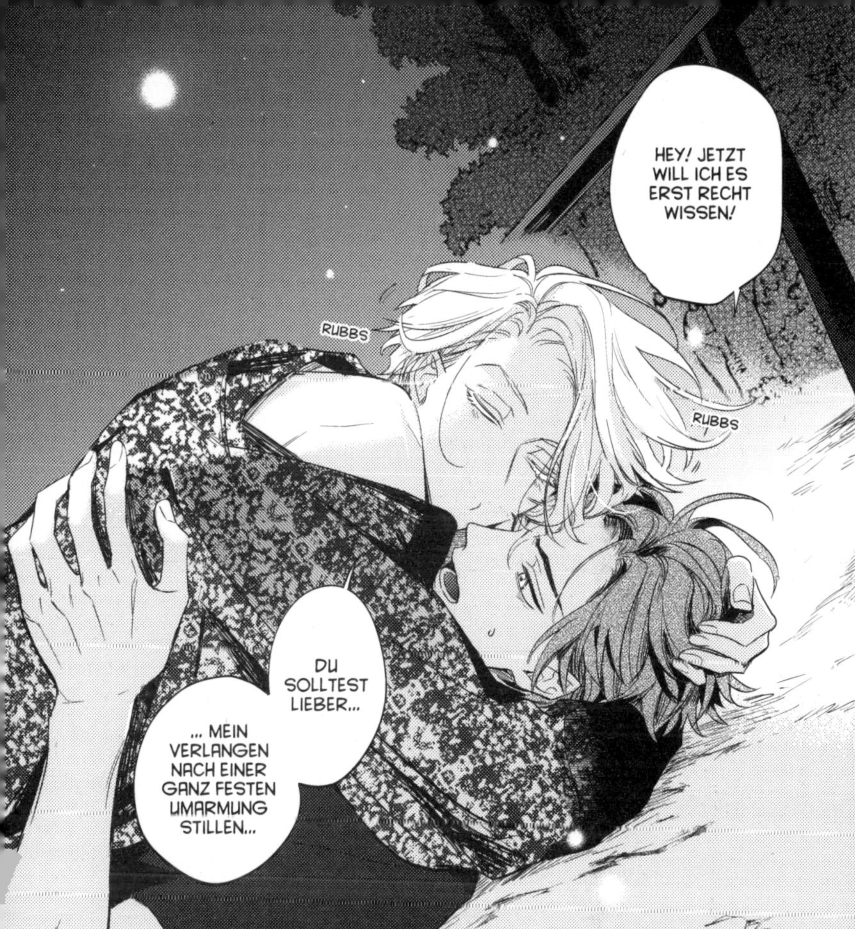


*HERZHAFTER PFANNKUCHEN MIT GEMÜSE, FLEISCH ETC.

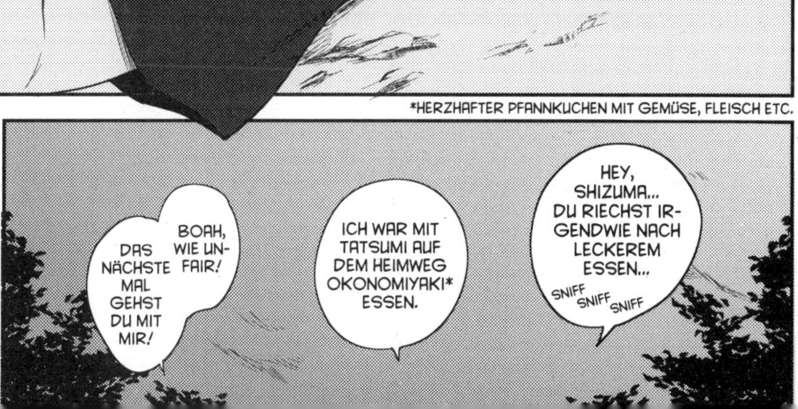

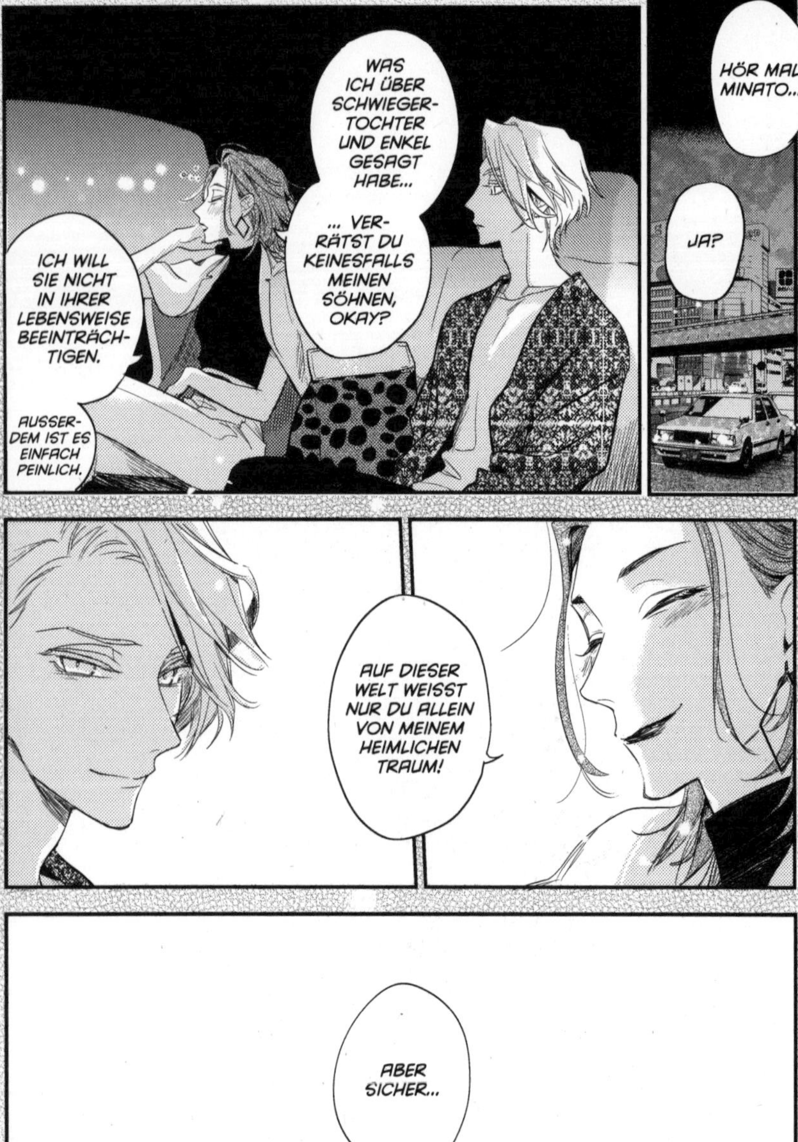
HÖR MAL, MINATO...
JA?
WAS ICH ÜBER SCHWIEGER-TOCHTER UND ENKEL GESAGT HABE...
... VER-RÄTST DU KEINESFALLS MEINEN SÖHNEN, OKAY?
ICH WILL SIE NICHT IN IHRER LEBENSWEISE BEEINTRÄCH-TIGEN.
AUSSER-DEM IST ES EINFACH PEINLICH.
AUF DIESER WELT WEISST NUR DU ALLEIN VON MEINEM HEIMLICHEN TRAUM!
ABER SICHER...

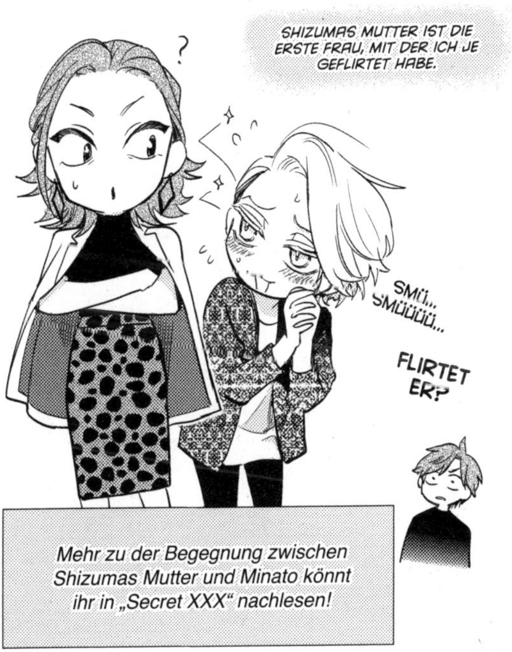
SHIZUMAS MUTTER IST DIE ERSTE FRAU, MIT DER ICH JE GEFLIRTET HABE.
?
SMÜ... SMÜÜÜÜ...
FLIRTET ER?
Mehr zu der Begegnung zwischen Shizumas Mutter und Minato könnt ihr in „Secret XXX“ nachlesen!

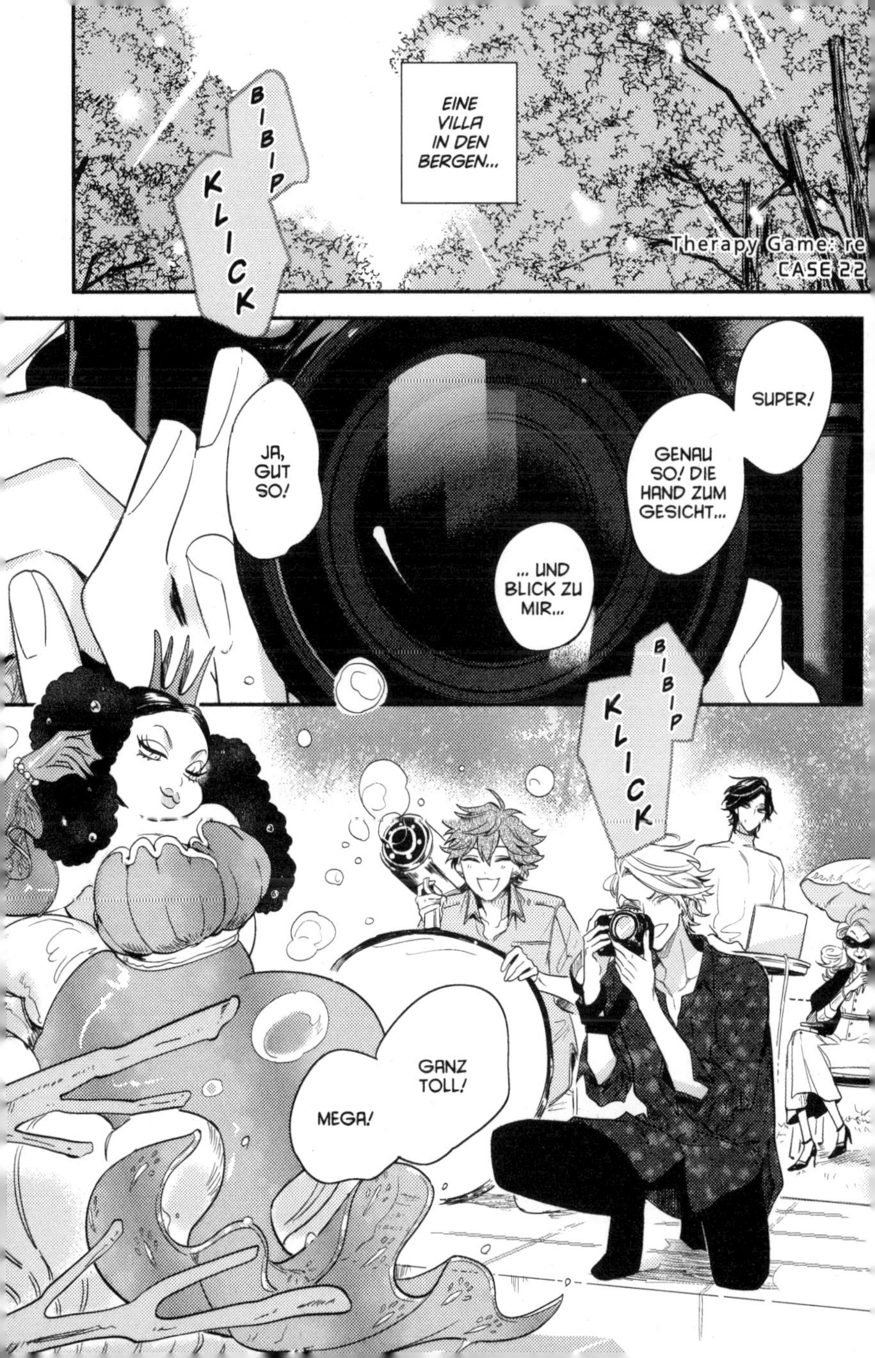
EINE VILLA IN DEN BERGEN...
Therapy Game: re
CASE 22
BIBIP
KLICK
SUPER!
GENAU SO! DIE HAND ZUM GESICHT...
... UND BLICK ZU MIR...
JA, GUT SO!
BIBIP
KLICK
GANZ TOLL!
MEGA!

therapy game: re

# CASE 22

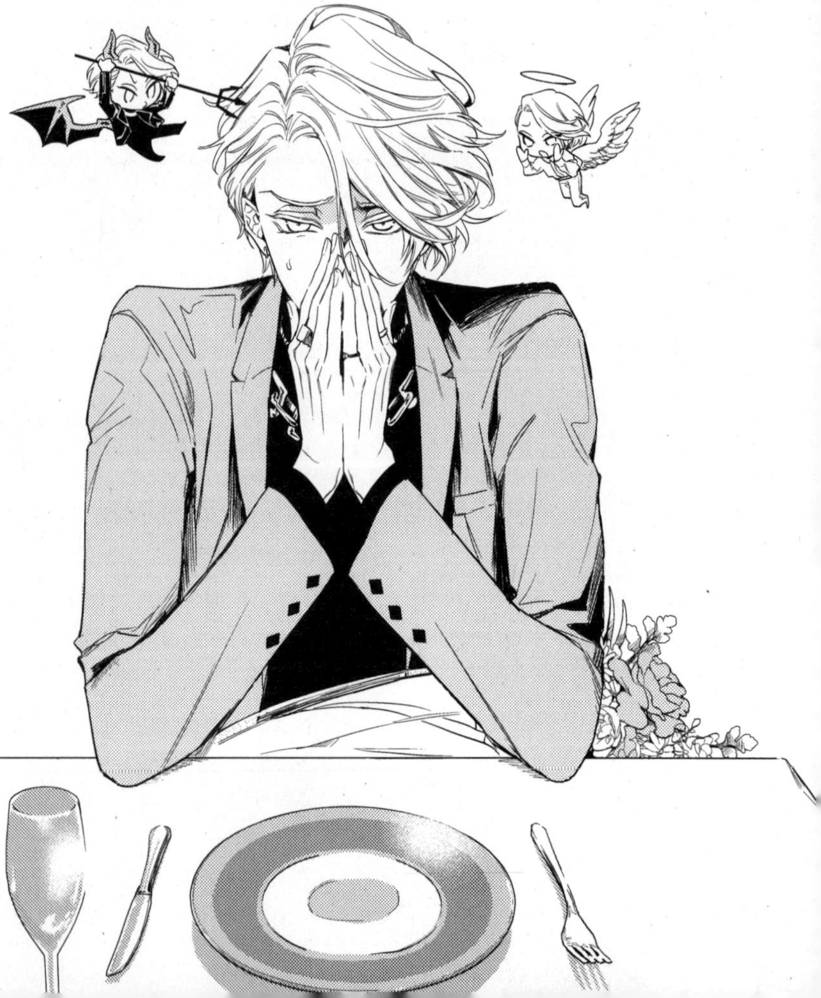

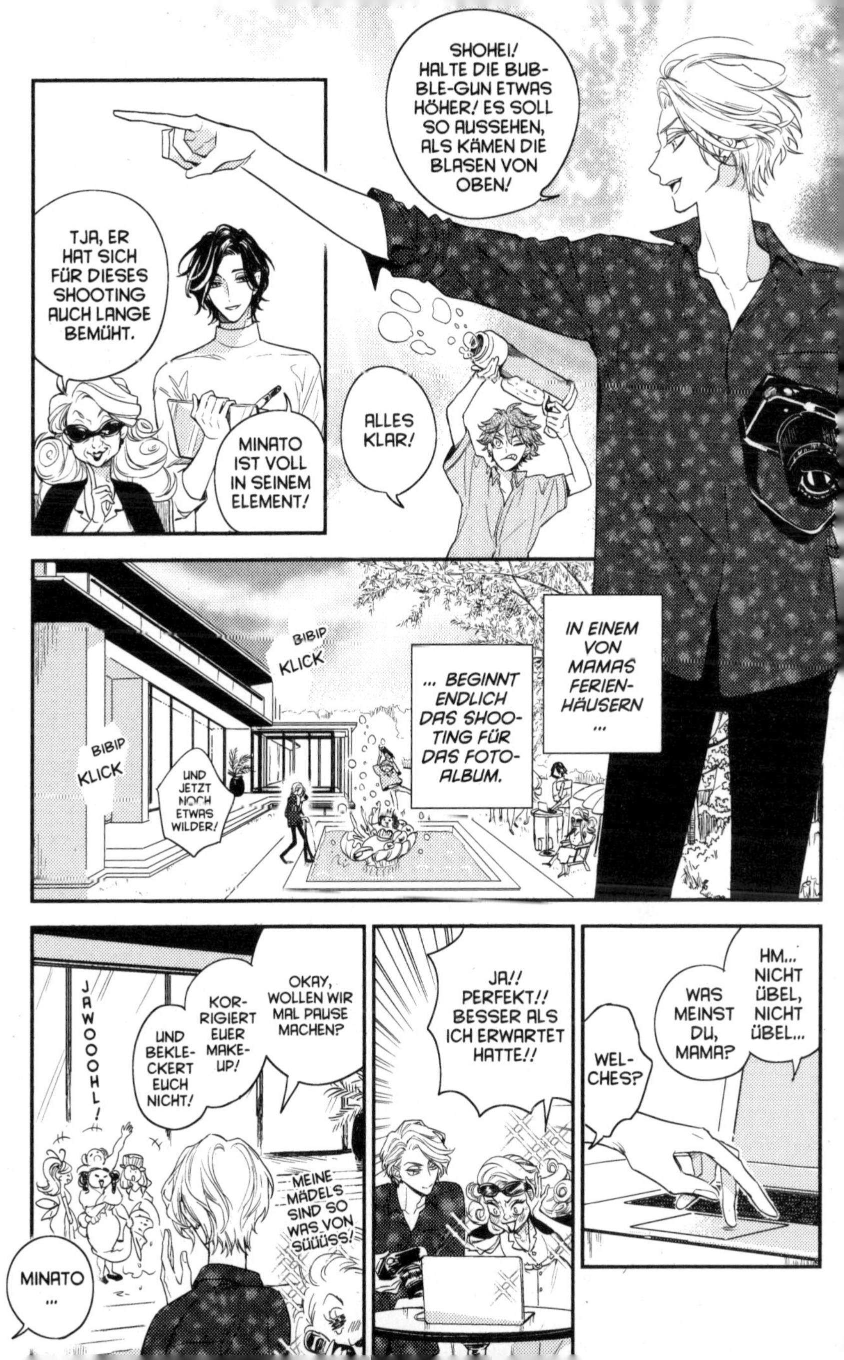
SHOHEI! HALTE DIE BUBBLE-GUN ETWAS HÖHER! ES SOLL SO AUSSEHEN, ALS KÄMEN DIE BLASEN VON OBEN!
ALLES KLAR!
TJA, ER HAT SICH FÜR DIESES SHOOTING AUCH LANGE BEMÜHT.
MINATO IST VOLL IN SEINEM ELEMENT!
IN EINEM VON MAMAS FERIENHÄUSERN ...
... BEGINNT ENDLICH DAS SHOOTING FÜR DAS FOTOALBUM.
BIBIP
KLICK
UND JETZT NOCH ETWAS WILDER!
BIBIP
KLICK
HM... NICHT ÜBEL, NICHT ÜBEL...
WAS MEINST DU, MAMA?
WELCHES?
JA!! PERFEKT!! BESSER ALS ICH ERWARTET HATTE!!
OKAY, WOLLEN WIR MAL PAUSE MACHEN?
KORRIGIERT EUER MAKE-UP!
UND BEKLECKERT EUCH NICHT!
JAWOOOOHL!
MEINE MÄDELS SIND SO WAS VON SÜÜÜSS!
MINATO ...

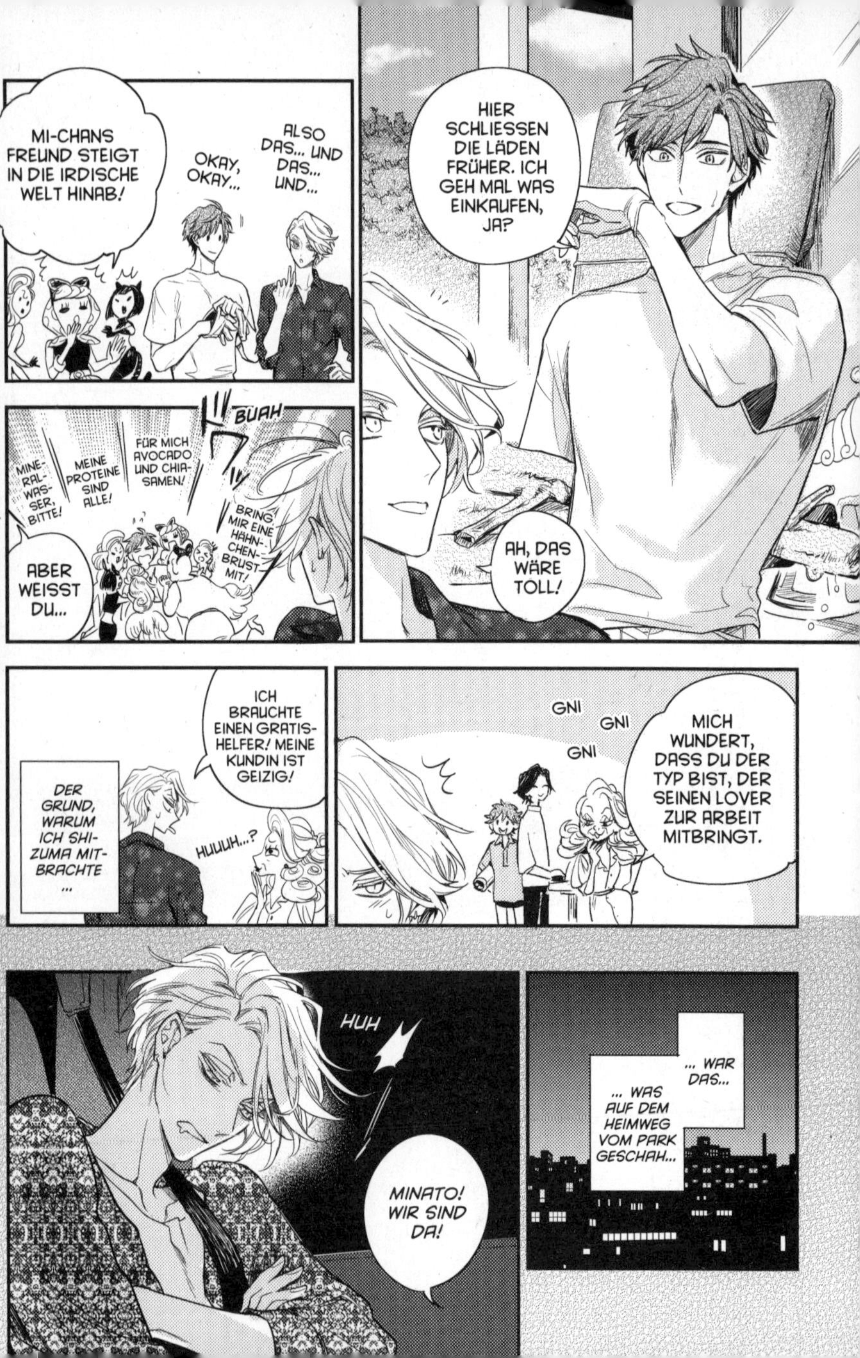
HIER SCHLIESSEN DIE LÄDEN FRÜHER. ICH GEH MAL WAS EINKAUFEN, JA?
AH, DAS WÄRE TOLL!
ALSO DAS... UND DAS... UND...
OKAY, OKAY...
MI-CHANS FREUND STEIGT IN DIE IRDISCHE WELT HINAB!
BUAH
BRING MIR EINE HÄHNCHENBRUST MIT!
FÜR MICH AVOCADO UND CHIASAMEN!
MEINE PROTEINE SIND ALLE!
MINERALWASSER, BITTE!
ABER WEISST DU...
GNI
GNI
GNI
MICH WUNDERT, DASS DU DER TYP BIST, DER SEINEN LOVER ZUR ARBEIT MITBRINGT.
ICH BRAUCHTE EINEN GRATISHELFER! MEINE KUNDIN IST GEIZIG!
HUUUH...?
DER GRUND, WARUM ICH SHIZUMA MITBRACHTE ...
... WAR DAS...
... WAS AUF DEM HEIMWEG VOM PARK GESCHAH...
HUH
MINATO! WIR SIND DA!

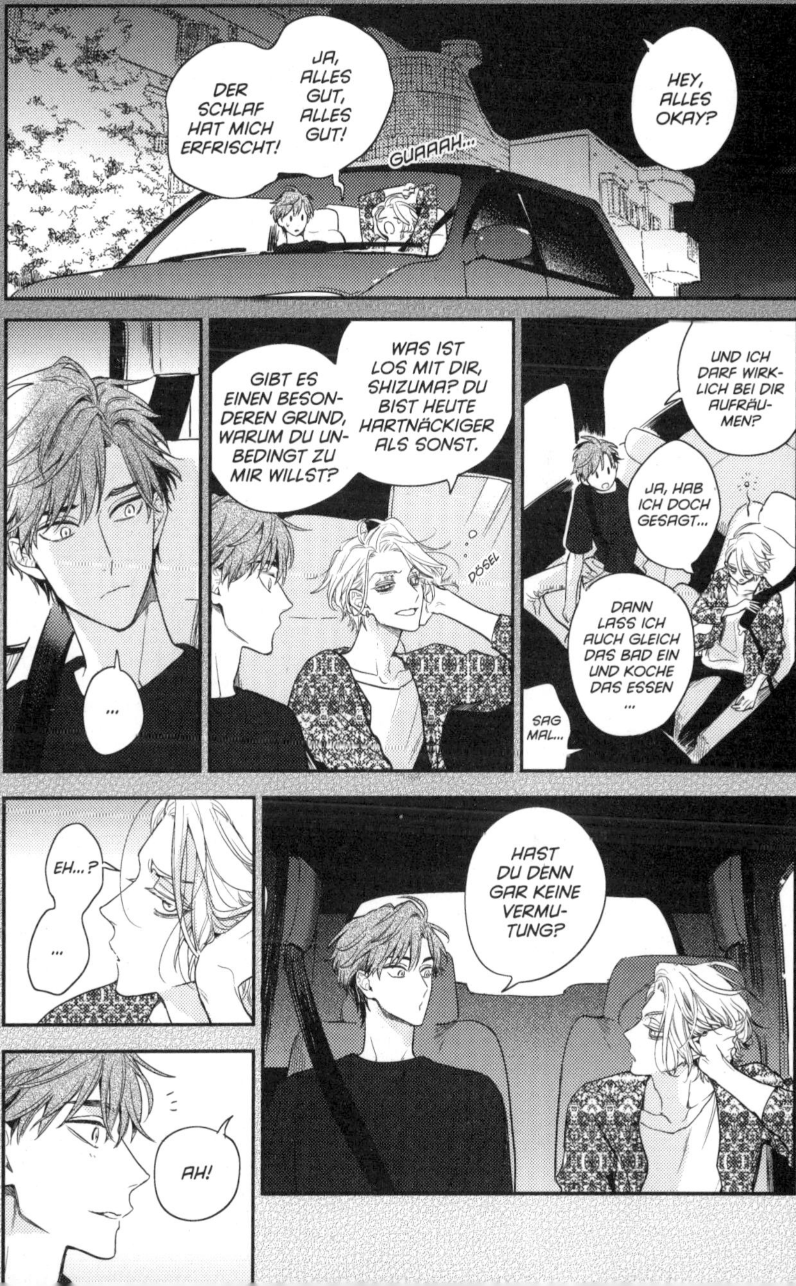
HEY, ALLES OKAY?
JA, ALLES GUT, ALLES GUT!
DER SCHLAF HAT MICH ERFRISCHT!
GUAAAH...
UND ICH DARF WIRKLICH BEI DIR AUFRÄUMEN?
JA, HAB ICH DOCH GESAGT...
DANN LASS ICH AUCH GLEICH DAS BAD EIN UND KOCHE DAS ESSEN ...
SAG MAL...
WAS IST LOS MIT DIR, SHIZUMA? DU BIST HEUTE HARTNÄCKIGER ALS SONST.
GIBT ES EINEN BESONDEREN GRUND, WARUM DU UNBEDINGT ZU MIR WILLST?
DÖSEL
...
HAST DU DENN GAR KEINE VERMUTUNG?
EH...?
...
AH!

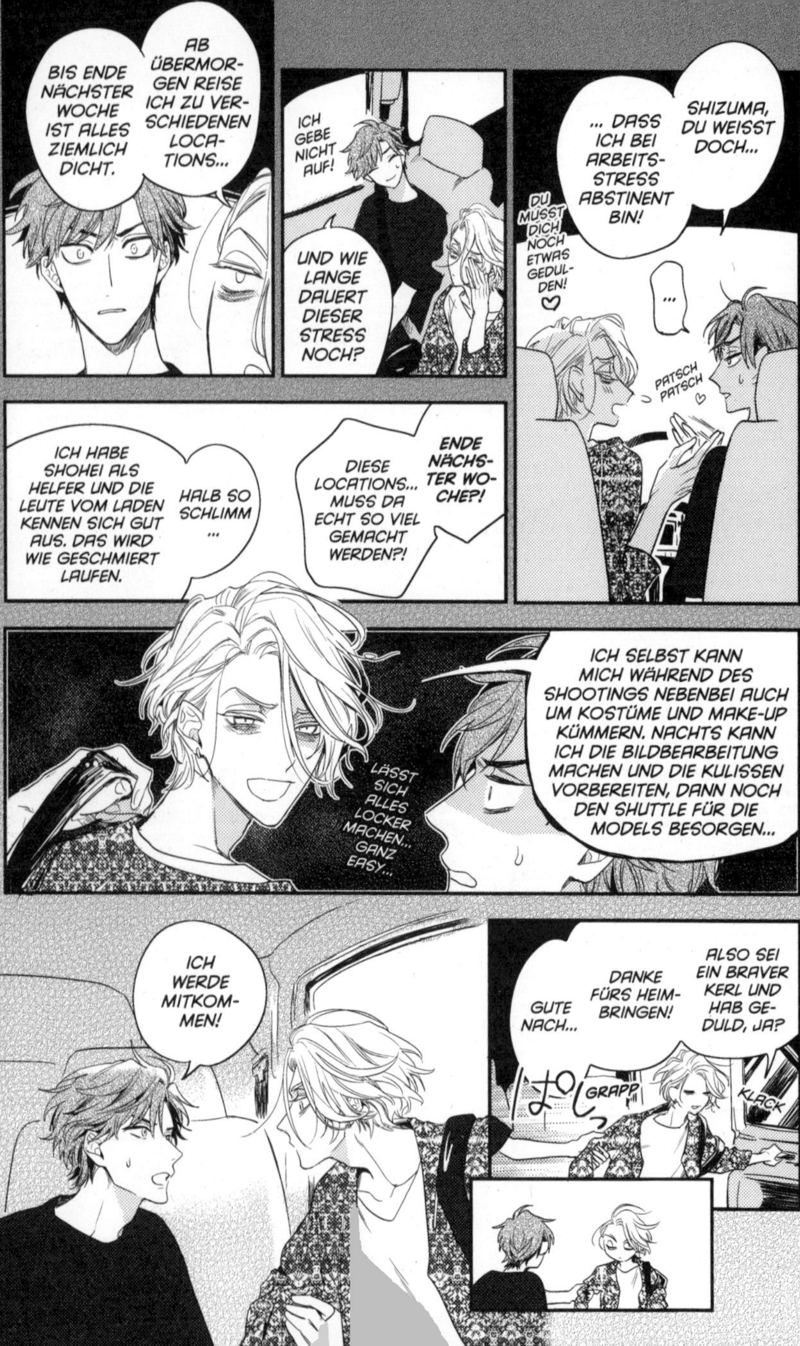
AB ÜBERMORGEN REISE ICH ZU VERSCHIEDENEN LOCATIONS...
BIS ENDE NÄCHSTER WOCHE IST ALLES ZIEMLICH DICHT.
ICH GEBE NICHT AUF!
UND WIE LANGE DAUERT DIESER STRESS NOCH?
SHIZUMA, DU WEISST DOCH...
... DASS ICH BEI ARBEITSSTRESS ABSTINENT BIN!
DU MUSST DICH NOCH ETWAS GEDULDEN!
...
PATSCH PATSCH
ENDE NÄCHSTER WOCHE?!
DIESE LOCATIONS... MUSS DA ECHT SO VIEL GEMACHT WERDEN?!
HALB SO SCHLIMM ...
ICH HABE SHOHEI ALS HELFER UND DIE LEUTE VOM LADEN KENNEN SICH GUT AUS. DAS WIRD WIE GESCHMIERT LAUFEN.
ICH SELBST KANN MICH WÄHREND DES SHOOTINGS NEBENBEI AUCH UM KOSTÜME UND MAKE-UP KÜMMERN. NACHTS KANN ICH DIE BILDBEARBEITUNG MACHEN UND DIE KULISSEN VORBEREITEN, DANN NOCH DEN SHUTTLE FÜR DIE MODELS BESORGEN...
LÄSST SICH ALLES LOCKER MACHEN... GANZ EASY...
ALSO SEI EIN BRAVER KERL UND HAB GEDULD, JA?
DANKE FÜRS HEIMBRINGEN!
GUTE NACH...
KLACK
GRAPP
ICH WERDE MITKOMMEN!

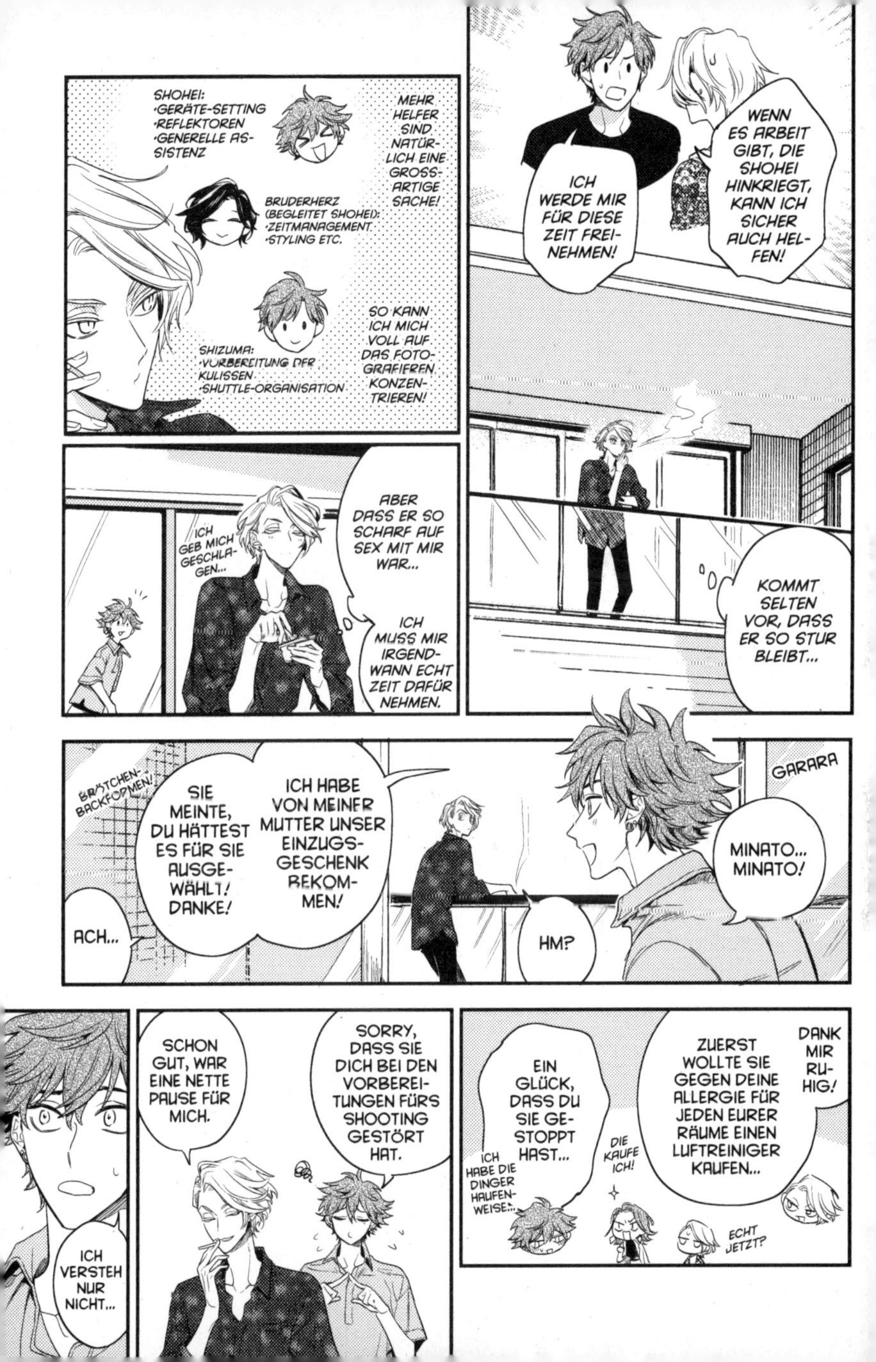
WENN ES ARBEIT GIBT, DIE SHOHEI HINKRIEGT, KANN ICH SICHER AUCH HELFEN!
ICH WERDE MIR FÜR DIESE ZEIT FREINEHMEN!
MEHR HELFER SIND NATÜRLICH EINE GROSSARTIGE SACHE!
SHOHEI: •GERÄTE-SETTING •REFLEKTOREN •GENERELLE ASSISTENZ
BRUDERHERZ (BEGLEITET SHOHEI): •ZEITMANAGEMENT •STYLING ETC.
SO KANN ICH MICH VOLL AUF DAS FOTOGRAFIEREN KONZENTRIEREN!
SHIZUMA: •VORBEREITUNG DER KULISSEN •SHUTTLE-ORGANISATION
KOMMT SELTEN VOR, DASS ER SO STUR BLEIBT...
ABER DASS ER SO SCHARF AUF SEX MIT MIR WAR...
ICH MUSS MIR IRGENDWANN ECHT ZEIT DAFÜR NEHMEN.
ICH GEB MICH GESCHLAGEN...
GARARA
MINATO... MINATO!
HM?
ICH HABE VON MEINER MUTTER UNSER EINZUGSGESCHENK BEKOMMEN!
SIE MEINTE, DU HÄTTEST ES FÜR SIE AUSGEWÄHLT! DANKE!
BRÖTCHEN-BACKFORMEN!
ACH...
DANK MIR RUHIG!
ZUERST WOLLTE SIE GEGEN DEINE ALLERGIE FÜR JEDEN EURER RÄUME EINEN LUFTREINIGER KAUFEN...
DIE KAUFE ICH!
EIN GLÜCK, DASS DU SIE GESTOPPT HAST...
ICH HABE DIE DINGER HAUFENWEISE...
ECHT JETZT?
SORRY, DASS SIE DICH BEI DEN VORBEREITUNGEN FÜRS SHOOTING GESTÖRT HAT.
SCHON GUT, WAR EINE NETTE PAUSE FÜR MICH.
ICH VERSTEH NUR NICHT...

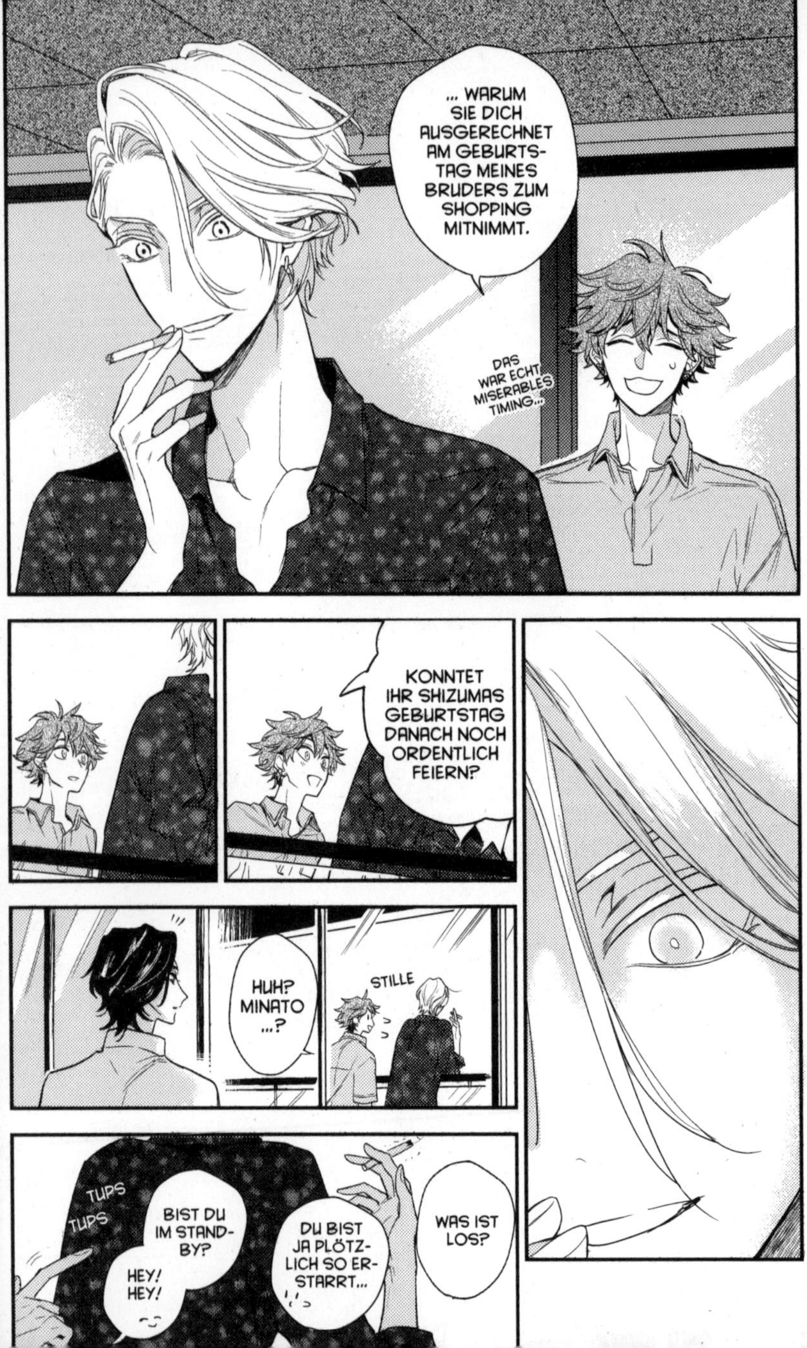
... WARUM SIE DICH AUSGERECHNET AM GEBURTS-TAG MEINES BRUDERS ZUM SHOPPING MITNIMMT.
DAS WAR ECHT MISERABLES TIMING...
KONNTET IHR SHIZUMAS GEBURTSTAG DANACH NOCH ORDENTLICH FEIERN?
STILLE
HUH? MINATO ...?
WAS IST LOS?
DU BIST JA PLÖTZ-LICH SO ER-STARRT...
BIST DU IM STAND-BY?
HEY! HEY!
TUPS
TUPS

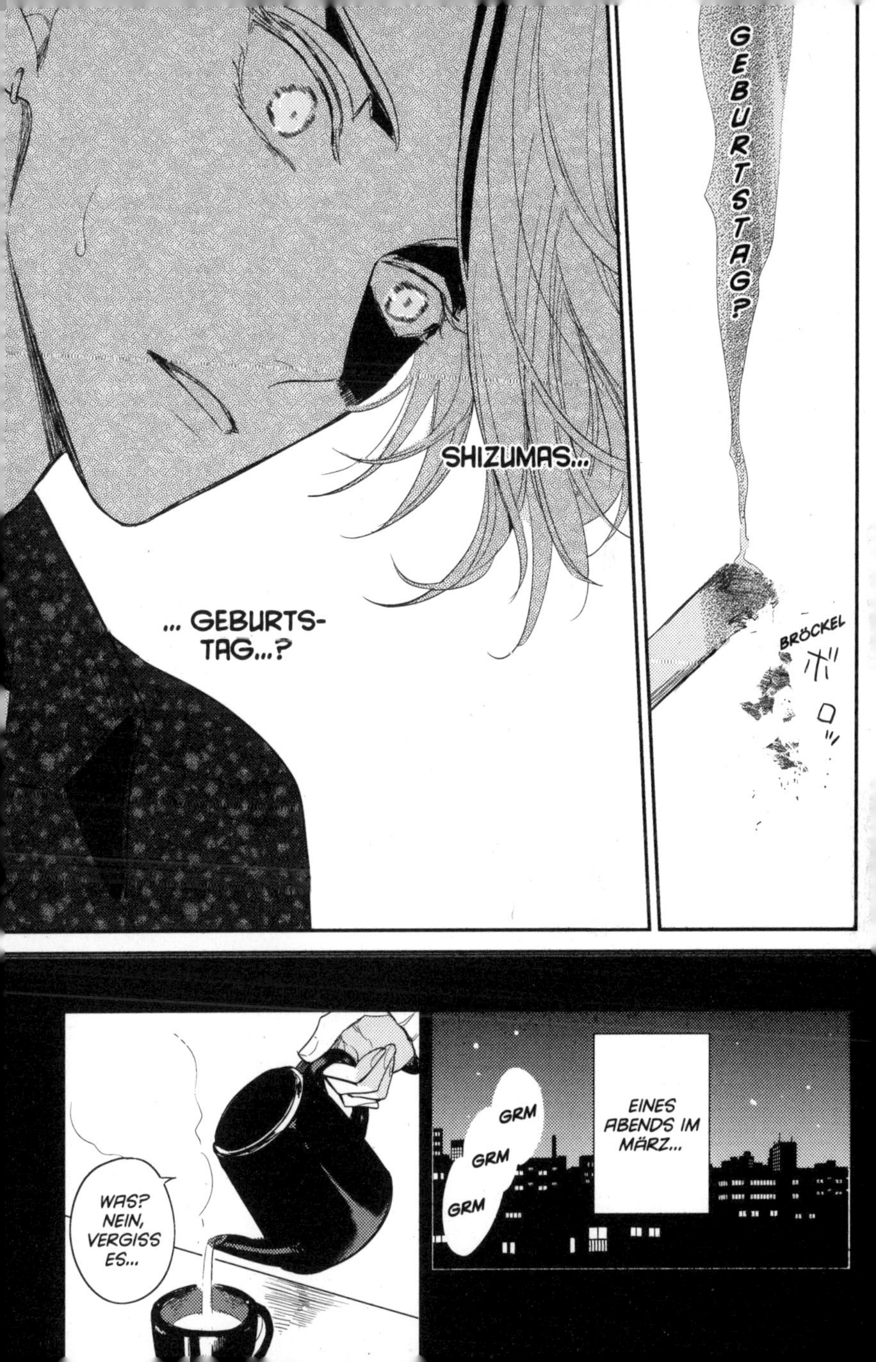
GEBURTSTAG?
SHIZUMAS...
... GEBURTS-TAG...?
BRÖCKEL
ボロッ
EINES ABENDS IM MÄRZ...
GRM
GRM
GRM
WAS? NEIN, VERGISS ES...

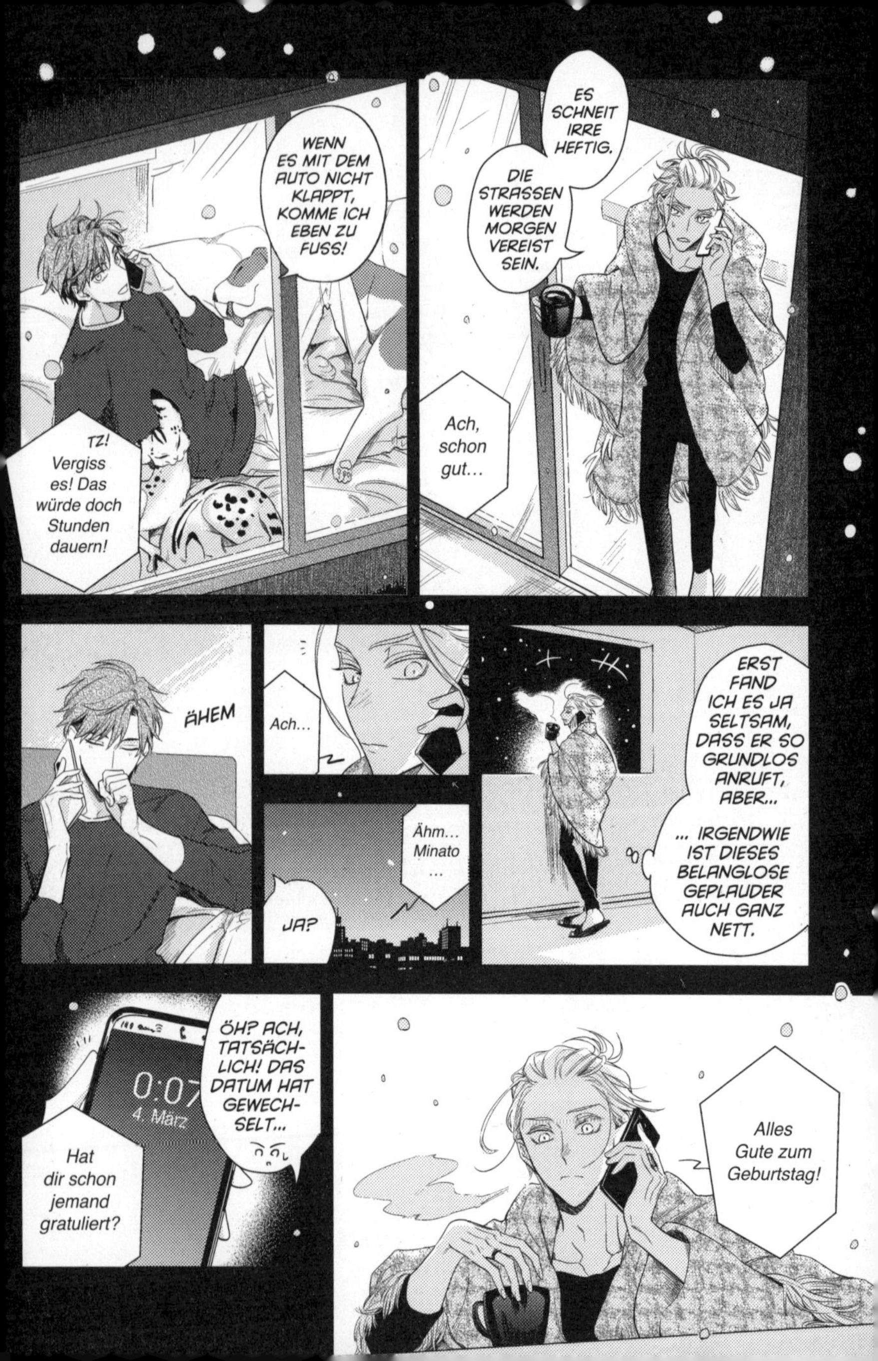
ES SCHNEIT IRRE HEFTIG.
DIE STRASSEN WERDEN MORGEN VEREIST SEIN.
Ach, schon gut…
WENN ES MIT DEM AUTO NICHT KLAPPT, KOMME ICH EBEN ZU FUSS!
TZ! Vergiss es! Das würde doch Stunden dauern!
ERST FAND ICH ES JA SELTSAM, DASS ER SO GRUNDLOS ANRUFT, ABER...
... IRGENDWIE IST DIESES BELANGLOSE GEPLAUDER AUCH GANZ NETT.
Ach…
Ähm… Minato …
JA?
ÄHEM
Alles Gute zum Geburtstag!
ÖH? ACH, TATSÄCHLICH! DAS DATUM HAT GEWECHSELT...
0:07
4. März
Hat dir schon jemand gratuliert?

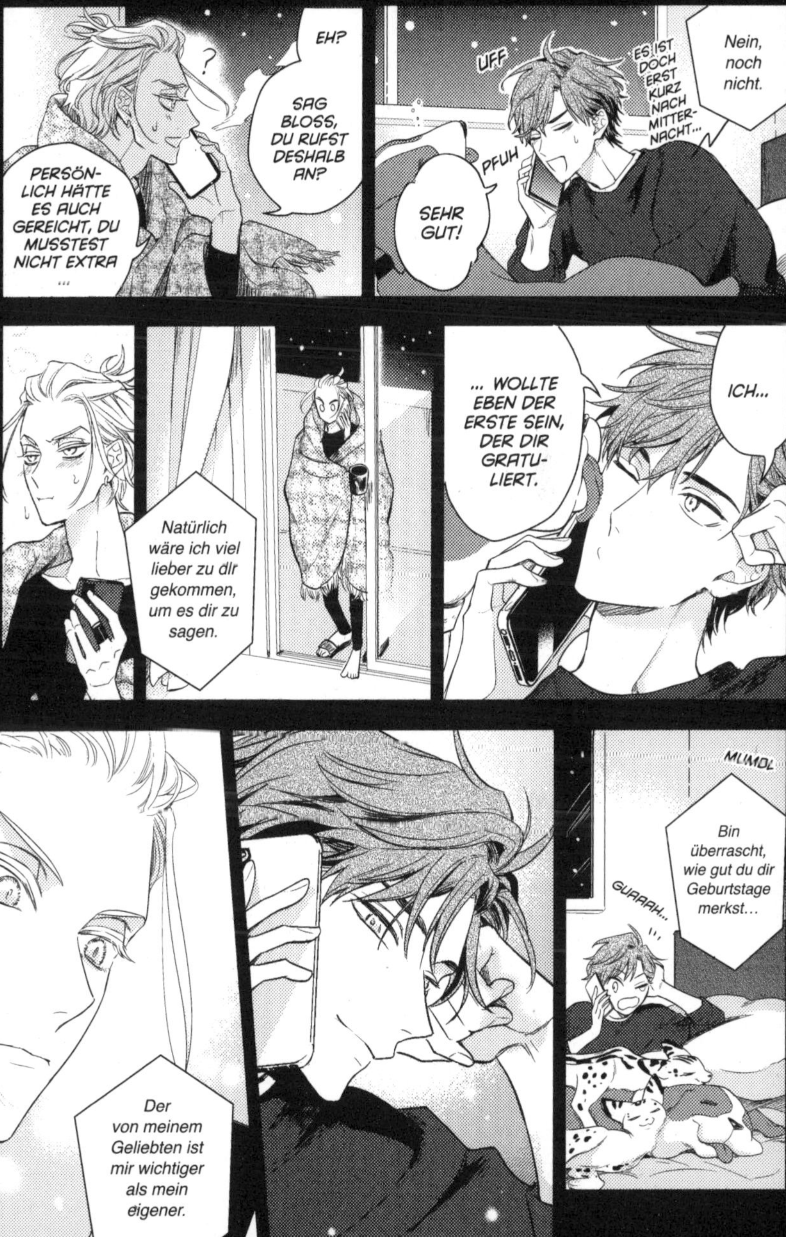
Nein, noch nicht.
ES IST DOCH ERST KURZ NACH MITTERNACHT…
UFF
PFUH
SEHR GUT!
EH?
SAG BLOSS, DU RUFST DESHALB AN?
PERSÖNLICH HÄTTE ES AUCH GEREICHT, DU MUSSTEST NICHT EXTRA …
ICH…
… WOLLTE EBEN DER ERSTE SEIN, DER DIR GRATULIERT.
Natürlich wäre ich viel lieber zu dir gekommen, um es dir zu sagen.
MUMBL
Bin überrascht, wie gut du dir Geburtstage merkst…
GUAAAH…
Der von meinem Geliebten ist mir wichtiger als mein eigener.

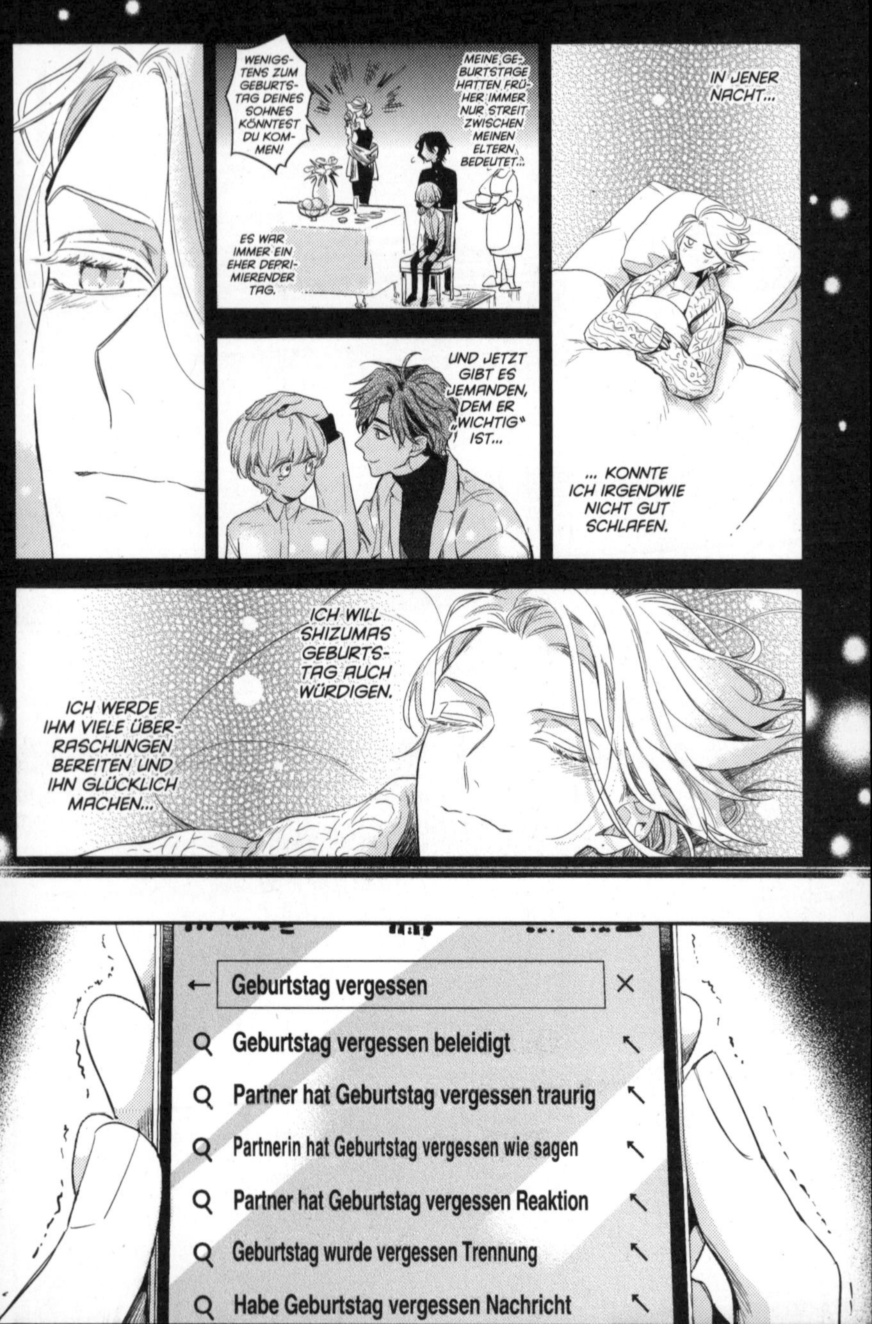
IN JENER NACHT...
... KONNTE ICH IRGENDWIE NICHT GUT SCHLAFEN.
MEINE GEBURTSTAGE HATTEN FRÜHER IMMER NUR STREIT ZWISCHEN MEINEN ELTERN BEDEUTET...
WENIGSTENS ZUM GEBURTSTAG DEINES SOHNES KÖNNTEST DU KOMMEN!
ES WAR IMMER EIN EHER DEPRIMIERENDER TAG.
UND JETZT GIBT ES JEMANDEN, DEM ER „WICHTIG“ IST...
ICH WILL SHIZUMAS GEBURTSTAG AUCH WÜRDIGEN.
ICH WERDE IHM VIELE ÜBERRASCHUNGEN BEREITEN UND IHN GLÜCKLICH MACHEN...
Geburtstag vergessen
Geburtstag vergessen beleidigt
Partner hat Geburtstag vergessen traurig
Partnerin hat Geburtstag vergessen wie sagen
Partner hat Geburtstag vergessen Reaktion
Geburtstag wurde vergessen Trennung
Habe Geburtstag vergessen Nachricht

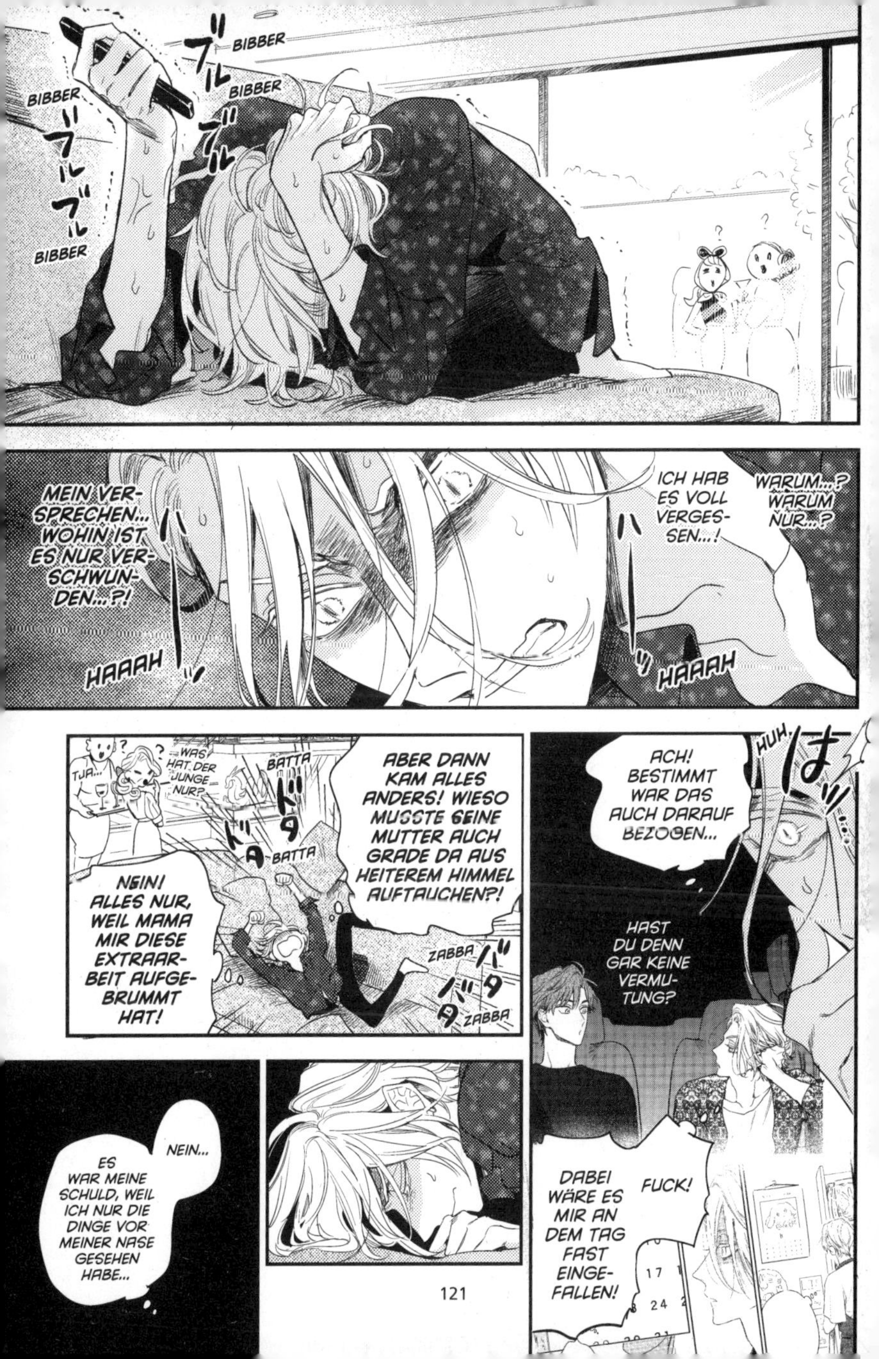
ブル BIBBER
ブル BIBBER
BIBBER
ブル ブル
BIBBER
?
?
WARUM...? WARUM NUR...?
ICH HAB ES VOLL VERGES-SEN...!
ハー ッ
HAAAH
MEIN VER-SPRECHEN... WOHIN IST ES NUR VER-SCHWUN-DEN...?!
ハー ッ
HAAAH
HUH, は ッ
ACH! BESTIMMT WAR DAS AUCH DARAUF BEZOGEN...
HAST DU DENN GAR KEINE VERMUTUNG?
ABER DANN KAM ALLES ANDERS! WIESO MUSSTE SEINE MUTTER AUCH GRADE DA AUS HEITEREM HIMMEL AUFTAUCHEN?!
ドタ BATTA
ドタ BATTA
WAS HAT DER JUNGE NUR?
TJA...
NEIN! ALLES NUR, WEIL MAMA MIR DIESE EXTRAAR-BEIT AUFGE-BRUMMT HAT!
バタ ZABBA
バタ ZABBA
FUCK!
DABEI WÄRE ES MIR AN DEM TAG FAST EINGE-FALLEN!
NEIN...
ES WAR MEINE SCHULD, WEIL ICH NUR DIE DINGE VOR MEINER NASE GESEHEN HABE...

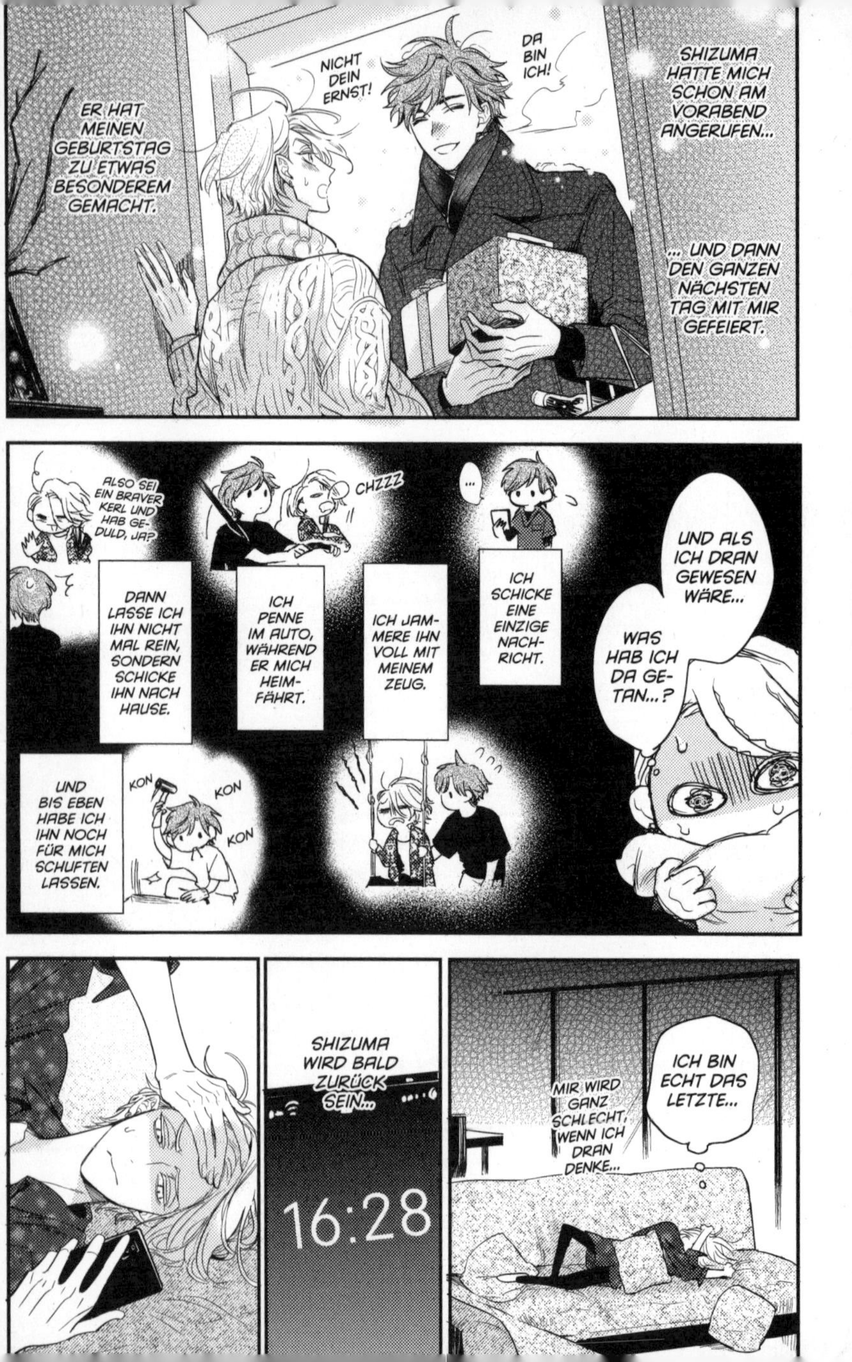
SHIZUMA HATTE MICH SCHON AM VORABEND ANGERUFEN...
DA BIN ICH!
NICHT DEIN ERNST!
ER HAT MEINEN GEBURTSTAG ZU ETWAS BESONDEREM GEMACHT.
... UND DANN DEN GANZEN NÄCHSTEN TAG MIT MIR GEFEIERT.
UND ALS ICH DRAN GEWESEN WÄRE...
WAS HAB ICH DA GETAN...?
...
ICH SCHICKE EINE EINZIGE NACHRICHT.
CHZZZ
ICH JAMMERE IHN VOLL MIT MEINEM ZEUG.
ICH PENNE IM AUTO, WÄHREND ER MICH HEIMFÄHRT.
ALSO SEI EIN BRAVER KERL UND HAB GEDULD, JA?
DANN LASSE ICH IHN NICHT MAL REIN, SONDERN SCHICKE IHN NACH HAUSE.
KON
KON
KON
UND BIS EBEN HABE ICH IHN NOCH FÜR MICH SCHUFTEN LASSEN.
ICH BIN ECHT DAS LETZTE...
MIR WIRD GANZ SCHLECHT, WENN ICH DRAN DENKE...
SHIZUMA WIRD BALD ZURÜCK SEIN...
16:28

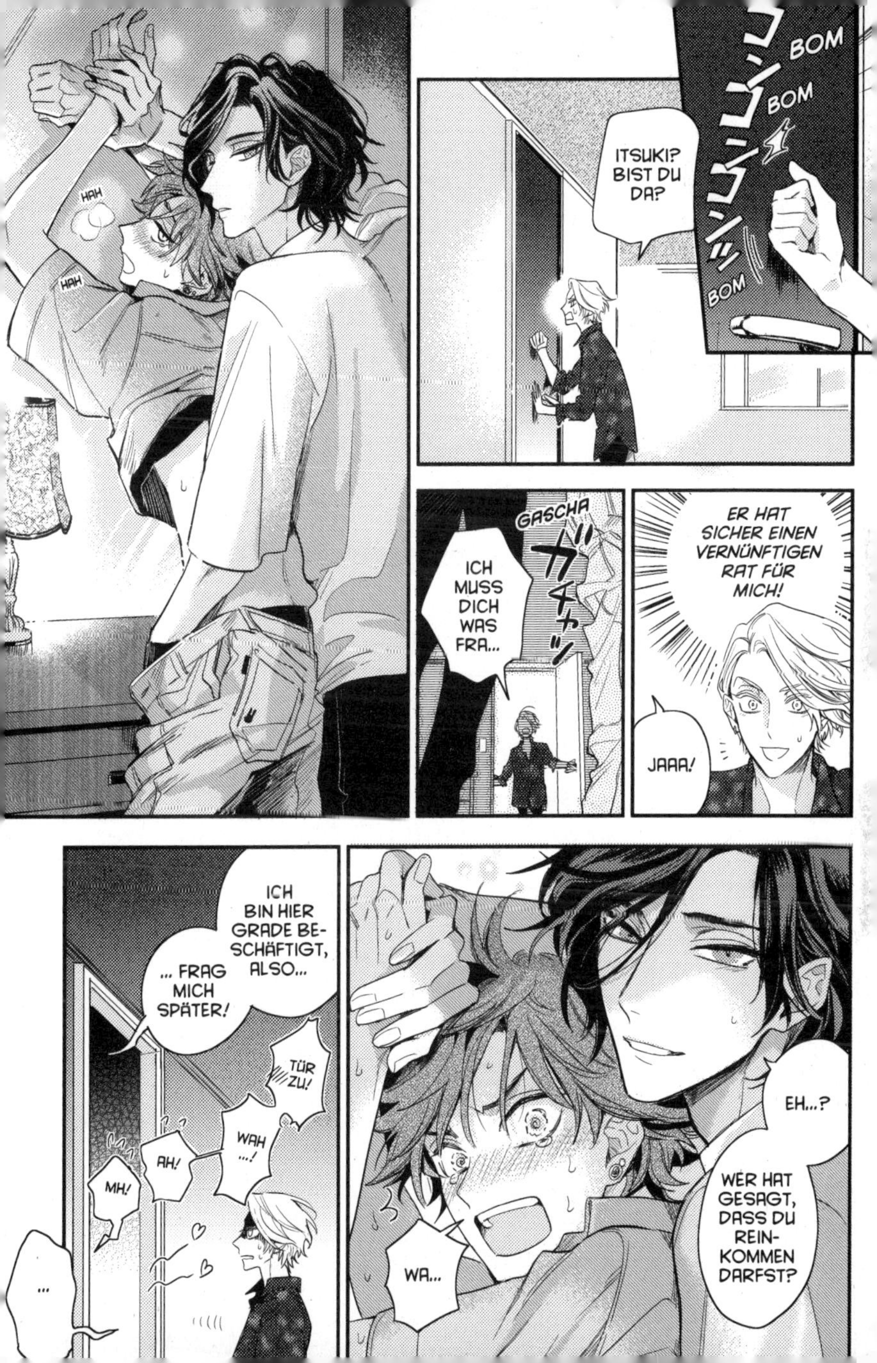
BOM
BOM
BOM
ITSUKI? BIST DU DA?
HAH
HAH
ER HAT SICHER EINEN VERNÜNFTIGEN RAT FÜR MICH!
JAAA!
GASCHA
ICH MUSS DICH WAS FRA...
EH...?
WER HAT GESAGT, DASS DU REIN-KOMMEN DARFST?
WA...
ICH BIN HIER GRADE BE-SCHÄFTIGT, ALSO...
... FRAG MICH SPÄTER!
TÜR ZU!
WAH ...!
AH!
MH!
...

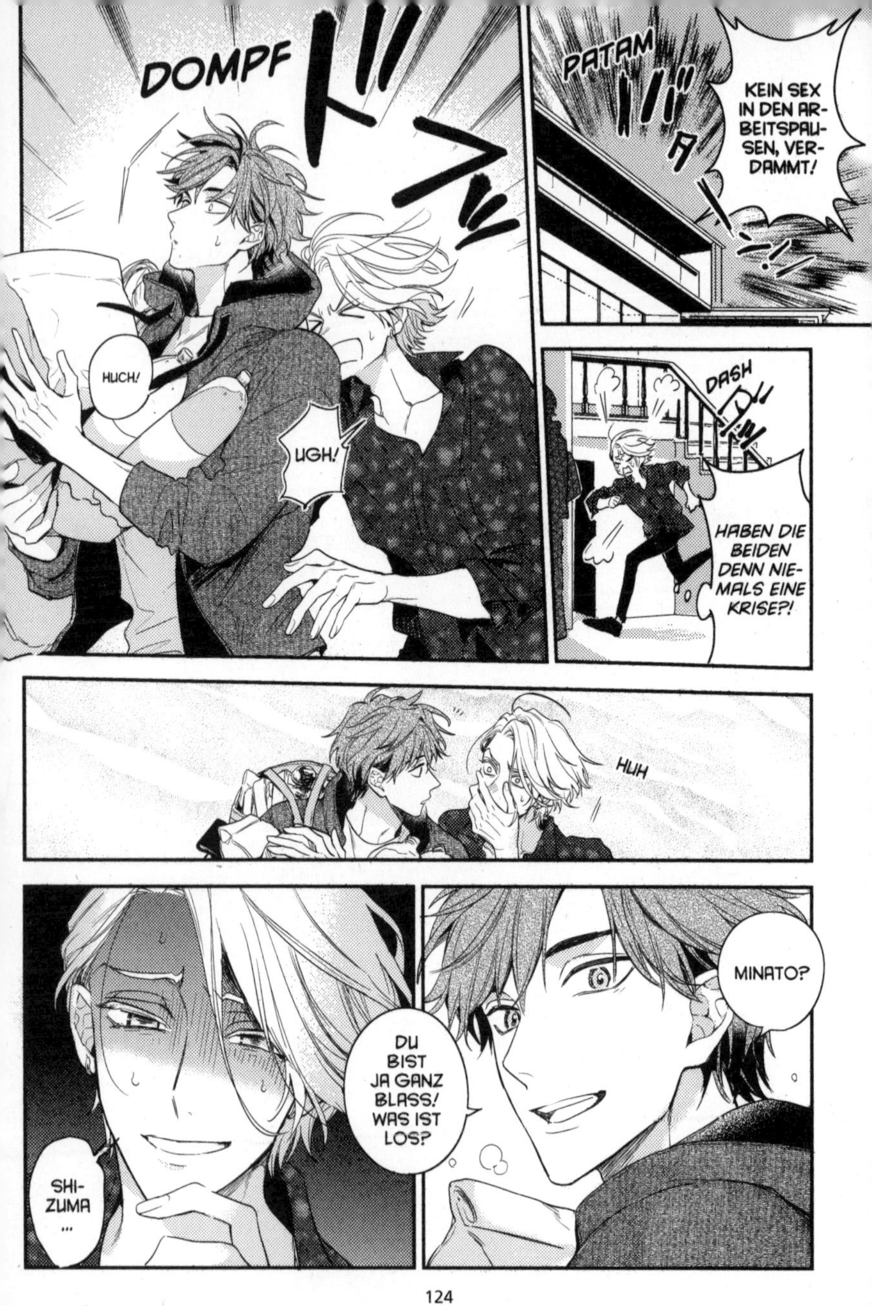
PATAM
KEIN SEX IN DEN ARBEITSPAUSEN, VERDAMMT!
DOMPF
HUCH!
UGH!
DASH
HABEN DIE BEIDEN DENN NIEMALS EINE KRISE?!
HUH
MINATO?
DU BIST JA GANZ BLASS! WAS IST LOS?
SHIZUMA …

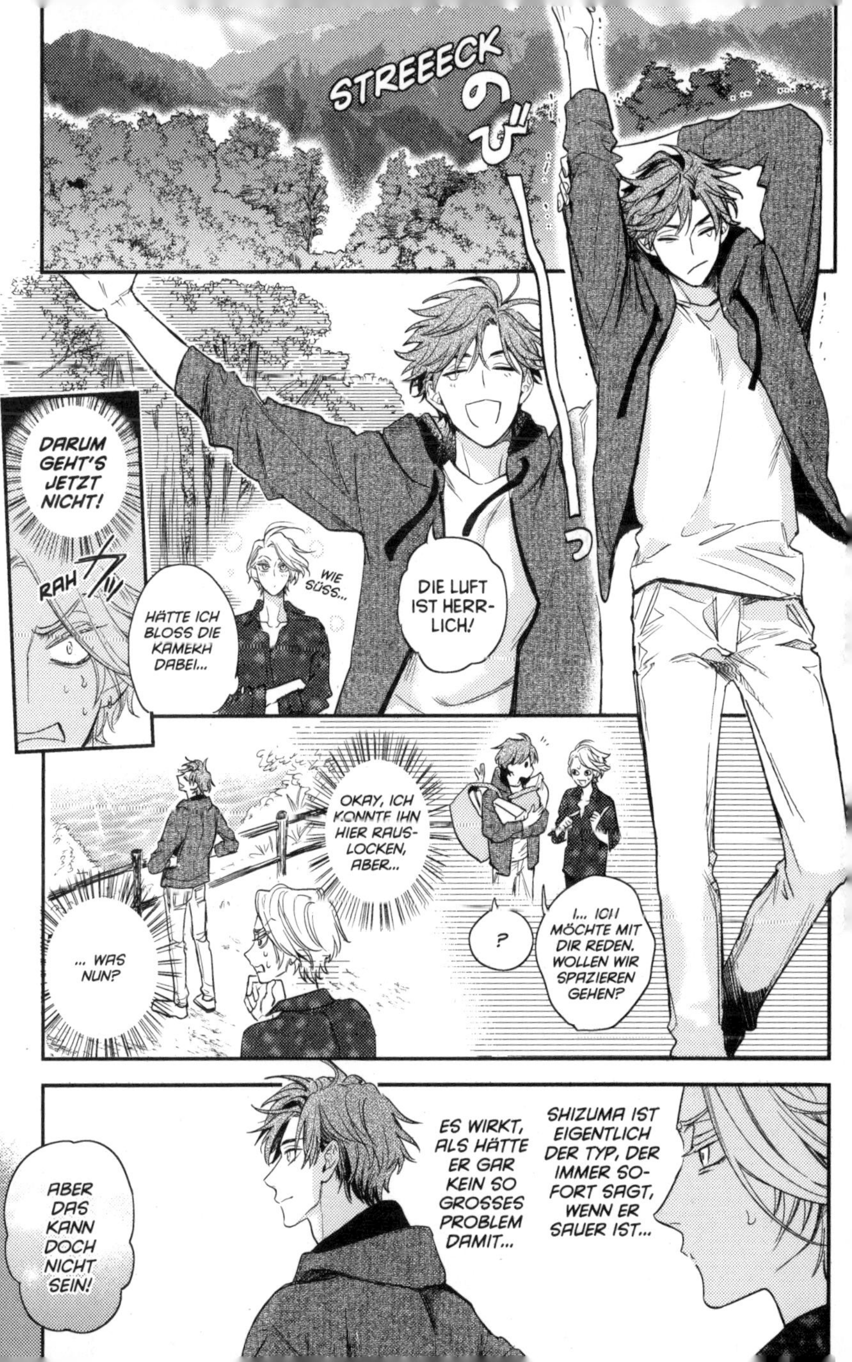
STREEECK
のび
DIE LUFT IST HERRLICH!
WIE SÜSS...
HÄTTE ICH BLOSS DIE KAMERA DABEI...
DARUM GEHT'S JETZT NICHT!
RAH
I... ICH MÖCHTE MIT DIR REDEN. WOLLEN WIR SPAZIEREN GEHEN?
?
OKAY, ICH KONNTE IHN HIER RAUSLOCKEN, ABER...
... WAS NUN?
SHIZUMA IST EIGENTLICH DER TYP, DER IMMER SOFORT SAGT, WENN ER SAUER IST...
ES WIRKT, ALS HÄTTE ER GAR KEIN SO GROSSES PROBLEM DAMIT...
ABER DAS KANN DOCH NICHT SEIN!

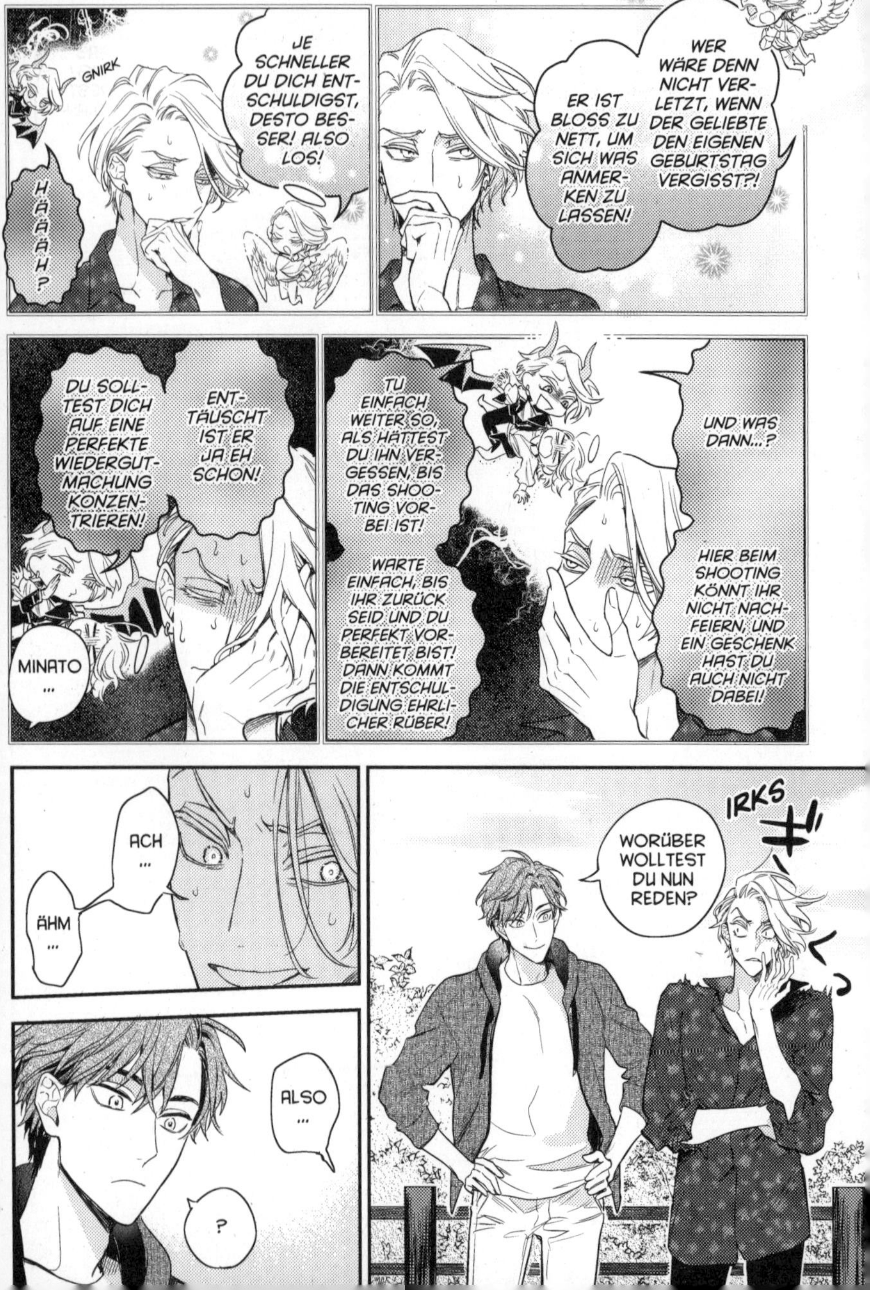

WER WÄRE DENN NICHT VERLETZT, WENN DER GELIEBTE DEN EIGENEN GEBURTSTAG VERGISST?!
ER IST BLOSS ZU NETT, UM SICH WAS ANMERKEN ZU LASSEN!
JE SCHNELLER DU DICH ENTSCHULDIGST, DESTO BESSER! ALSO LOS!
GNIRK
HÄÄÄH?
UND WAS DANN...?
HIER BEIM SHOOTING KÖNNT IHR NICHT NACHFEIERN, UND EIN GESCHENK HAST DU AUCH NICHT DABEI!
TU EINFACH WEITER SO, ALS HÄTTEST DU IHN VERGESSEN, BIS DAS SHOOTING VORBEI IST!
WARTE EINFACH, BIS IHR ZURÜCK SEID UND DU PERFEKT VORBEREITET BIST! DANN KOMMT DIE ENTSCHULDIGUNG EHRLICHER RÜBER!
ENTTÄUSCHT IST ER JA EH SCHON!
DU SOLLTEST DICH AUF EINE PERFEKTE WIEDERGUTMACHUNG KONZENTRIEREN!
MINATO ...
IRKS
WORÜBER WOLLTEST DU NUN REDEN?
ACH ...
ÄHM ...
ALSO ...
?

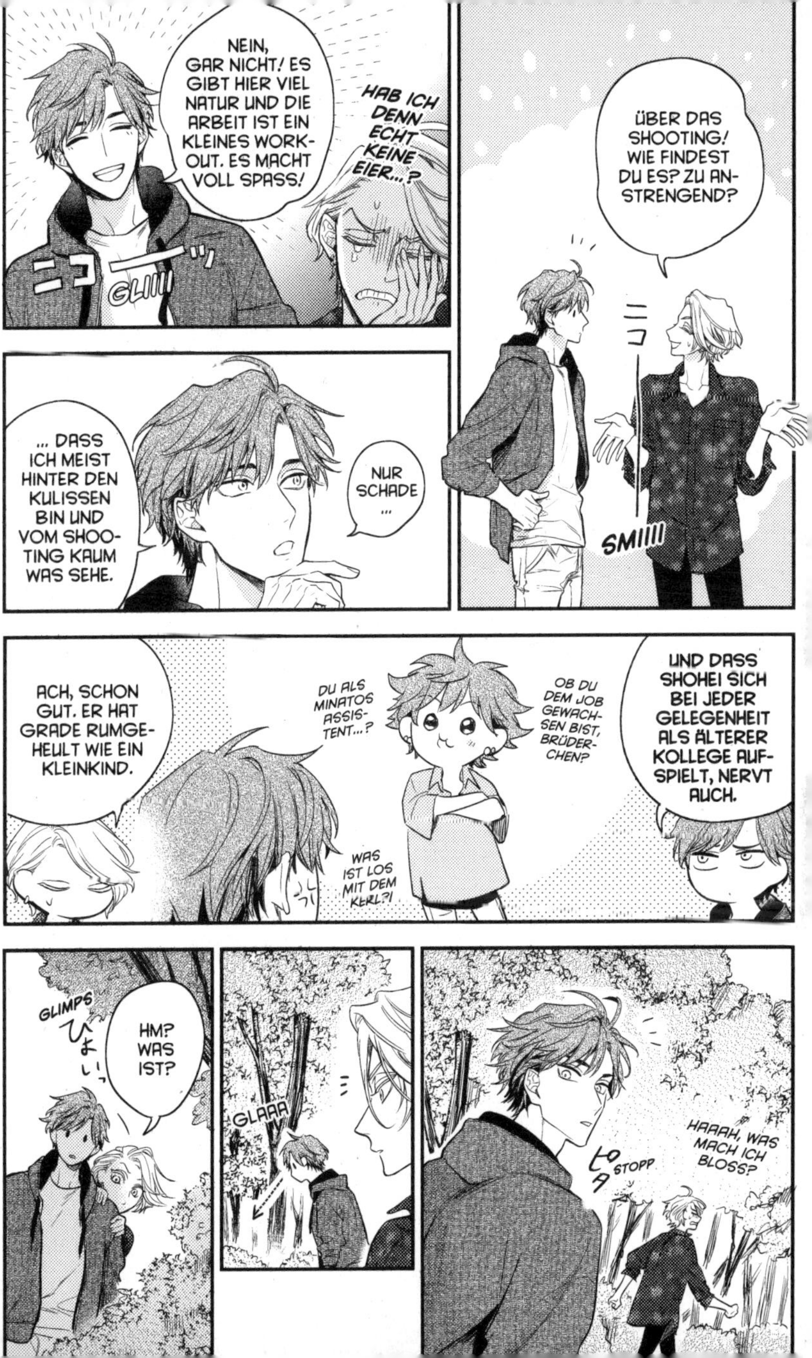

ÜBER DAS SHOOTING! WIE FINDEST DU ES? ZU ANSTRENGEND?
SMIIII
NEIN, GAR NICHT! ES GIBT HIER VIEL NATUR UND DIE ARBEIT IST EIN KLEINES WORKOUT. ES MACHT VOLL SPASS!
GLIIII
HAB ICH DENN ECHT KEINE EIER...?
NUR SCHADE ...
... DASS ICH MEIST HINTER DEN KULISSEN BIN UND VOM SHOOTING KAUM WAS SEHE.
UND DASS SHOHEI SICH BEI JEDER GELEGENHEIT ALS ÄLTERER KOLLEGE AUFSPIELT, NERVT AUCH.
OB DU DEM JOB GEWACHSEN BIST, BRÜDERCHEN?
DU ALS MINATOS ASSISTENT...?
WAS IST LOS MIT DEM KERL?!
ACH, SCHON GUT. ER HAT GRADE RUMGEHEULT WIE EIN KLEINKIND.
HAAAH, WAS MACH ICH BLOSS?
STOPP
GLAAA
HM? WAS IST?
GLIMPS

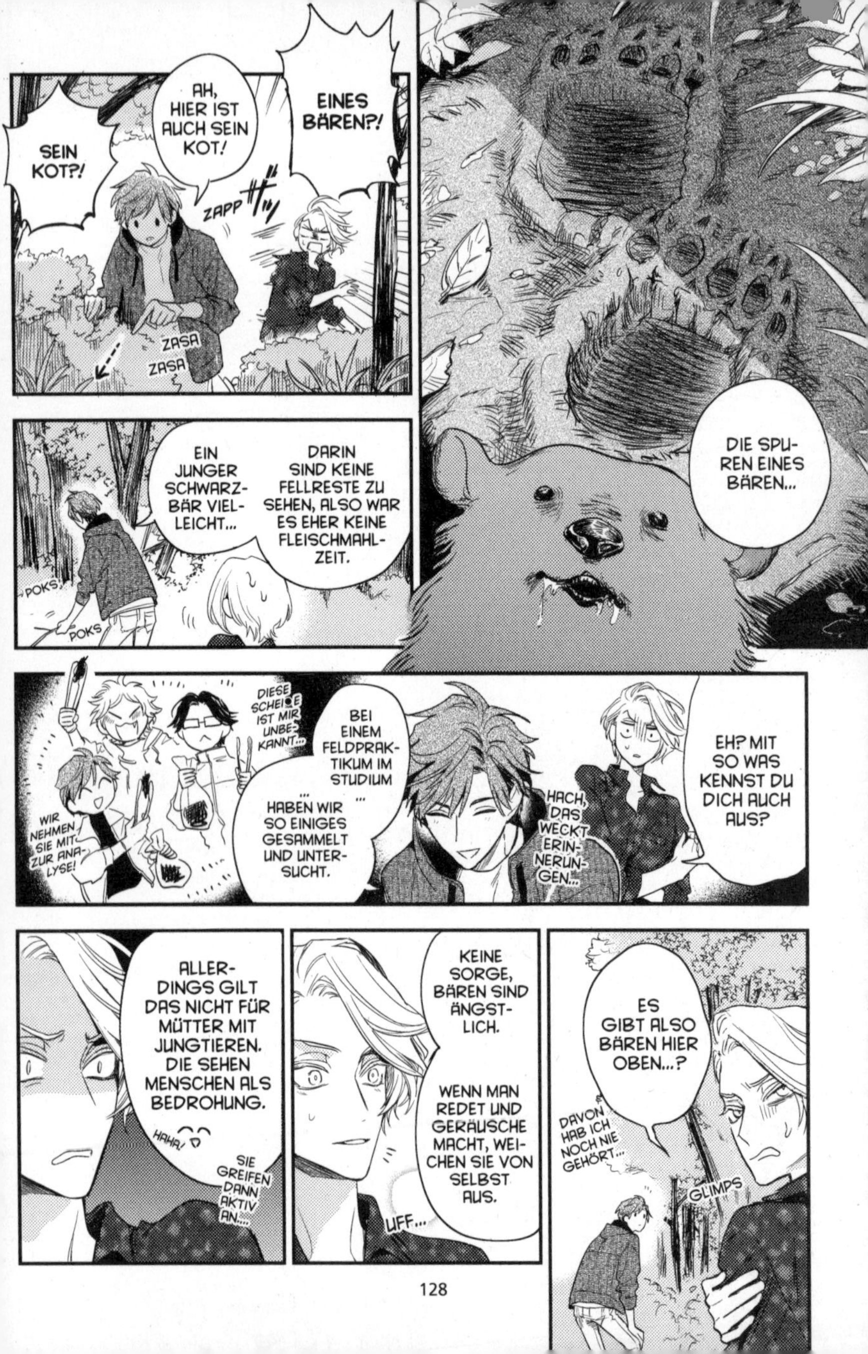

DIE SPUREN EINES BÄREN...
EINES BÄREN?!
AH, HIER IST AUCH SEIN KOT!
SEIN KOT?!
ZAPP
ZASA
ZASA
DARIN SIND KEINE FELLRESTE ZU SEHEN, ALSO WAR ES EHER KEINE FLEISCHMAHLZEIT.
EIN JUNGER SCHWARZBÄR VIELLEICHT...
POKS
POKS
EH? MIT SO WAS KENNST DU DICH AUCH AUS?
HACH, DAS WECKT ERINNERUNGEN...
BEI EINEM FELDPRAKTIKUM IM STUDIUM ...
... HABEN WIR SO EINIGES GESAMMELT UND UNTERSUCHT.
DIESE SCHEIẞE IST MIR UNBEKANNT...
WIR NEHMEN SIE MIT ZUR ANALYSE!
ES GIBT ALSO BÄREN HIER OBEN...?
DAVON HAB ICH NOCH NIE GEHÖRT...
GLIMPS
KEINE SORGE, BÄREN SIND ÄNGSTLICH.
WENN MAN REDET UND GERÄUSCHE MACHT, WEICHEN SIE VON SELBST AUS.
UFF...
ALLERDINGS GILT DAS NICHT FÜR MÜTTER MIT JUNGTIEREN. DIE SEHEN MENSCHEN ALS BEDROHUNG.
HAHA!
SIE GREIFEN DANN AKTIV AN...

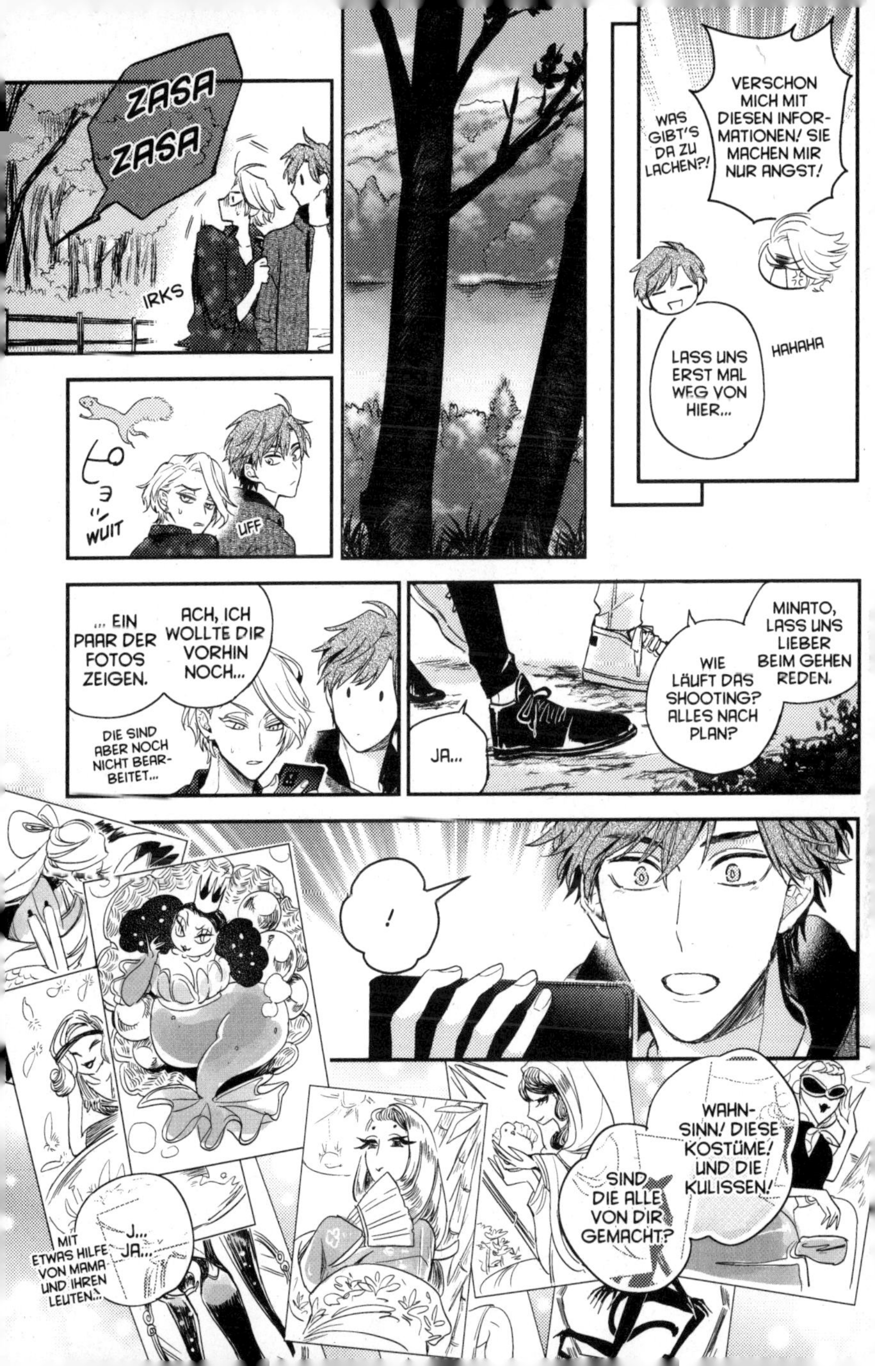

VERSCHON MICH MIT DIESEN INFORMATIONEN! SIE MACHEN MIR NUR ANGST!
WAS GIBT'S DA ZU LACHEN?!
HAHAHA
LASS UNS ERST MAL WEG VON HIER...
ZASA ZASA
IRKS
WUIT
UFF
MINATO, LASS UNS LIEBER BEIM GEHEN REDEN.
WIE LÄUFT DAS SHOOTING? ALLES NACH PLAN?
JA...
ACH, ICH WOLLTE DIR VORHIN NOCH...
... EIN PAAR DER FOTOS ZEIGEN.
DIE SIND ABER NOCH NICHT BEARBEITET...
!
WAHNSINN! DIESE KOSTÜME! UND DIE KULISSEN!
SIND DIE ALLE VON DIR GEMACHT?
J... JA...
MIT ETWAS HILFE VON MAMA UND IHREN LEUTEN...

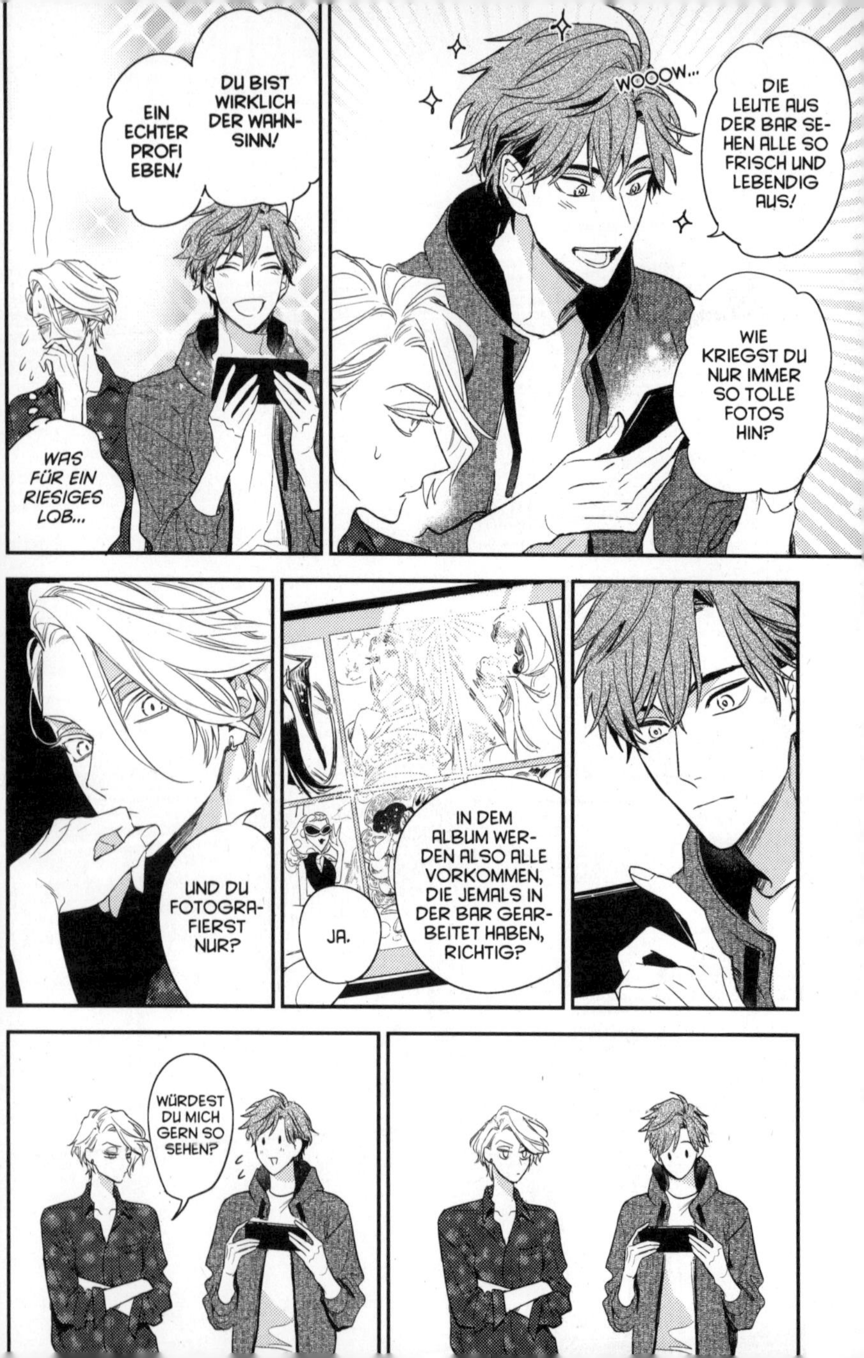
WOOOW...
DIE LEUTE AUS DER BAR SEHEN ALLE SO FRISCH UND LEBENDIG AUS!
WIE KRIEGST DU NUR IMMER SO TOLLE FOTOS HIN?
DU BIST WIRKLICH DER WAHNSINN!
EIN ECHTER PROFI EBEN!
WAS FÜR EIN RIESIGES LOB...
IN DEM ALBUM WERDEN ALSO ALLE VORKOMMEN, DIE JEMALS IN DER BAR GEARBEITET HABEN, RICHTIG?
JA.
UND DU FOTOGRAFIERST NUR?
WÜRDEST DU MICH GERN SO SEHEN?

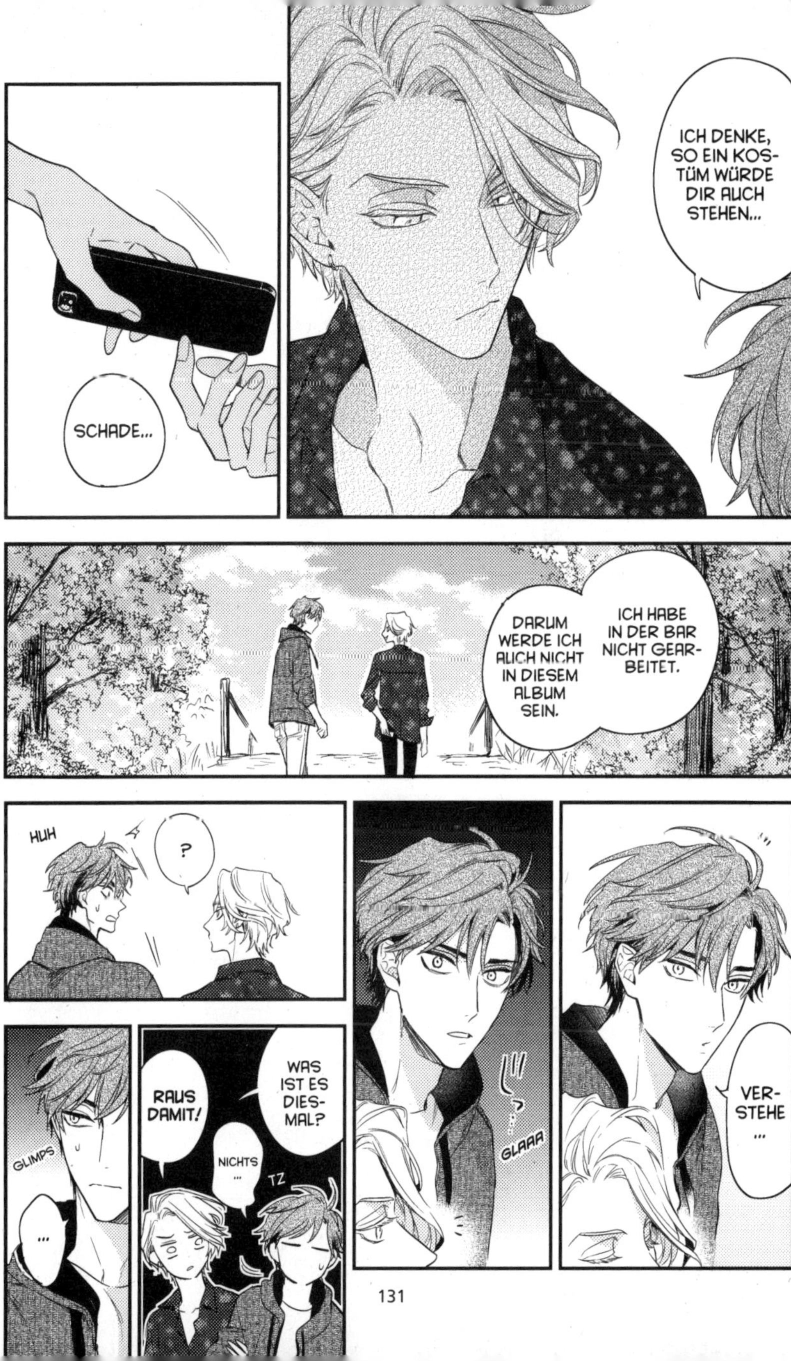
ICH DENKE, SO EIN KOSTÜM WÜRDE DIR AUCH STEHEN...
SCHADE...
ICH HABE IN DER BAR NICHT GEARBEITET.
DARUM WERDE ICH AUCH NICHT IN DIESEM ALBUM SEIN.
VERSTEHE ...
GLAAA
HUH
?
WAS IST ES DIESMAL?
RAUS DAMIT!
NICHTS ...
TZ
GLIMPS
...

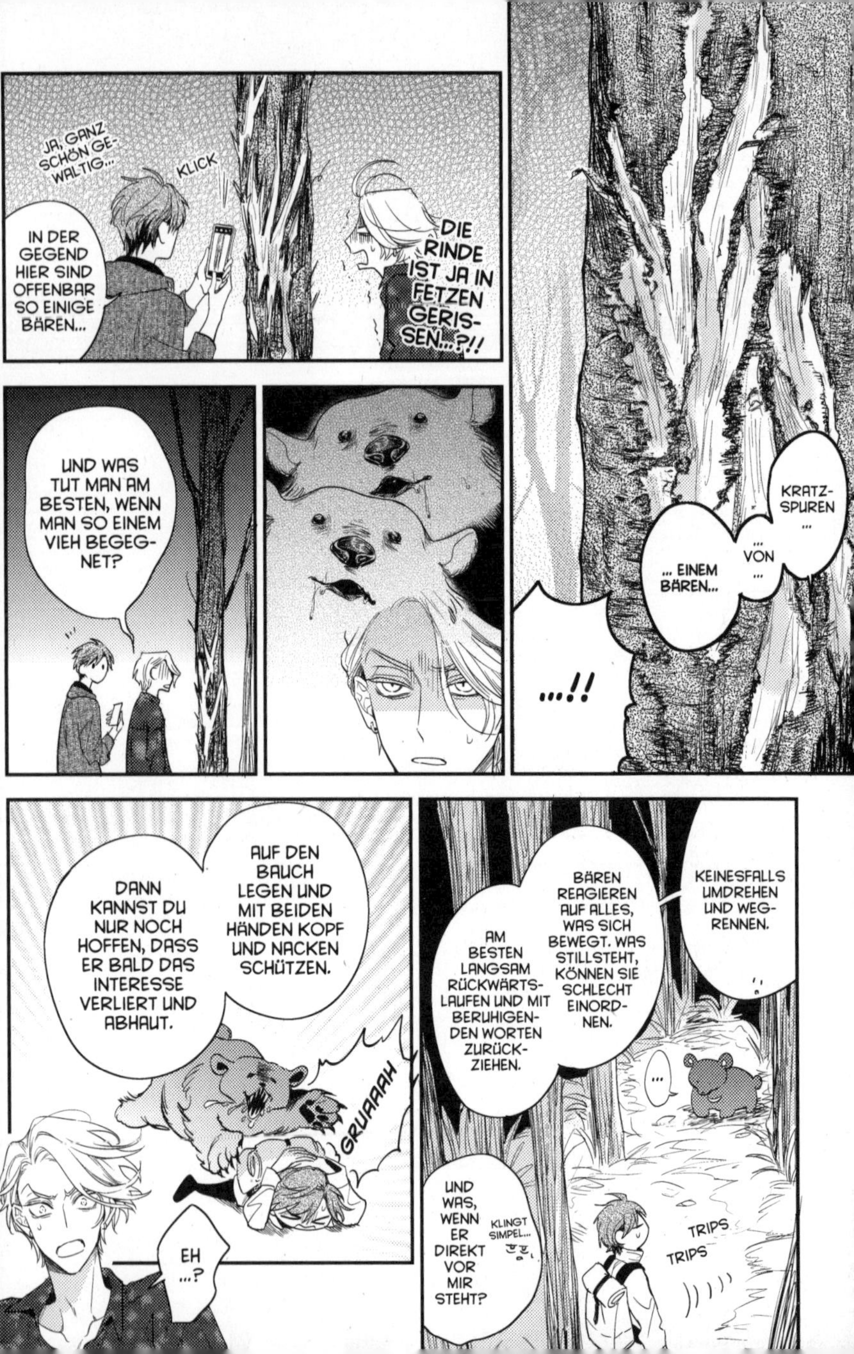
KRATZSPUREN ...
... VON ...
... EINEM BÄREN...
...!!
DIE RINDE IST JA IN FETZEN GERISSEN...?!!
KLICK
JA, GANZ SCHÖN GEWALTIG...
IN DER GEGEND HIER SIND OFFENBAR SO EINIGE BÄREN...
UND WAS TUT MAN AM BESTEN, WENN MAN SO EINEM VIEH BEGEGNET?
KEINESFALLS UMDREHEN UND WEGRENNEN.
BÄREN REAGIEREN AUF ALLES, WAS SICH BEWEGT. WAS STILLSTEHT, KÖNNEN SIE SCHLECHT EINORDNEN.
AM BESTEN LANGSAM RÜCKWÄRTSLAUFEN UND MIT BERUHIGENDEN WORTEN ZURÜCKZIEHEN.
...
TRIPS
TRIPS
UND WAS, WENN ER DIREKT VOR MIR STEHT?
KLINGT SIMPEL...
AUF DEN BAUCH LEGEN UND MIT BEIDEN HÄNDEN KOPF UND NACKEN SCHÜTZEN.
DANN KANNST DU NUR NOCH HOFFEN, DASS ER BALD DAS INTERESSE VERLIERT UND ABHAUT.
GRUAAAH
EH ...?

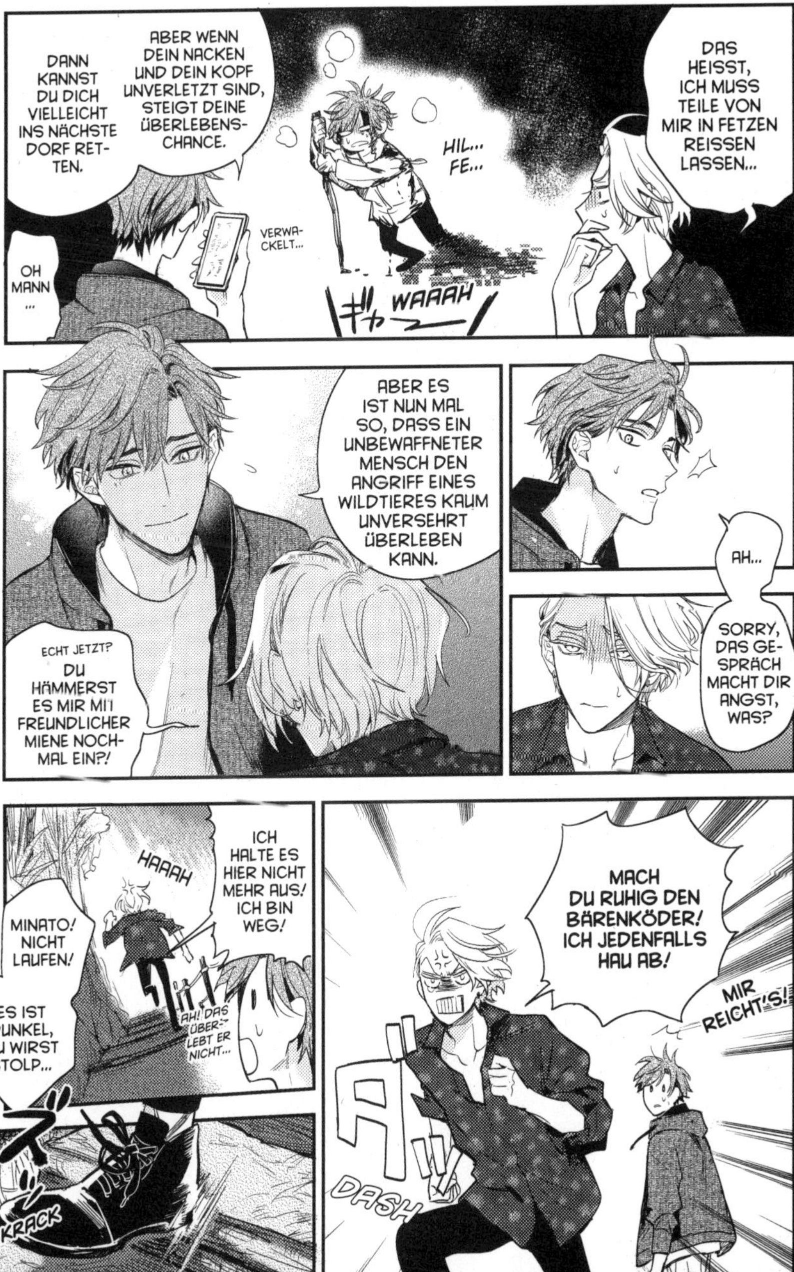
DAS HEISST, ICH MUSS TEILE VON MIR IN FETZEN REISSEN LASSEN...
HIL... FE...
ABER WENN DEIN NACKEN UND DEIN KOPF UNVERLETZT SIND, STEIGT DEINE ÜBERLEBENSCHANCE.
DANN KANNST DU DICH VIELLEICHT INS NÄCHSTE DORF RETTEN.
VERWACKELT...
OH MANN ...
WAAAH
AH...
SORRY, DAS GESPRÄCH MACHT DIR ANGST, WAS?
ABER ES IST NUN MAL SO, DASS EIN UNBEWAFFNETER MENSCH DEN ANGRIFF EINES WILDTIERES KAUM UNVERSEHRT ÜBERLEBEN KANN.
ECHT JETZT?
DU HÄMMERST ES MIR MIT FREUNDLICHER MIENE NOCHMAL EIN?!
MIR REICHT'S!
MACH DU RUHIG DEN BÄRENKÖDER! ICH JEDENFALLS HAU AB!
DASH
ICH HALTE ES HIER NICHT MEHR AUS! ICH BIN WEG!
HAAAH
MINATO! NICHT LAUFEN!
ES IST DUNKEL, DU WIRST STOLP...
AH! DAS ÜBERLEBT ER NICHT...
KRACK

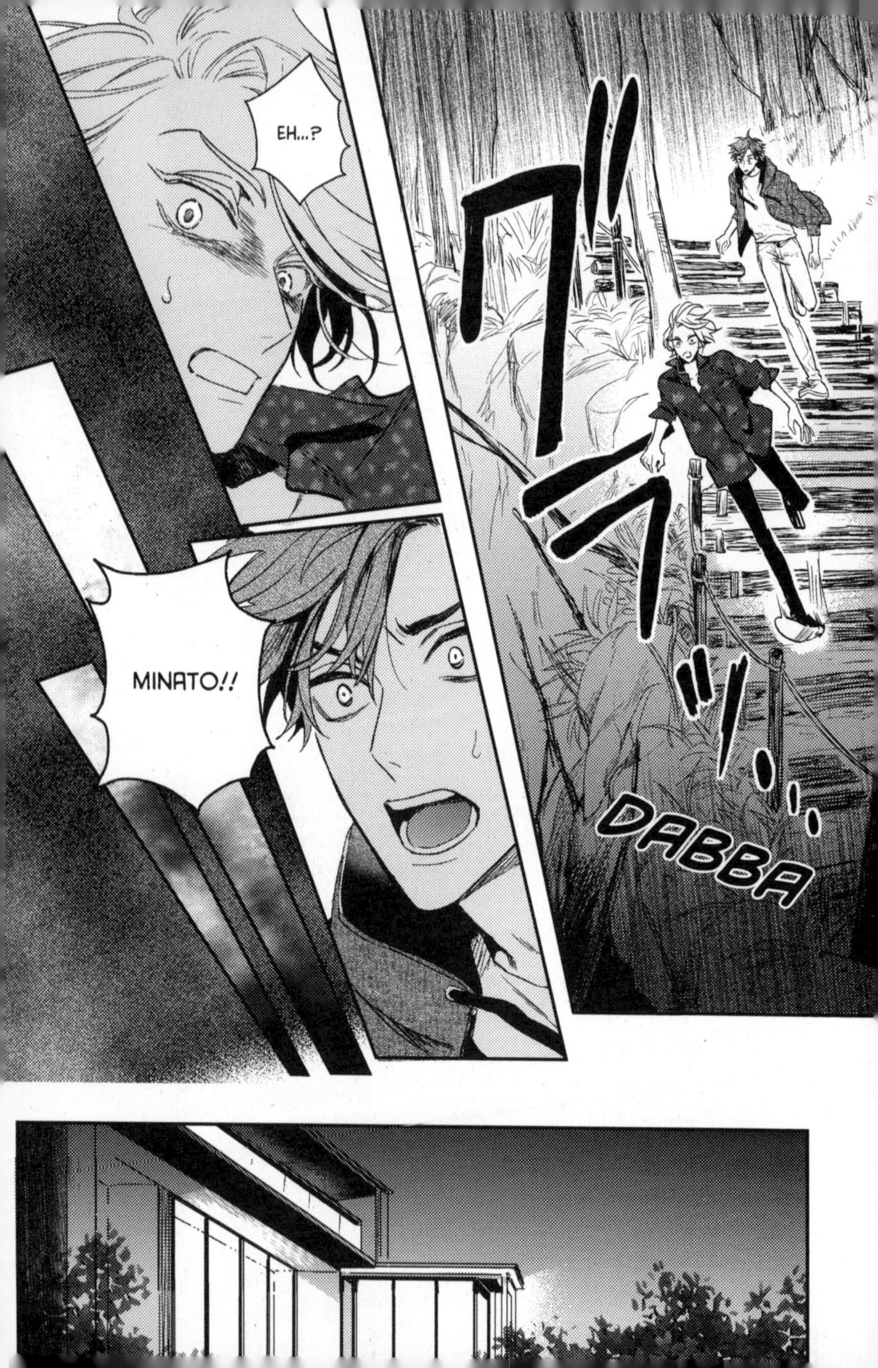
EH...?
MINATO!!
DABBA

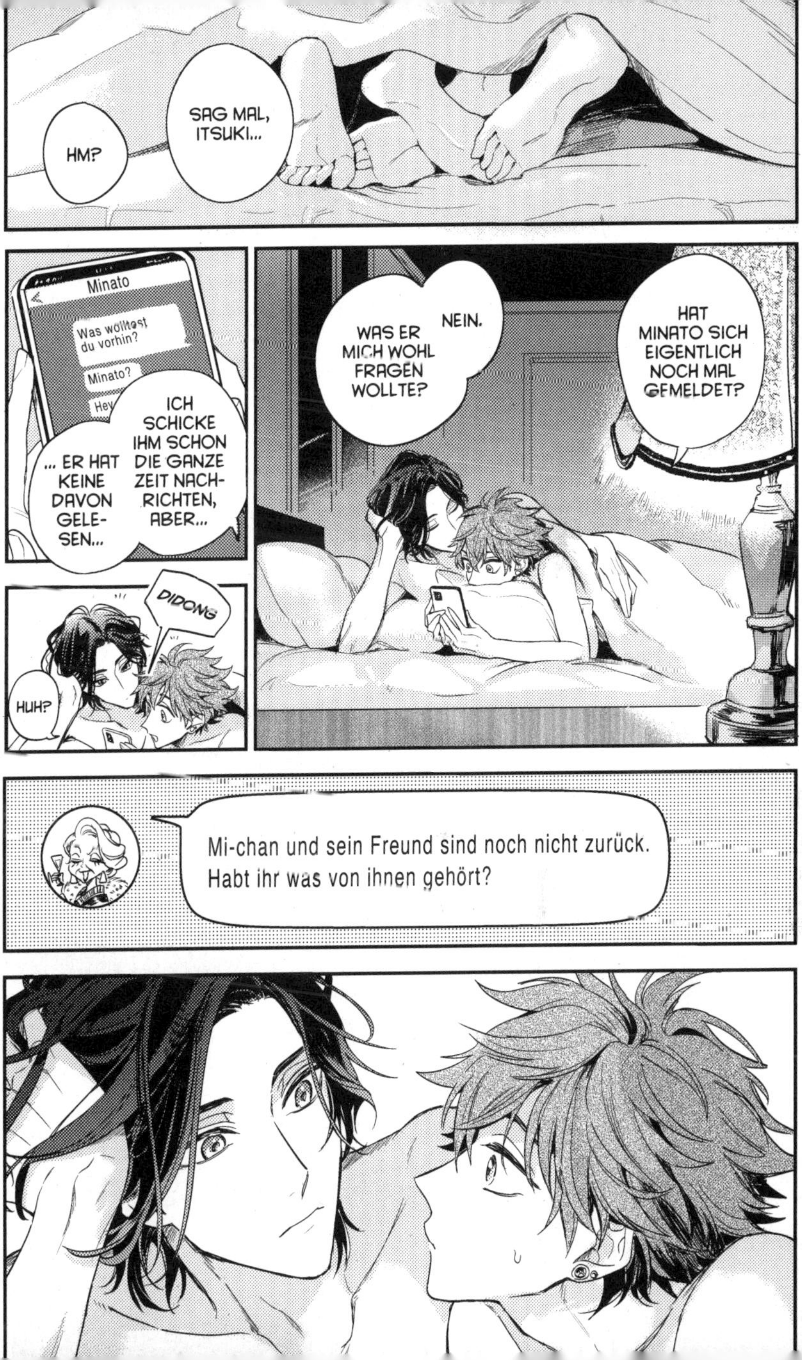
SAG MAL, ITSUKI...
HM?
HAT MINATO SICH EIGENTLICH NOCH MAL GEMELDET?
NEIN.
WAS ER MICH WOHL FRAGEN WOLLTE?
Minato
Was wolltest du vorhin?
Minato?
ICH SCHICKE IHM SCHON DIE GANZE ZEIT NACH-RICHTEN, ABER...
... ER HAT KEINE DAVON GELE-SEN...
DIDONG
HUH?
Mi-chan und sein Freund sind noch nicht zurück.
Habt ihr was von ihnen gehört?

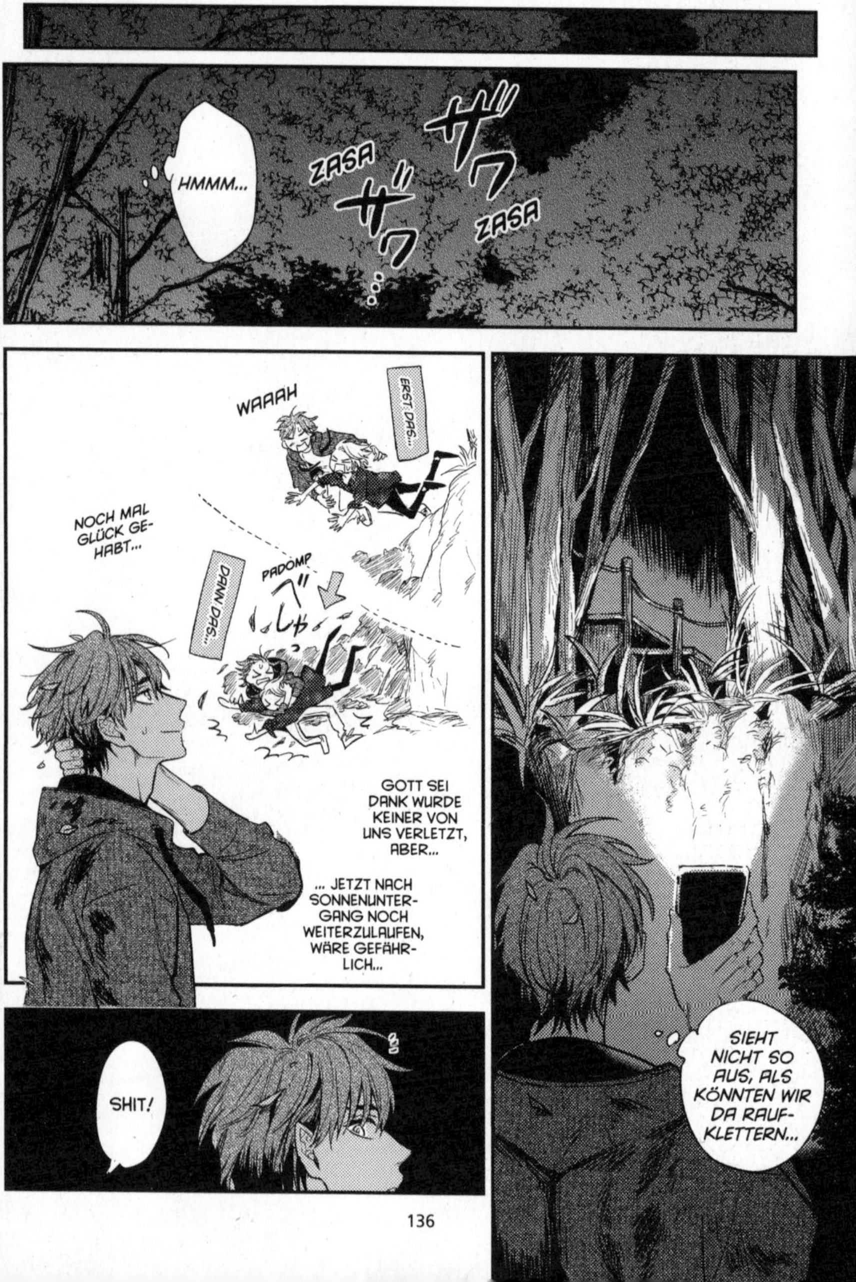
HMMM...
ZASA
ZASA
ERST DAS...
WAAAH
NOCH MAL GLÜCK GE-HABT...
DANN DAS...
PADOMP
GOTT SEI DANK WURDE KEINER VON UNS VERLETZT, ABER...
... JETZT NACH SONNENUNTER-GANG NOCH WEITERZULAUFEN, WÄRE GEFÄHR-LICH...
SHIT!
SIEHT NICHT SO AUS, ALS KÖNNTEN WIR DA RAUF-KLETTERN...

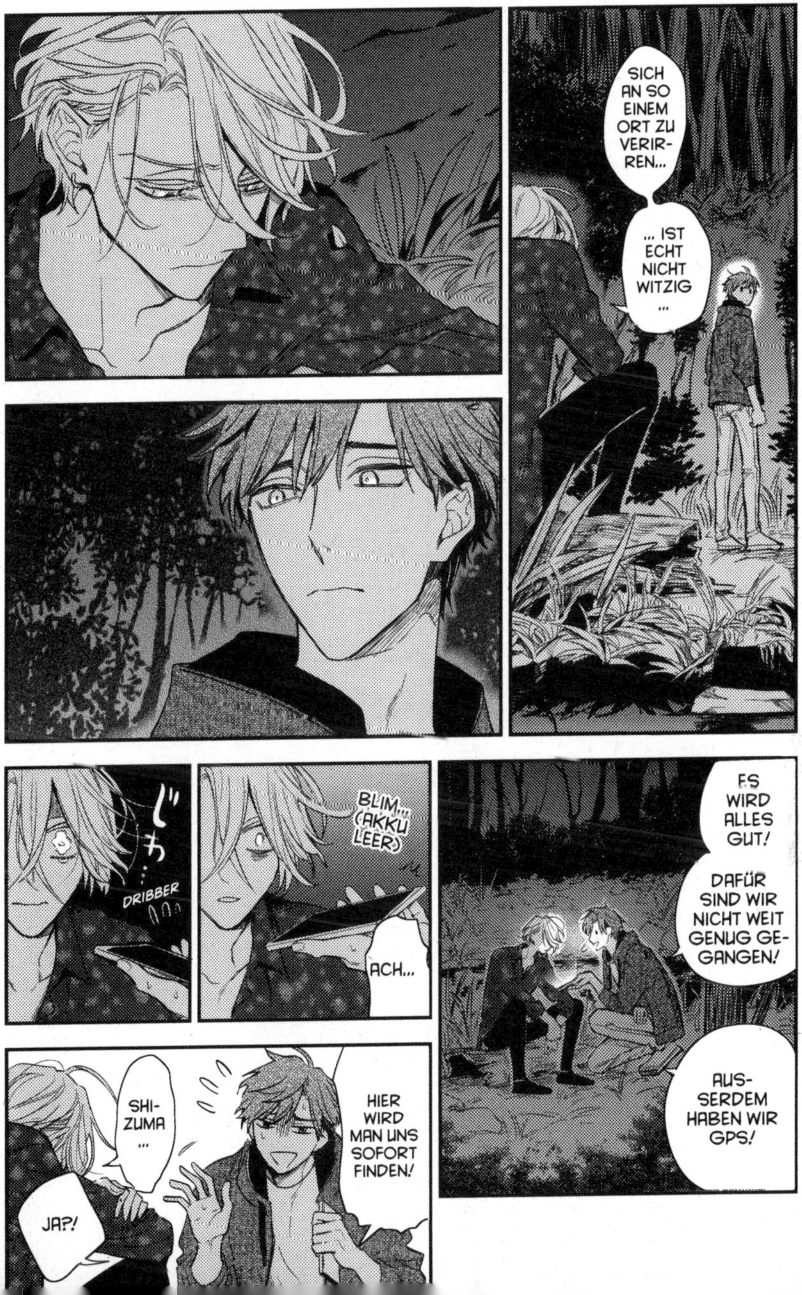

SICH AN SO EINEM ORT ZU VERIRREN...
... IST ECHT NICHT WITZIG ...
ES WIRD ALLES GUT!
DAFÜR SIND WIR NICHT WEIT GENUG GEGANGEN!
AUSSERDEM HABEN WIR GPS!
BLIM... (AKKU LEER)
ACH...
じわ…
DRIBBER
HIER WIRD MAN UNS SOFORT FINDEN!
SHIZUMA ...
JA?!

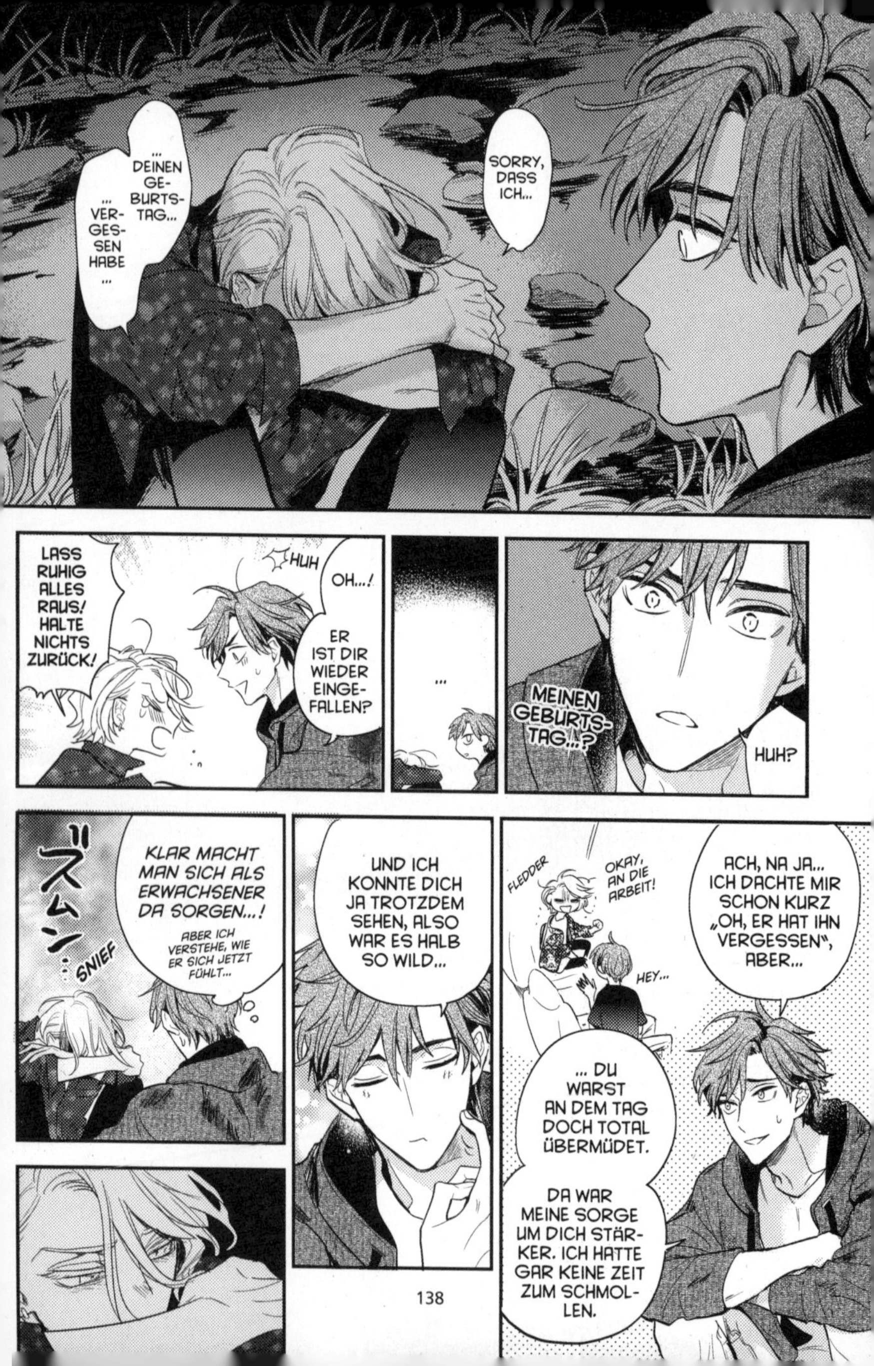
SORRY, DASS ICH...
... DEINEN GE-BURTS-TAG...
... VER-GES-SEN HABE ...
HUH?
MEINEN GEBURTS-TAG...?
...
OH...!
ER IST DIR WIEDER EINGE-FALLEN?
HUH
LASS RUHIG ALLES RAUS! HALTE NICHTS ZURÜCK!
ACH, NA JA... ICH DACHTE MIR SCHON KURZ „OH, ER HAT IHN VERGESSEN“, ABER...
OKAY, AN DIE ARBEIT!
FLEDDER
HEY...
... DU WARST AN DEM TAG DOCH TOTAL ÜBERMÜDET.
DA WAR MEINE SORGE UM DICH STÄR-KER. ICH HATTE GAR KEINE ZEIT ZUM SCHMOL-LEN.
UND ICH KONNTE DICH JA TROTZDEM SEHEN, ALSO WAR ES HALB SO WILD...
KLAR MACHT MAN SICH ALS ERWACHSENER DA SORGEN...!
ABER ICH VERSTEHE, WIE ER SICH JETZT FÜHLT...
ズムン
SNIEF

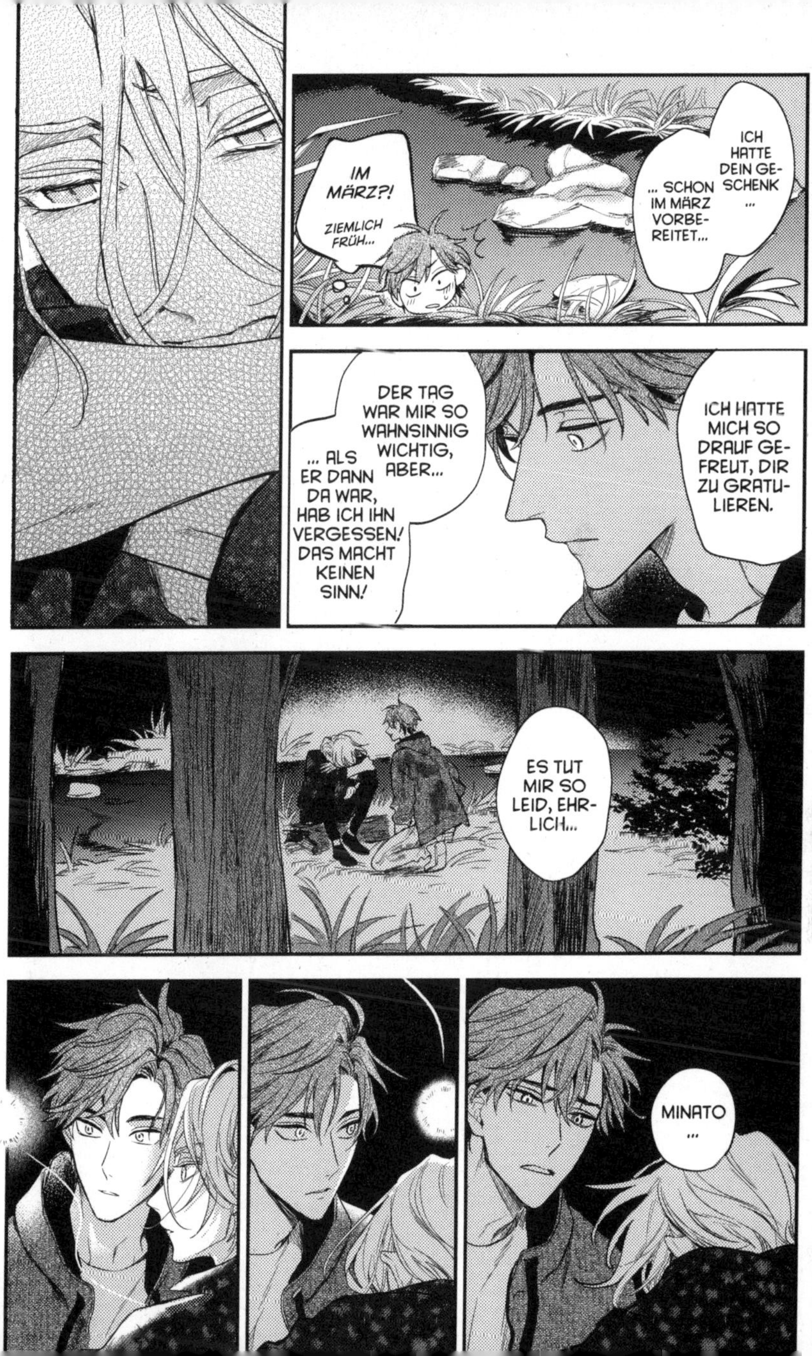
ICH HATTE DEIN GESCHENK ...
... SCHON IM MÄRZ VORBEREITET...
IM MÄRZ?!
ZIEMLICH FRÜH...
ICH HATTE MICH SO DRAUF GEFREUT, DIR ZU GRATULIEREN.
DER TAG WAR MIR SO WAHNSINNIG WICHTIG, ABER...
... ALS ER DANN DA WAR, HAB ICH IHN VERGESSEN! DAS MACHT KEINEN SINN!
ES TUT MIR SO LEID, EHRLICH...
MINATO ...

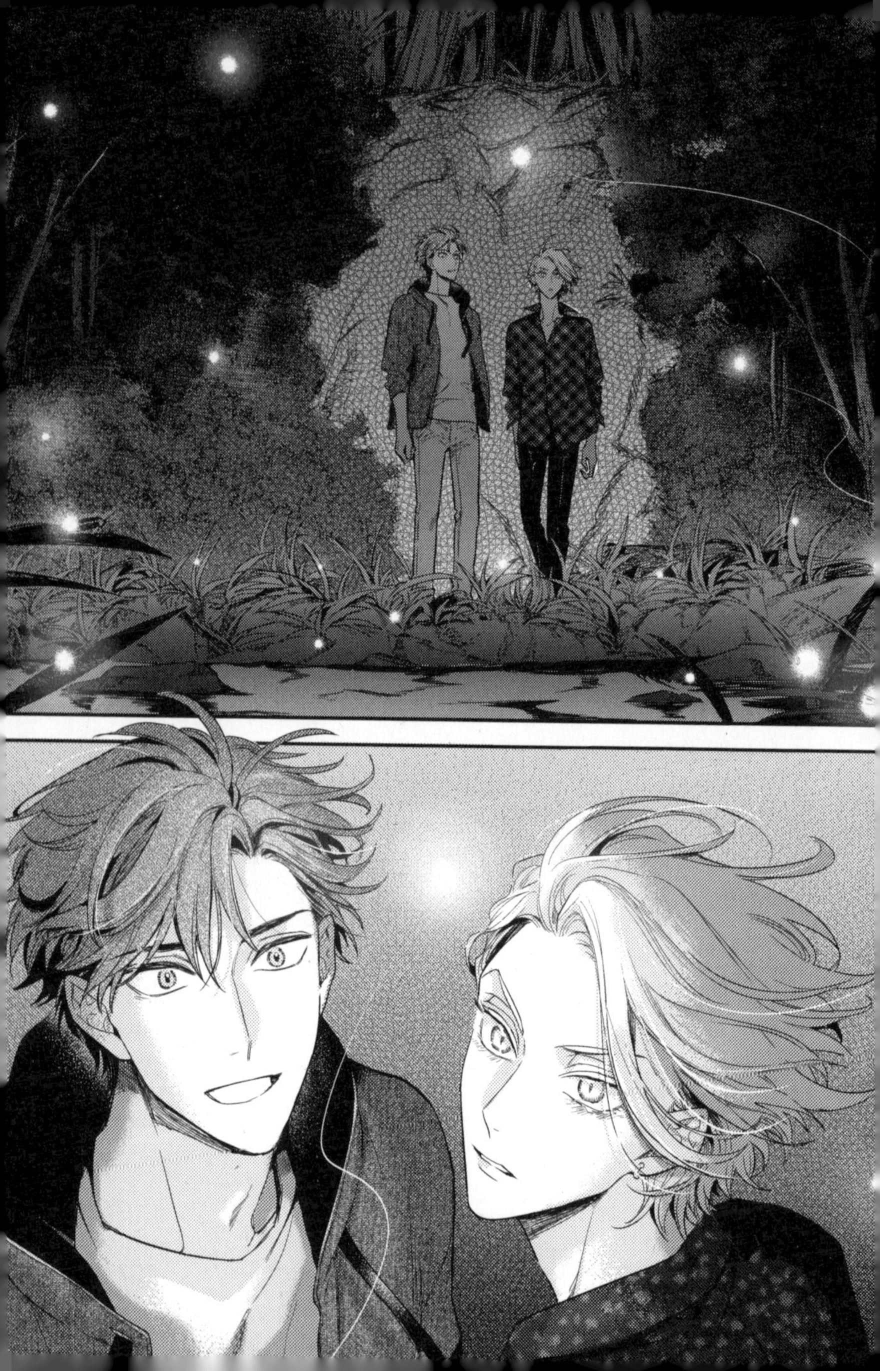

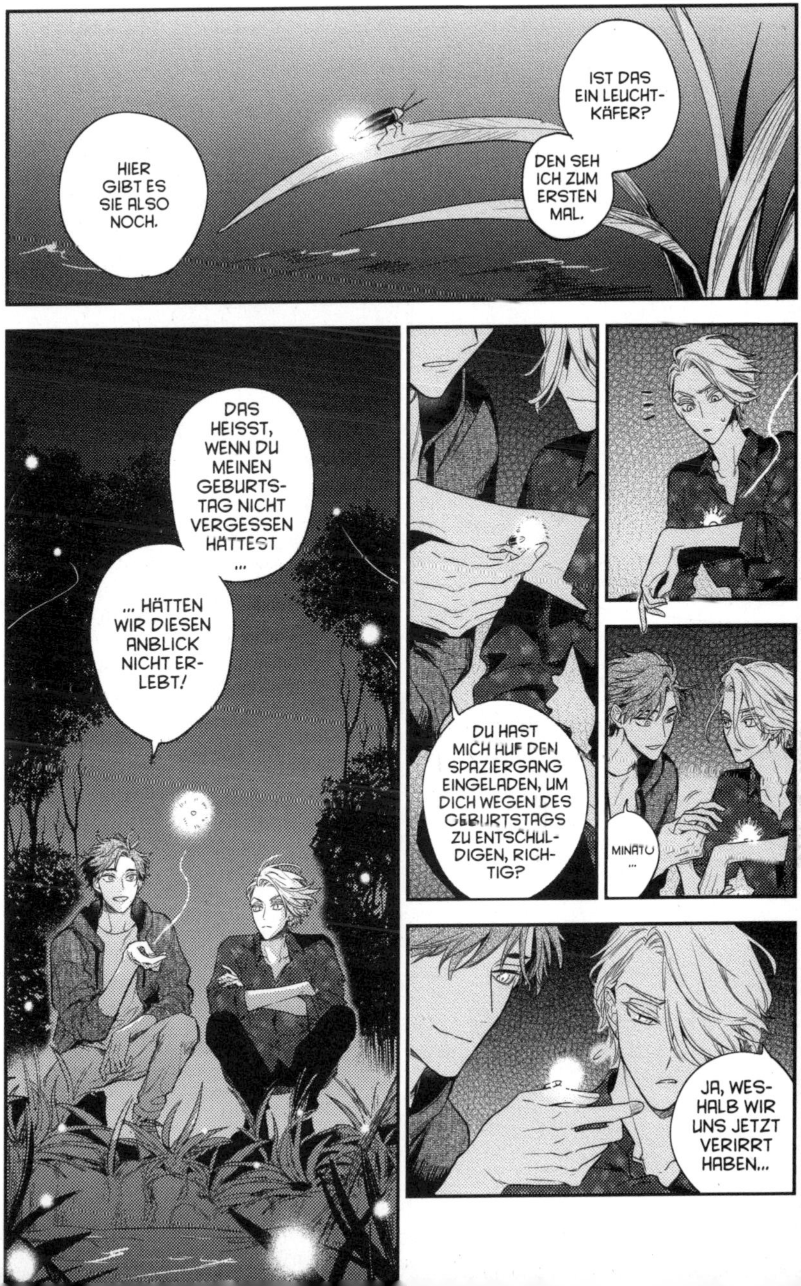
IST DAS EIN LEUCHT-KÄFER?
DEN SEH ICH ZUM ERSTEN MAL.
HIER GIBT ES SIE ALSO NOCH.
DU HAST MICH AUF DEN SPAZIERGANG EINGELADEN, UM DICH WEGEN DES GEBURTSTAGS ZU ENTSCHUL-DIGEN, RICH-TIG?
MINATO ...
DAS HEISST, WENN DU MEINEN GEBURTS-TAG NICHT VERGESSEN HÄTTEST ...
... HÄTTEN WIR DIESEN ANBLICK NICHT ER-LEBT!
JA, WES-HALB WIR UNS JETZT VERIRRT HABEN...

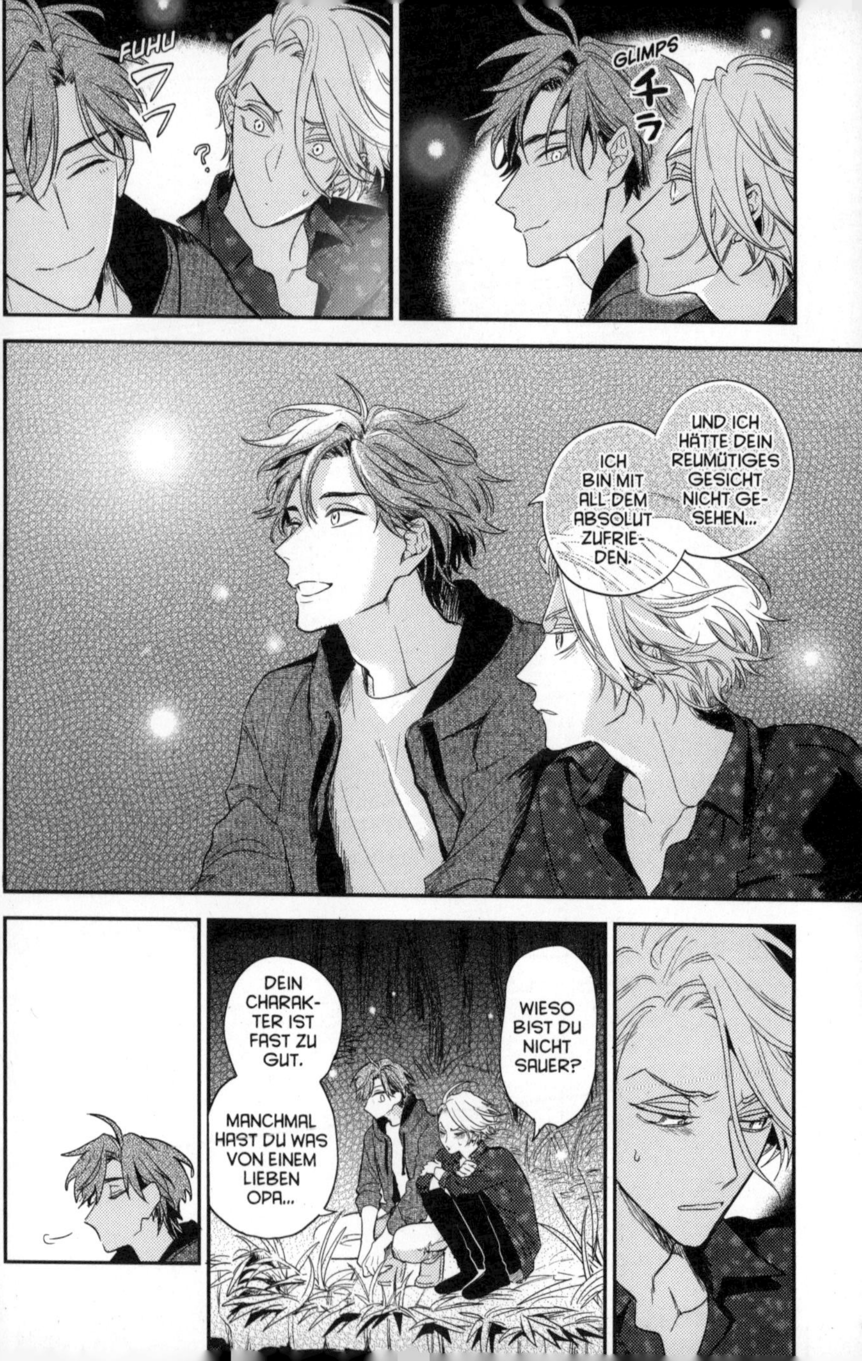
GLIMPS
チラ
FUHU
フフ
?
ICH BIN MIT ALL DEM ABSOLUT ZUFRIE-DEN.
UND ICH HÄTTE DEIN REUMÜTIGES GESICHT NICHT GE-SEHEN...
WIESO BIST DU NICHT SAUER?
DEIN CHARAK-TER IST FAST ZU GUT.
MANCHMAL HAST DU WAS VON EINEM LIEBEN OPA...

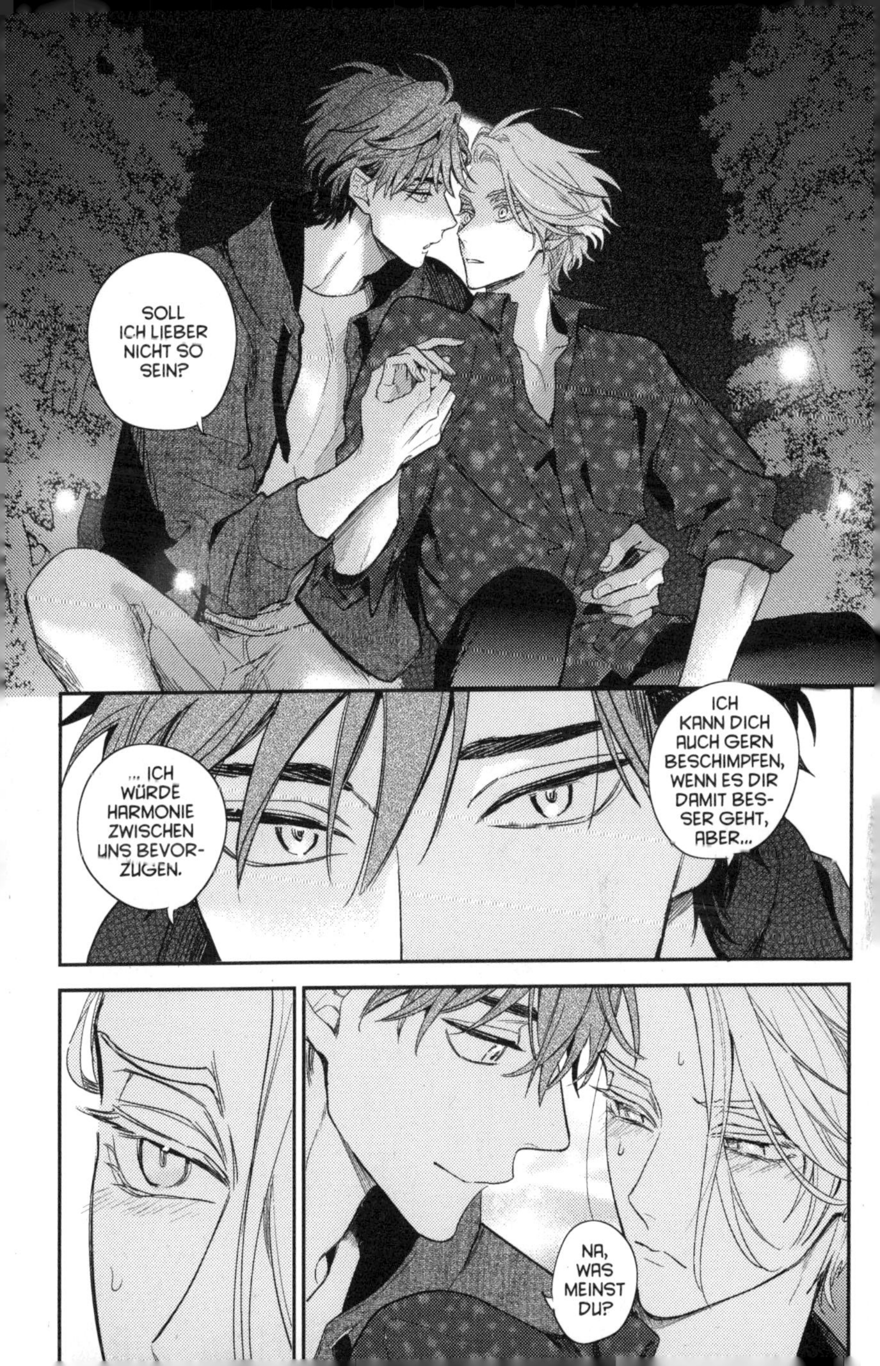
SOLL ICH LIEBER NICHT SO SEIN?
ICH KANN DICH AUCH GERN BESCHIMPFEN, WENN ES DIR DAMIT BES-SER GEHT, ABER ...
... ICH WÜRDE HARMONIE ZWISCHEN UNS BEVOR-ZUGEN.
NA, WAS MEINST DU?

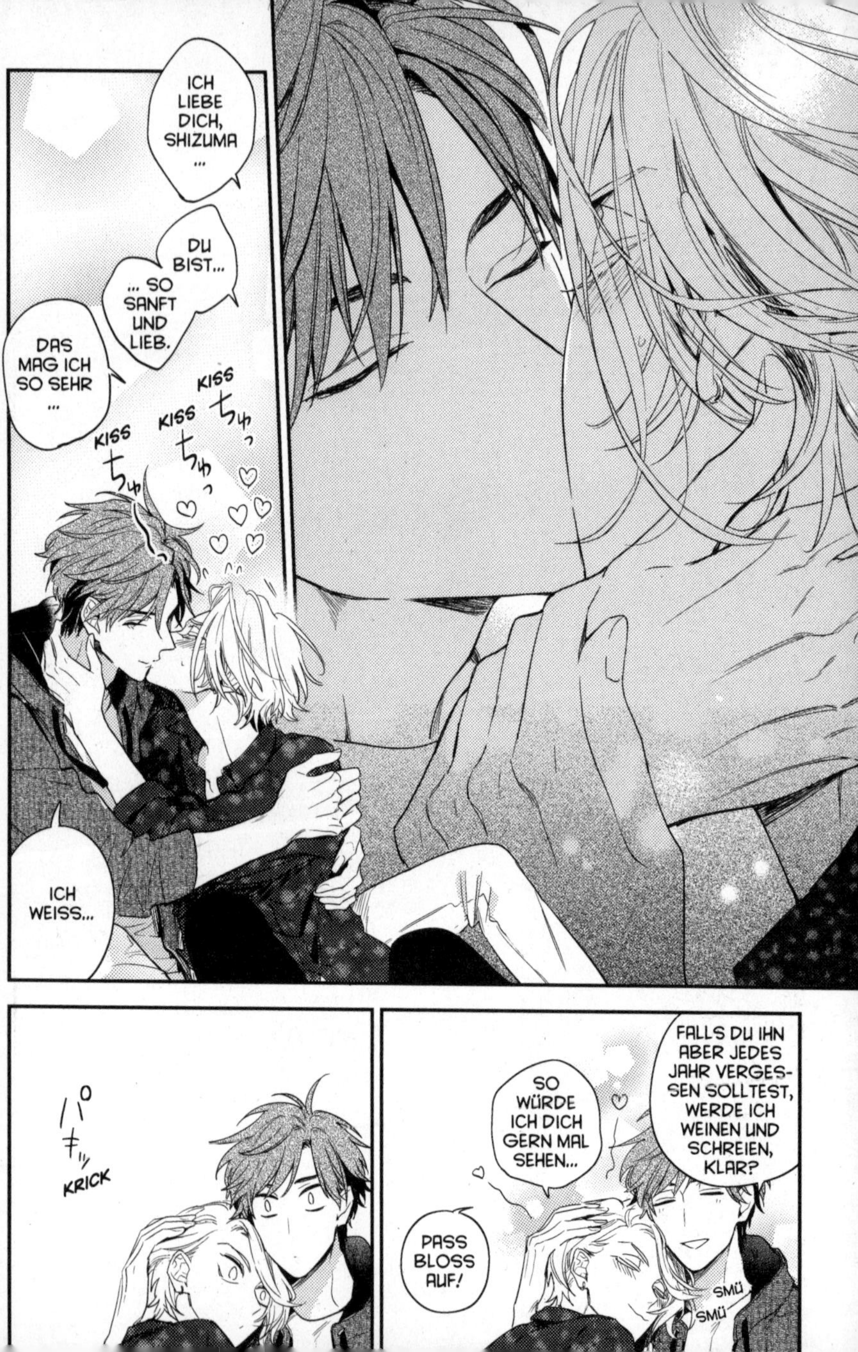
ICH LIEBE DICH, SHIZUMA ...
DU BIST...
... SO SANFT UND LIEB.
DAS MAG ICH SO SEHR ...
KISS ちゅっ
KISS ちゅっ
KISS ちゅ
ICH WEISS...
FALLS DU IHN ABER JEDES JAHR VERGESSEN SOLLTEST, WERDE ICH WEINEN UND SCHREIEN, KLAR?
SO WÜRDE ICH DICH GERN MAL SEHEN...
PASS BLOSS AUF!
SMÜ
SMÜ
パキッ
KRICK

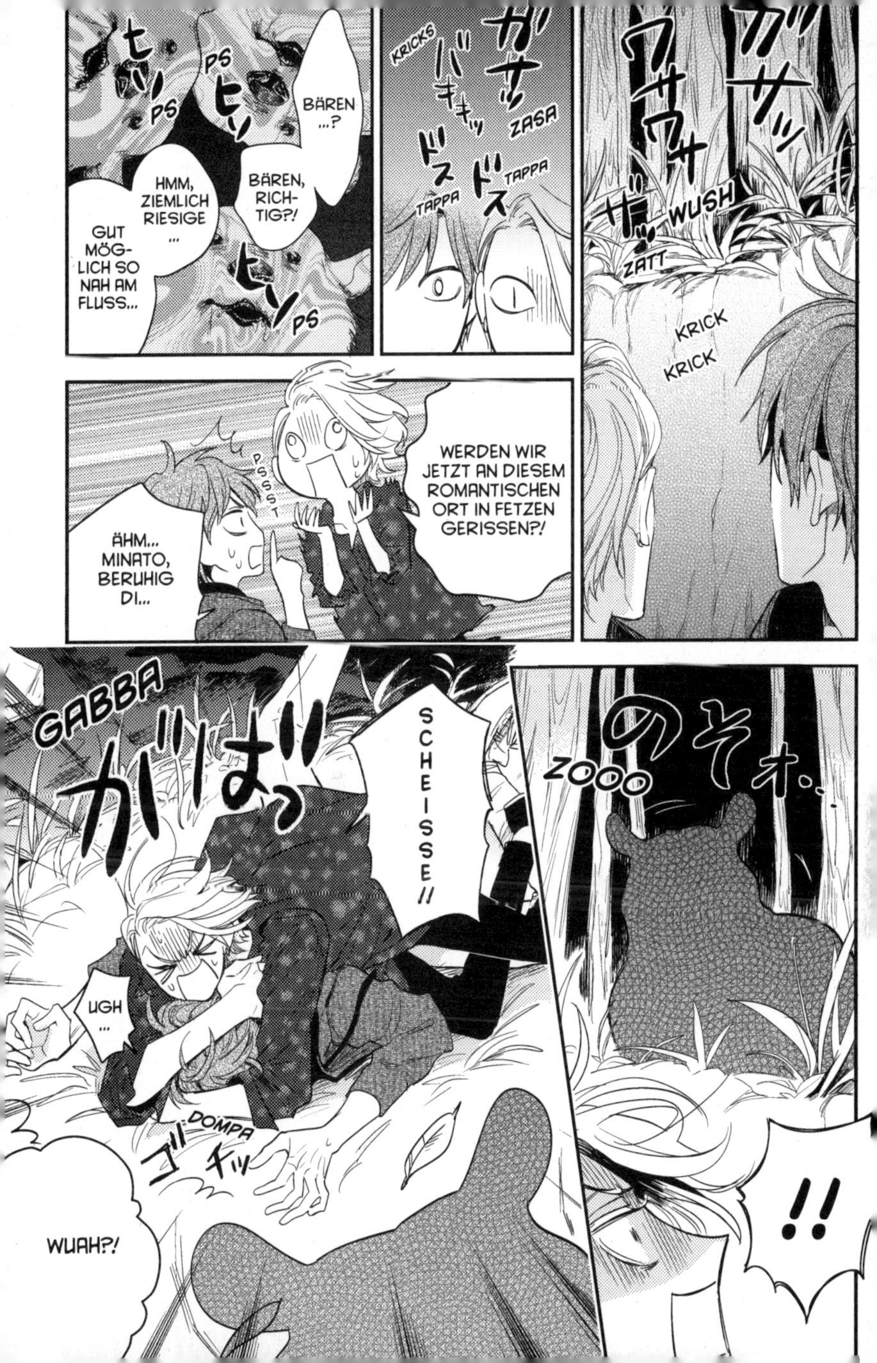

KRICKS
ZASA
TAPPA
TAPPA
WUSH
ZATT
KRICK
KRICK
BÄREN ...?
PS
PS
BÄREN, RICHTIG?!
HMM, ZIEMLICH RIESIGE ...
GUT MÖGLICH SO NAH AM FLUSS...
PS
WERDEN WIR JETZT AN DIESEM ROMANTISCHEN ORT IN FETZEN GERISSEN?!
PSSST
ÄHM... MINATO, BERUHIG DI...
ZOOO
GABBA
SCHEISSE!!
UGH ...
DOMPA
WUAH?!
!!

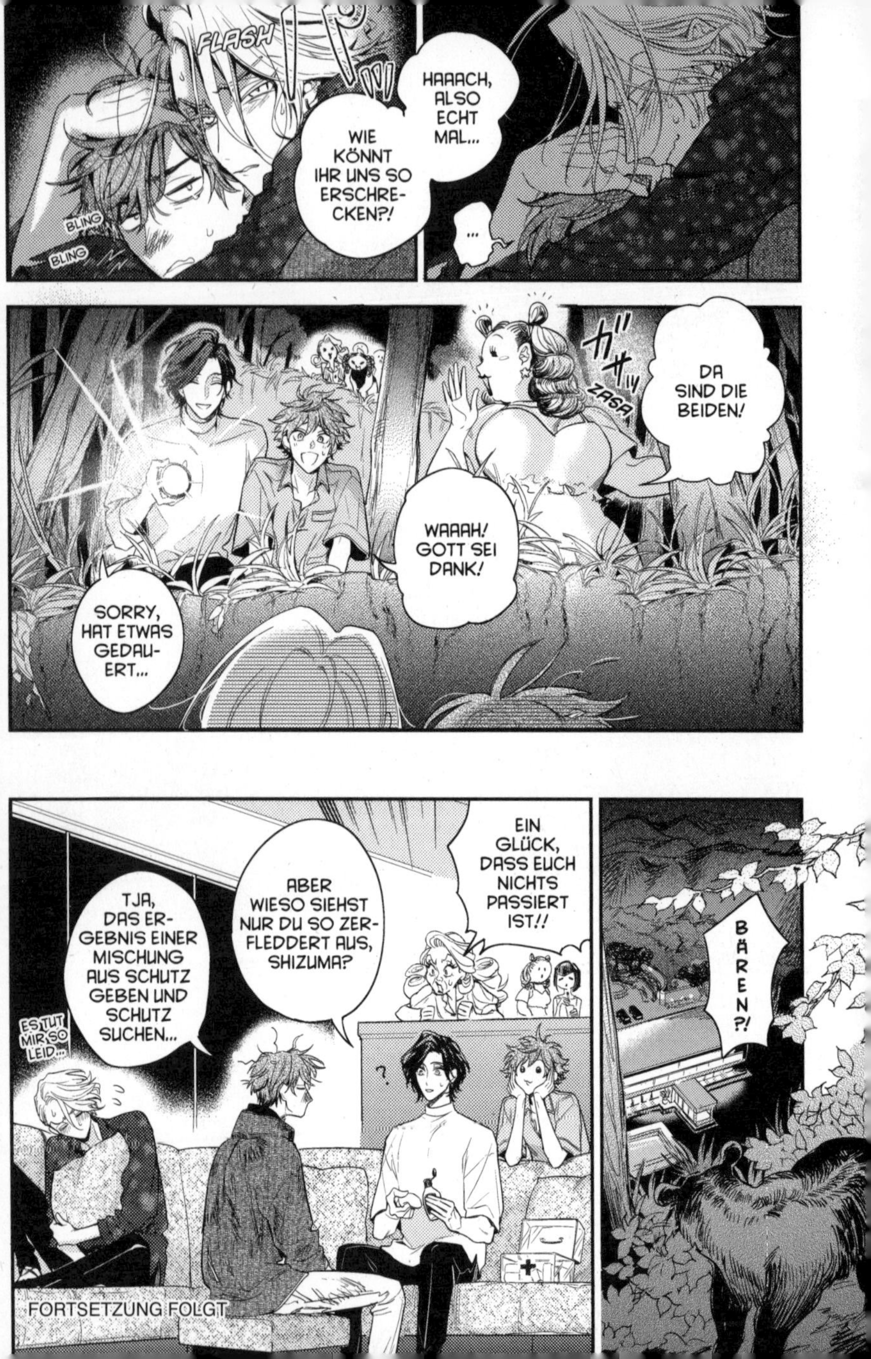
FLASH
HAAACH, ALSO ECHT MAL...
WIE KÖNNT IHR UNS SO ERSCHRE-CKEN?!
BLING
BLING
...
DA SIND DIE BEIDEN!
ZASA
WAAAH! GOTT SEI DANK!
SORRY, HAT ETWAS GEDAU-ERT...
BÄREN?!
EIN GLÜCK, DASS EUCH NICHTS PASSIERT IST!!
ABER WIESO SIEHST NUR DU SO ZER-FLEDDERT AUS, SHIZUMA?
TJA, DAS ER-GEBNIS EINER MISCHUNG AUS SCHUTZ GEBEN UND SCHUTZ SUCHEN...
ES TUT MIR SO LEID...
?
FORTSETZUNG FOLGT

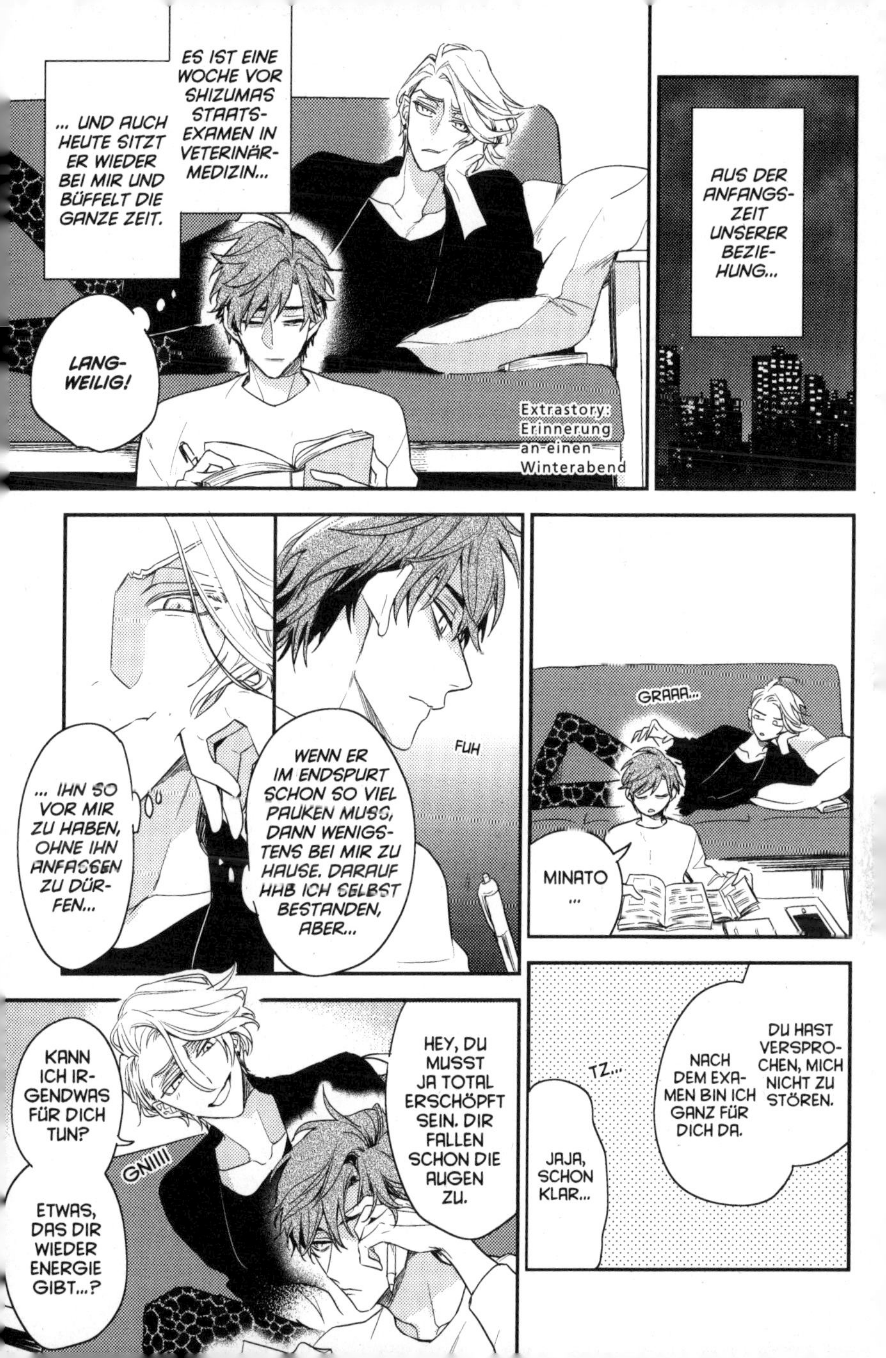
AUS DER ANFANGSZEIT UNSERER BEZIEHUNG...
ES IST EINE WOCHE VOR SHIZUMAS STAATSEXAMEN IN VETERINÄRMEDIZIN...
... UND AUCH HEUTE SITZT ER WIEDER BEI MIR UND BÜFFELT DIE GANZE ZEIT.
LANGWEILIG!
Extrastory: Erinnerung an einen Winterabend
GRAAA...
MINATO ...
FUH
WENN ER IM ENDSPURT SCHON SO VIEL PAUKEN MUSS, DANN WENIGSTENS BEI MIR ZU HAUSE. DARAUF HAB ICH SELBST BESTANDEN, ABER...
... IHN SO VOR MIR ZU HABEN, OHNE IHN ANFASSEN ZU DÜRFEN...
DU HAST VERSPROCHEN, MICH NICHT ZU STÖREN.
NACH DEM EXAMEN BIN ICH GANZ FÜR DICH DA.
TZ...
JAJA, SCHON KLAR...
HEY, DU MUSST JA TOTAL ERSCHÖPFT SEIN. DIR FALLEN SCHON DIE AUGEN ZU.
KANN ICH IRGENDWAS FÜR DICH TUN?
GNIIII
ETWAS, DAS DIR WIEDER ENERGIE GIBT...?

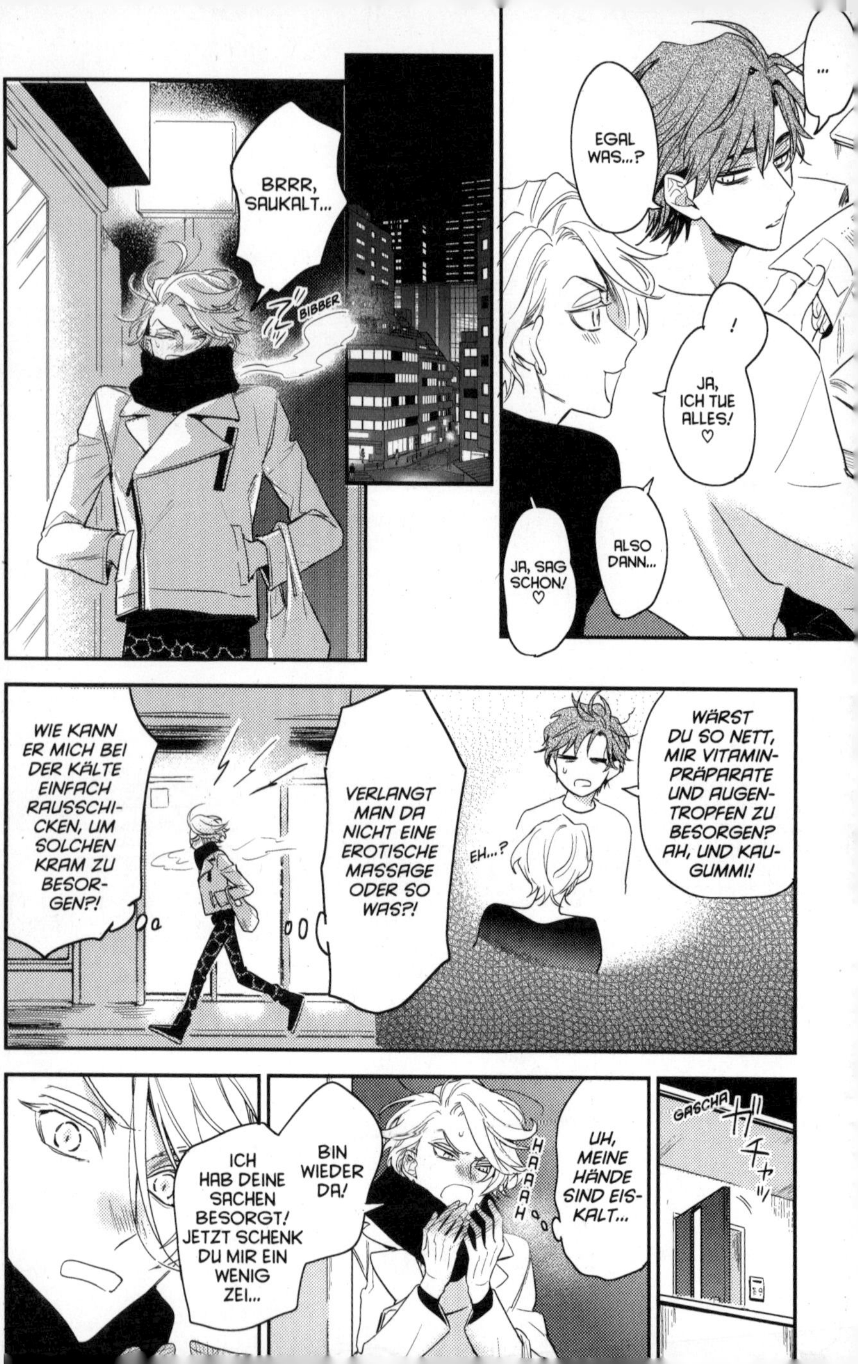
...
EGAL WAS...?
!
JA, ICH TUE ALLES! ♡
ALSO DANN...
JA, SAG SCHON! ♡
BRRR, SAUKALT...
BIBBER
WÄRST DU SO NETT, MIR VITAMINPRÄPARATE UND AUGENTROPFEN ZU BESORGEN? AH, UND KAUGUMMI!
EH...?
VERLANGT MAN DA NICHT EINE EROTISCHE MASSAGE ODER SO WAS?!
WIE KANN ER MICH BEI DER KÄLTE EINFACH RAUSSCHICKEN, UM SOLCHEN KRAM ZU BESORGEN?!
GASCHA
UH, MEINE HÄNDE SIND EISKALT...
HAAAAH
BIN WIEDER DA!
ICH HAB DEINE SACHEN BESORGT! JETZT SCHENK DU MIR EIN WENIG ZEI...

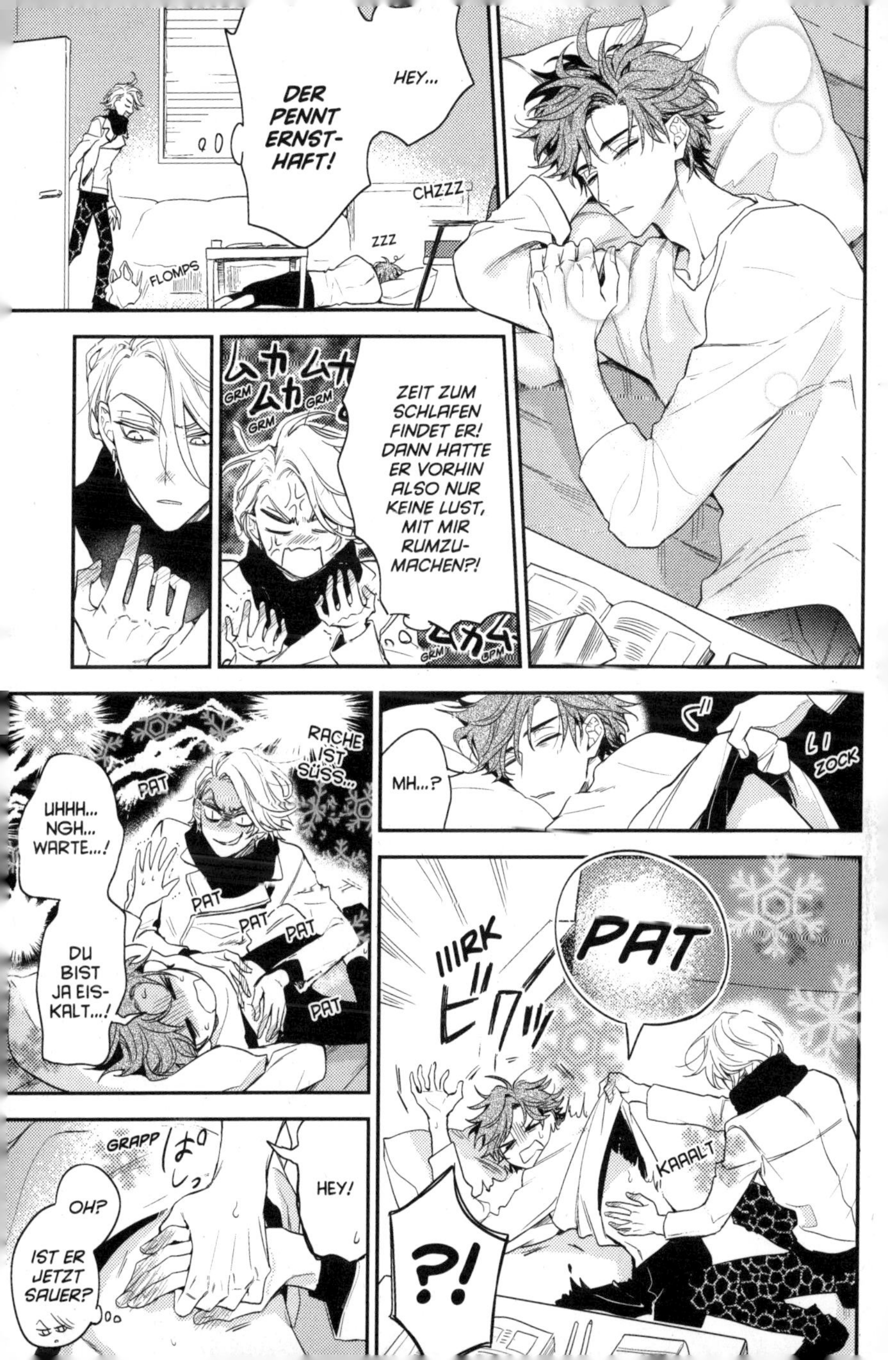
HEY...
DER PENNT ERNSTHAFT!
CHZZZ
ZZZ
FLOMPS
GRM GRM GRM
ZEIT ZUM SCHLAFEN FINDET ER! DANN HATTE ER VORHIN ALSO NUR KEINE LUST, MIT MIR RUMZUMACHEN?!
GRM GRM
ZOCK
MH...?
RACHE IST SÜSS...
PAT
UHHH... NGH... WARTE...!
PAT PAT PAT PAT
DU BIST JA EISKALT...!
PAT
IIIRK
KAAALT
?!
HEY!
GRAPP
OH?
IST ER JETZT SAUER?

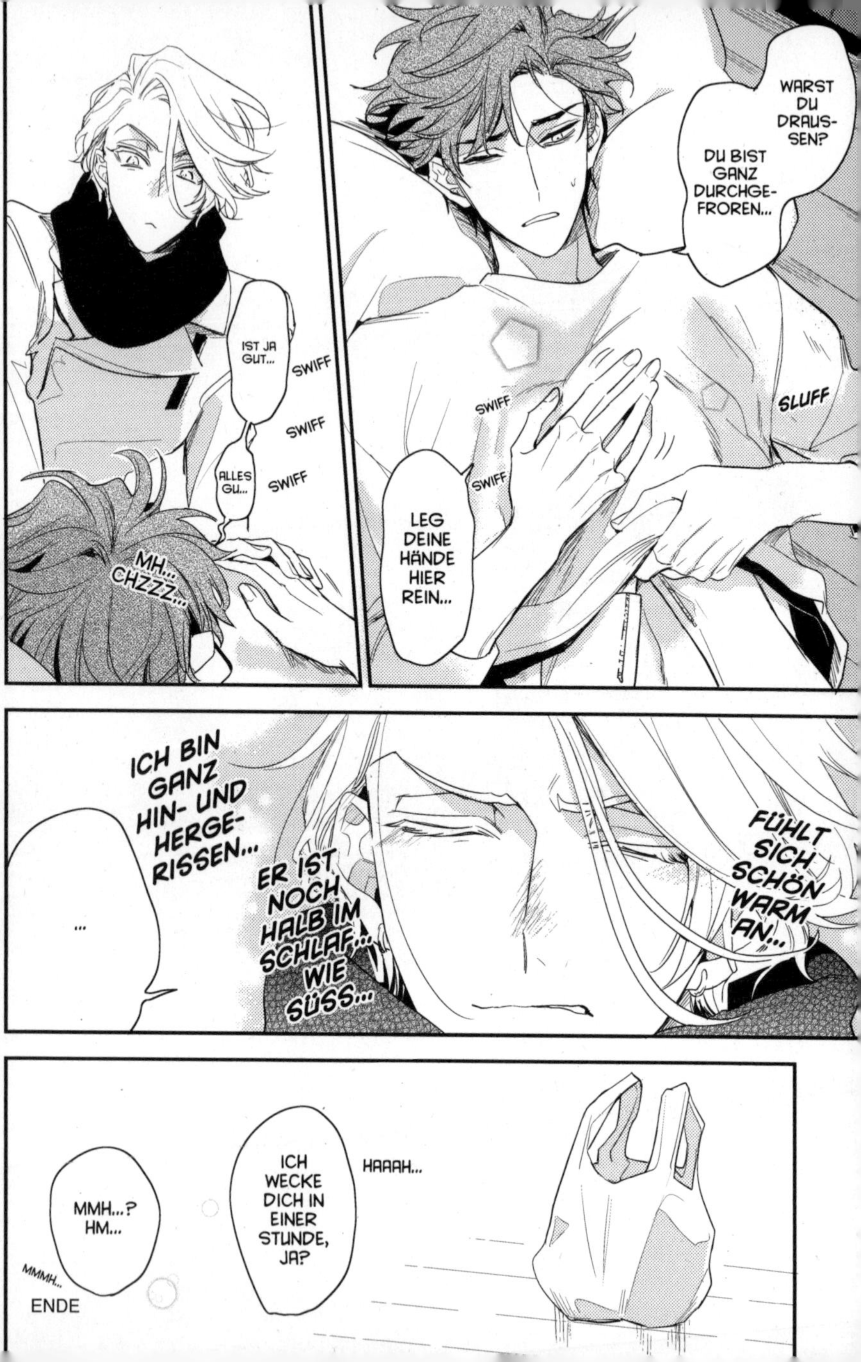
WARST DU DRAUSSEN?
DU BIST GANZ DURCHGEFROREN...
SLUFF
SWIFF
SWIFF
LEG DEINE HÄNDE HIER REIN...
IST JA GUT...
SWIFF
SWIFF
ALLES GU...
SWIFF
MH... CHZZZ...
FÜHLT SICH SCHÖN WARM AN...
ER IST NOCH HALB IM SCHLAF... WIE SÜSS...
ICH BIN GANZ HIN- UND HERGERISSEN...
...
HAAAH...
ICH WECKE DICH IN EINER STUNDE, JA?
MMH...? HM...
MMMH...
ENDE

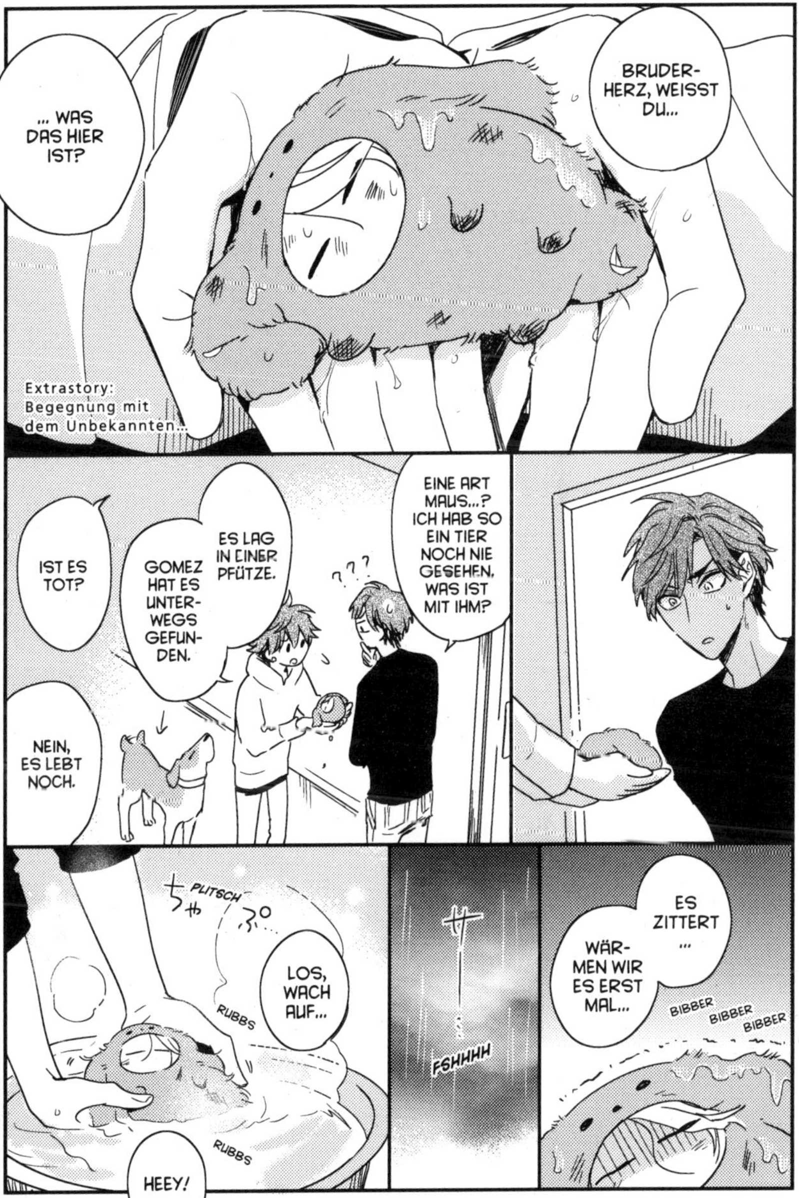
BRUDER-
HERZ, WEISST
DU...
... WAS
DAS HIER
IST?
Extrastory:
Begegnung mit
dem Unbekannten...
EINE ART
MAUS...?
ICH HAB SO
EIN TIER
NOCH NIE
GESEHEN.
WAS IST
MIT IHM?
???
ES LAG
IN EINER
PFÜTZE.
GOMEZ
HAT ES
UNTER-
WEGS
GEFUN-
DEN.
IST ES
TOT?
NEIN,
ES LEBT
NOCH.
ES
ZITTERT
...
WÄR-
MEN WIR
ES ERST
MAL...
BIBBER
BIBBER
BIBBER
FSHHHH
PLITSCH
LOS,
WACH
AUF...
RUBBS
RUBBS
HEEY!

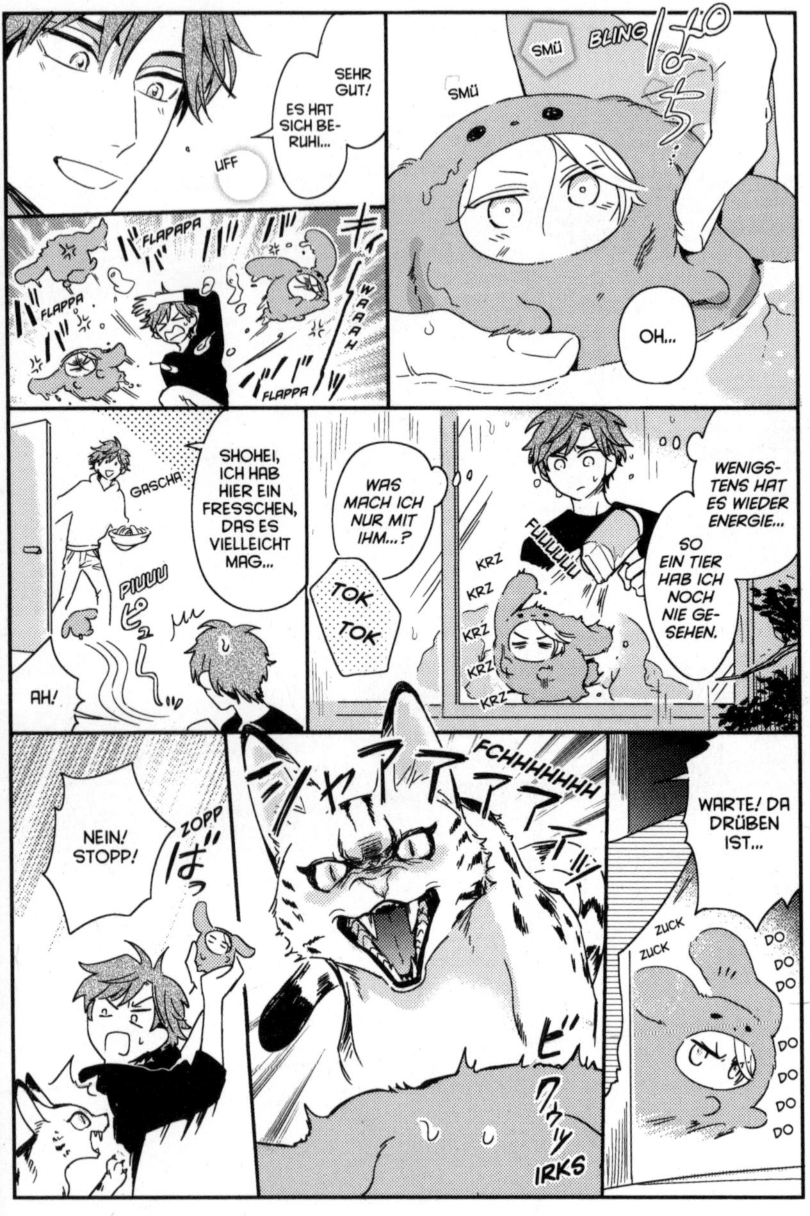

BLING
SMü
SMü
OH...
SEHR GUT!
ES HAT SICH BERUHI...
UFF
WAAAAH
FLAPAPA
FLAPPA
FLAPPA
WENIGSTENS HAT ES WIEDER ENERGIE...
SO EIN TIER HAB ICH NOCH NIE GESEHEN.
FUUUUUU
KRZ
KRZ
KRZ
KRZ
KRZ
WAS MACH ICH NUR MIT IHM...?
TOK TOK
SHOHEI, ICH HAB HIER EIN FRESSCHEN, DAS ES VIELLEICHT MAG...
GASCHA
PIUUU
AH!
WARTE! DA DRÜBEN IST...
ZUCK
ZUCK
DO DO DO
DO DO DO DO
FCHHHHHHHH
IRKS
NEIN! STOPP!
ZOPP

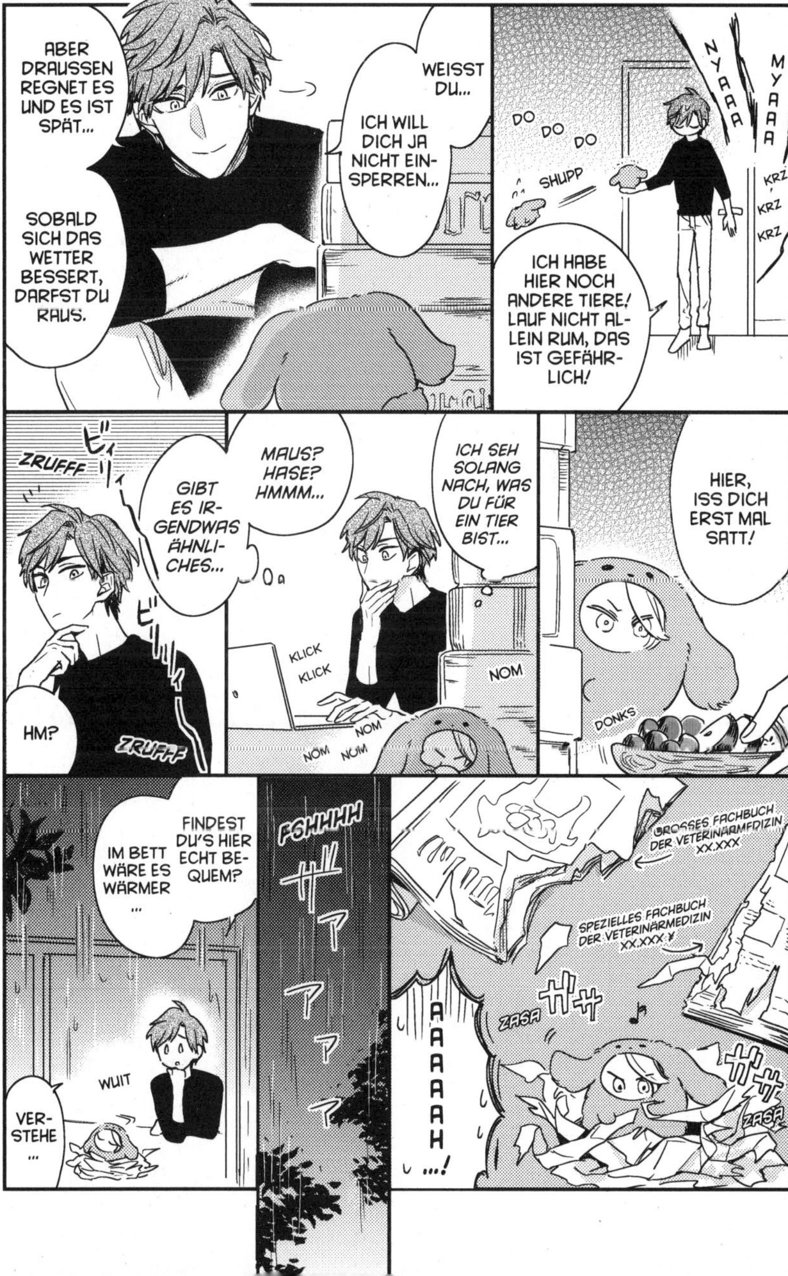
NYAAAA
MYAAAA
DO DO DO
SHUPP
KRZ KRZ KRZ
ICH HABE HIER NOCH ANDERE TIERE! LAUF NICHT ALLEIN RUM, DAS IST GEFÄHRLICH!
WEISST DU...
ICH WILL DICH JA NICHT EINSPERREN...
ABER DRAUSSEN REGNET ES UND ES IST SPÄT...
SOBALD SICH DAS WETTER BESSERT, DARFST DU RAUS.
HIER, ISS DICH ERST MAL SATT!
DONKS
NOM
ICH SEH SOLANG NACH, WAS DU FÜR EIN TIER BIST...
MAUS? HASE? HMMM...
KLICK KLICK
NOM NOM NOM
ZRUFFF
ビィィ
GIBT ES IRGENDWAS ÄHNLICHES...
HM?
ZRUFFF
GROSSES FACHBUCH DER VETERINÄRMEDIZIN XX.XXX
SPEZIELLES FACHBUCH DER VETERINÄRMEDIZIN XX.XXX ¥
ZASA ガサ
ZASA ガサ
AAAAAAH...!
FSHHHH
ザァァァァ
FINDEST DU'S HIER ECHT BEQUEM?
IM BETT WÄRE ES WÄRMER...
WUIT
VERSTEHE...

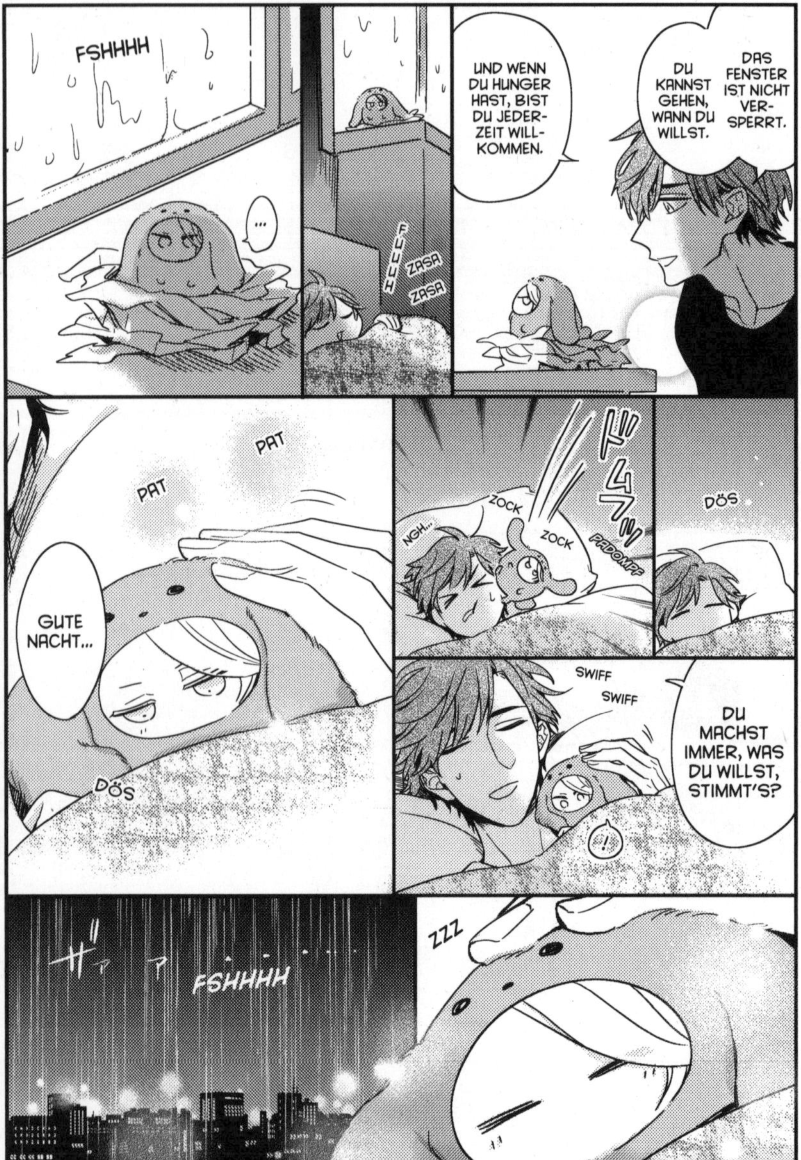
DAS FENSTER IST NICHT VERSPERRT.
DU KANNST GEHEN, WANN DU WILLST.
UND WENN DU HUNGER HAST, BIST DU JEDERZEIT WILLKOMMEN.
FUUUH
ZASA
ZASA
FSHHHH
...
DÖS
PADOMPF
ZOCK
ZOCK
NGH...
PAT
PAT
GUTE NACHT...
DÖS
DU MACHST IMMER, WAS DU WILLST, STIMMT'S?
SWIFF
SWIFF
!
ZZZ
FSHHHH

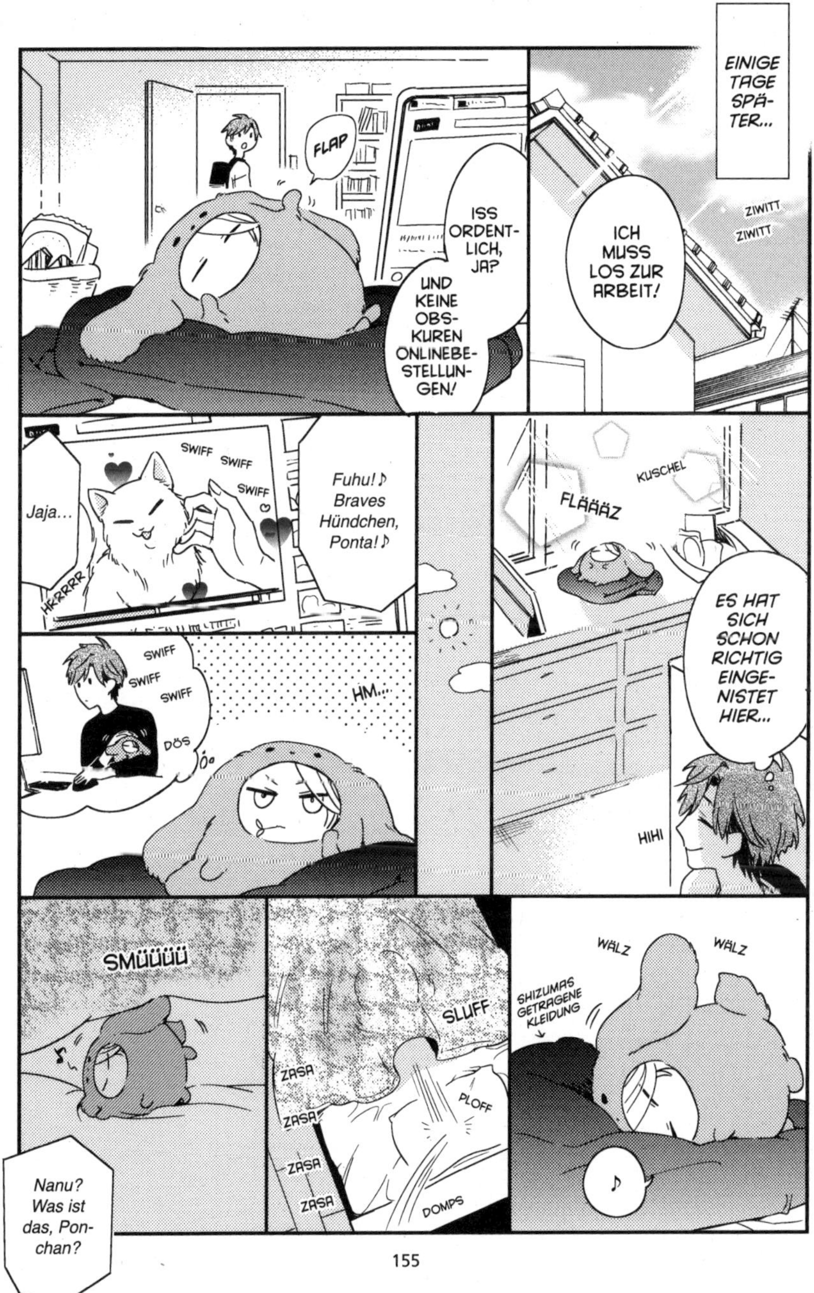

EINIGE TAGE SPÄTER...
ZIWITT
ZIWITT
ICH MUSS LOS ZUR ARBEIT!
ISS ORDENTLICH, JA?
UND KEINE OBSKUREN ONLINEBESTELLUNGEN!
FLAP
KUSCHEL
FLÄÄÄZ
ES HAT SICH SCHON RICHTIG EINGENISTET HIER...
HIHI
Fuhu! ♪ Braves Hündchen, Ponta! ♪
SWIFF
SWIFF
SWIFF
Jaja...
HRRRR
HM...
SWIFF
SWIFF
SWIFF
DÖS
WÄLZ
WÄLZ
SHIZUMAS GETRAGENE KLEIDUNG
♪
SLUFF
PLOFF
ZASA
ZASA
ZASA
ZASA
DOMPS
SMÜÜÜÜ
Nanu? Was ist das, Pon-chan?

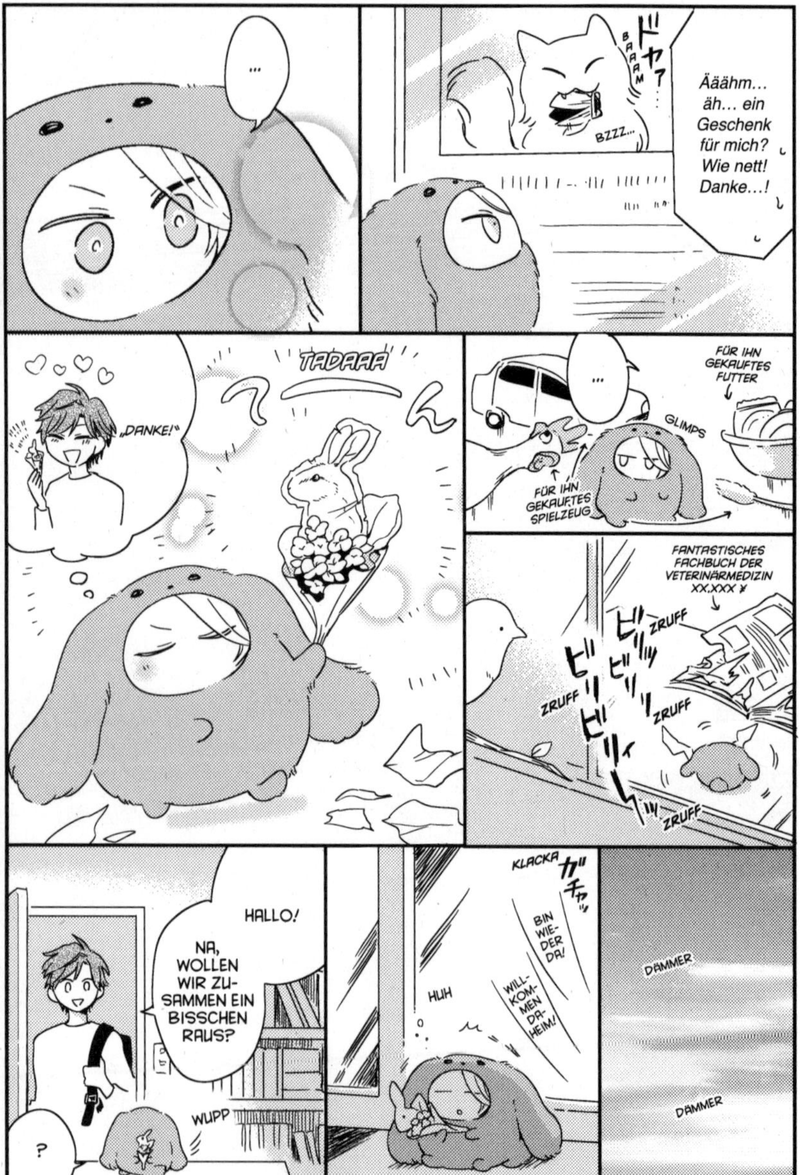
BAAAM
BZZZ…
Äääähm… äh… ein Geschenk für mich? Wie nett! Danke…!
…
…
FÜR IHN GEKAUFTES FUTTER
GLIMPS
FÜR IHN GEKAUFTES SPIELZEUG
FANTASTISCHES FACHBUCH DER VETERINÄRMEDIZIN XX.XXX ¥
ZRUFF
ZRUFF
ZRUFF
ZRUFF
TADAAA
„DANKE!"
DÄMMER
DÄMMER
KLACKA
BIN WIE-DER DA!
WILL-KOM-MEN DA-HEIM!
HUH
HALLO!
NA, WOLLEN WIR ZU-SAMMEN EIN BISSCHEN RAUS?
WUPP
?

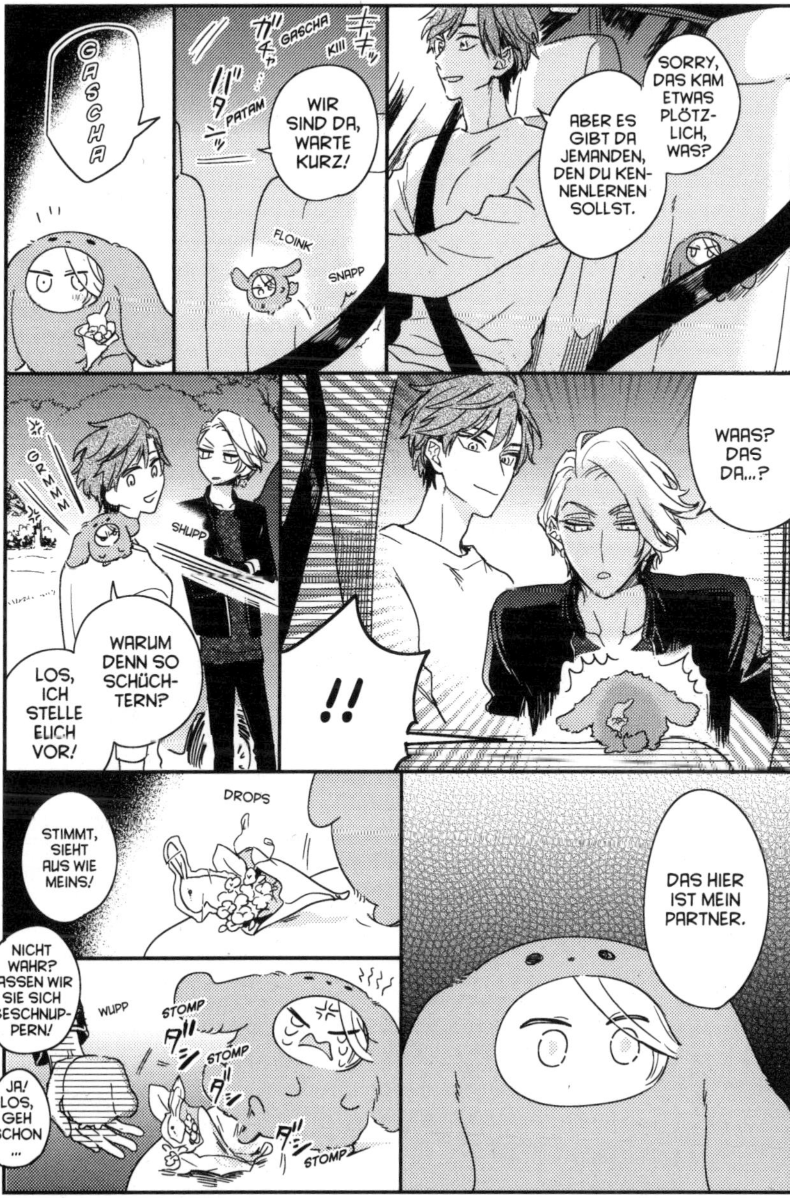
SORRY, DAS KAM ETWAS PLÖTZLICH, WAS?
ABER ES GIBT DA JEMANDEN, DEN DU KENNENLERNEN SOLLST.
KIII
GASCHA
PATAM
WIR SIND DA, WARTE KURZ!
FLOINK
SNAPP
GASCHA
WAAS? DAS DA...?
!!
GRMMM
SHUPP
WARUM DENN SO SCHÜCHTERN?
LOS, ICH STELLE EUCH VOR!
DAS HIER IST MEIN PARTNER.
DROPS
STIMMT, SIEHT AUS WIE MEINS!
STOMP
STOMP
STOMP
WUPP
NICHT WAHR? LASSEN WIR SIE SICH BESCHNUPPERN!
JA! LOS, GEH SCHON ...

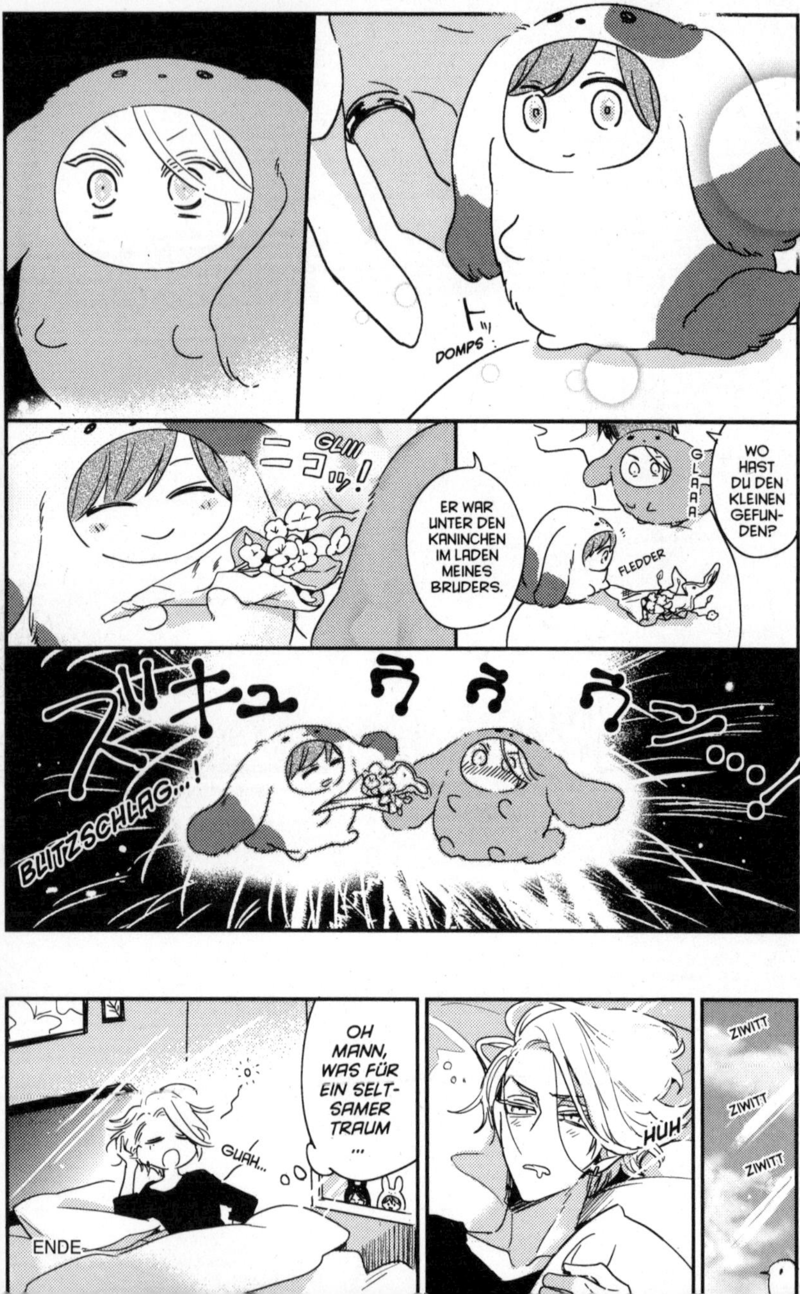

DOMPS
GLIII
WO HAST DU DEN KLEINEN GEFUNDEN?
GLAAAA
ER WAR UNTER DEN KANINCHEN IM LADEN MEINES BRUDERS.
FLEDDER
BLITZSCHLAG...!
ZIWITT
ZIWITT
ZIWITT
HUH
OH MANN, WAS FÜR EIN SELTSAMER TRAUM ...
GUAH...
ENDE

# NACHWORT

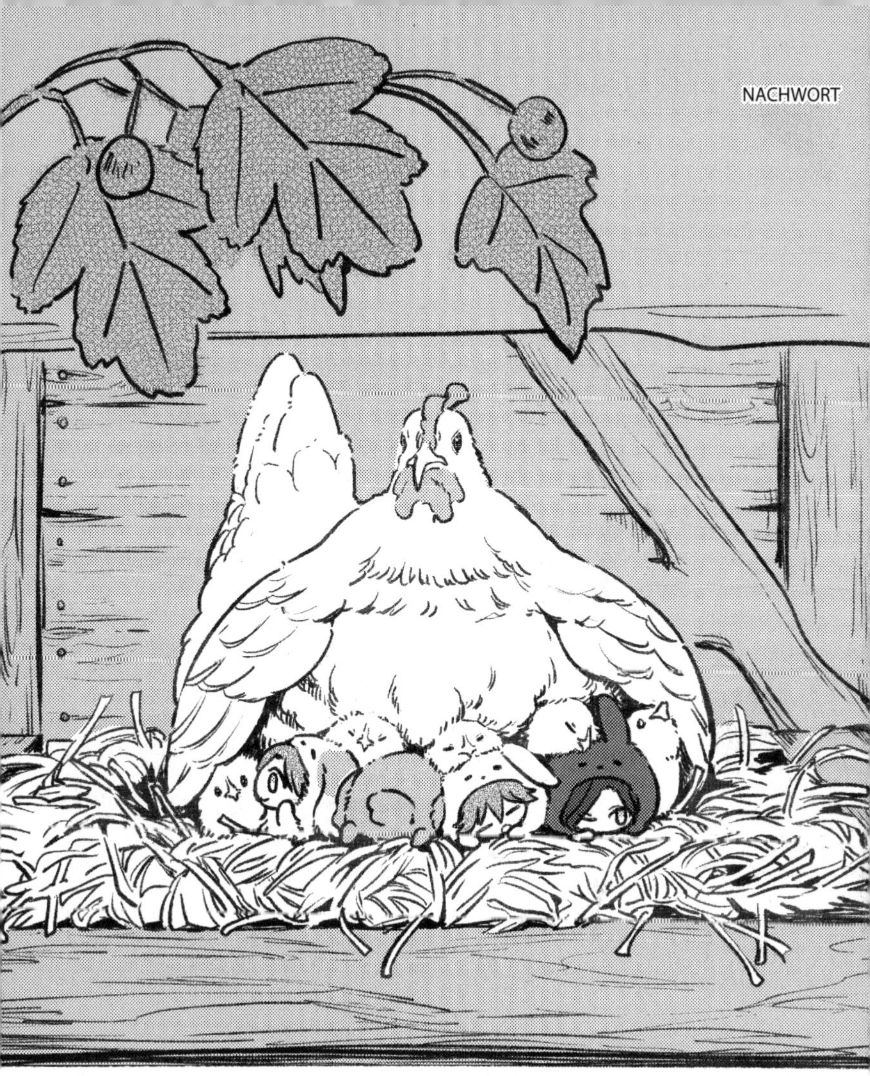

DANKE, DASS IHR DIESEN BAND GELESEN HABT!
ICH HOFFE AUF EIN WIEDERSEHEN IN BAND 5!

MEGURU HINOHARA

# SUTOPPU!

**Koko wa kono manga no owari dayo.
Hantaigawa kara yomihajimete ne!
Dewa omatase shimashita!
Tanoshii hitotoki wo dozo!**

**Egmont-Manga-Chiimu**

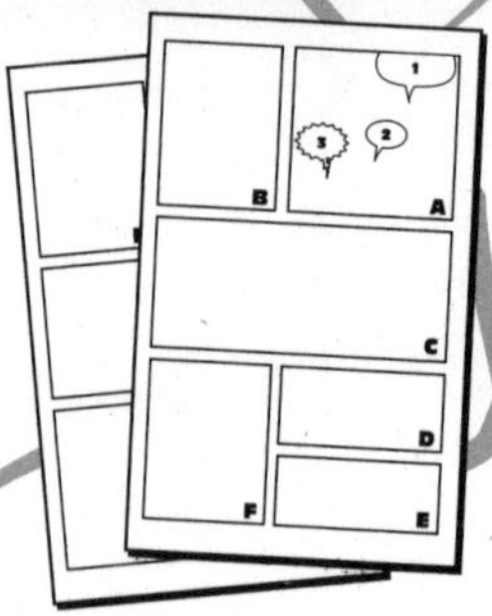


# STOPP!

**Das ist der Schluss des Mangas.
Fangt bitte am anderen Ende an!
Und nun genug der Vorrede,
viel Spaß beim Lesen!**

**Euer Egmont-Manga-Team**



„Therapy Game: Re 04" von Meguru Hinohara
Aus dem Japanischen von Monika Hammond
Originaltitel: „Therapy Game Restart" vol. 4

Originalausgabe:
THERAPY GAME RESTART vol. 4

First published in Japan in 2023 by SHINSHOKAN CO., Ltd. Tokyo
German version published by EGMONT Verlagsgesellschaften mbH under license from SHINSHOKAN CO., Ltd.

Original design concept by arcoinc.

Deutschsprachige Ausgabe:

verlegt durch Egmont Verlagsgesellschaften mbH,
Ritterstraße 26, 10969 Berlin

1. Auflage 2024
Redaktion: Luisa Steinhäuser
Textbearbeitung: Madlen Beret
Gestaltung: Claudia V. Villhauer
Koordination: Angelika Schönhuber
Printed in the EU
ISBN 978-3-7555-0389-7

story house
EGMONT